民法入門

債権総論

［第4版］

森泉章＋鎌野邦樹＝著

日本評論社

第4版　はしがき

　本書の初版が出版されたのは、1987（昭和62）年であった。本書は、森泉章先生（2007〔平成19〕年にご逝去）が、初学者を対象に、民法の中でも抽象的で最も難解でわかりにくいといわれる債権総論を、通説・判例の立場をふまえて客観的にかつ簡潔に叙述する目的で執筆されたものである。その後、1995（平成7）年には、1991（平成3）年の借地借家法の制定等を契機に「第2版」が、2006（平成18）年には、2004（平成16）年の民法の現代語（口語）化、2003（平成15）年の貸金業規制法や2004年の動産・債権譲渡対抗要件の特例法の改正および2005（平成17）年の預貯金者保護法の制定に伴い「第3版」が、それぞれ出版された。

　私は、早稲田大学大学院のときに、森泉先生が本務校である青山学院大学から非常勤講師として早稲田大学大学院の授業を担当されたことを契機に、それ以来、長年にわたってご指導をいただいた。そのご縁で、第3版では、本書の共著者として主として改正法についての執筆に当たった。

　本書の第3版の公刊以来、14年が経過し、この間、何よりも10年近くの年月をかけて民法の債権法の改正作業が法務省において行われた。すなわち、債権法について、1896（明治29）年の民法制定以来、120年ぶりの全面的な見直しが行われ、2017（平成29）年5月に、「民法の一部を改正する法律」（平成29年法律44号）として第193回国会で成立し、同年6月2日に公布され、2020（令和2）年4月1日から施行された。同改正は、本書の対象である債権総論のほぼすべてに及ぶものであり、その多くは、これまでの判例等を条文に盛り込むものであるが、他方、改正前の規定や判例の立場を変更する規定を設けたり、まったく新しい規定を設けたりもしている。

　本書「第4版」は、初版以来、青山学院大学、千葉大学、早稲田大学の法学部等で使用してきた債権総論の標準的でわかりやすい教科書の立場を踏襲しつつ、今般の債権法の改正法を反映させたものである。共著者の鎌野としては、今回の第4版によって、森泉先生の「名文」が損な

われたのではないかと幾分懸念している。本書の不備だけでなく、この点についても諸賢からの忌憚のない批判を仰ぎたい。

　なお、本書第4版においては、第3版までとは異なり、いくつかの章の冒頭に［事案］を設けた。その理由は、第3版までにおいても本書の目的である抽象的な債権総論の各内容をできるだけ具体的に説明するという観点から本文中に多くの具体例を掲げてきたが、特に、その章で学ぶことをまず具体的に認識してもらうことが必要である場合には、その章の冒頭に基本的な具体例を掲げるのがよいであろうと考えたからである。

　本書第4版の刊行に際しては、日本評論社・第一編集部の室橋真利子氏に、引用法令の各規定や引用判例のチェックだけでなく、学生諸氏にとってわかりやすい表現についても提案いただき一方ならぬお世話になった。同氏の尽力がなければ本書の刊行はなかったかもしれない。厚く御礼申し上げる次第である。

　　2020年8月

鎌野邦樹

目　次

凡　例

▽法　令

・民法典は条文のみで表示し、他の法令名は、フルネームで記したものを除き、次の略語を用いた。

恩給	恩給法
割賦	割賦販売法
供託	供託法
厚年	厚生年金保険法
小切手	小切手法
借地	借地法（旧法）
借地借家	借地借家法
商	商法
宅建	宅地建物取引業法
建物保護	建物保護ニ関スル法律（旧法）
特例法	動産及び債権の譲渡の対抗要件に関する民法の特例等に関する法律
農地	農地法
破産	破産法
不登	不動産登記法
民執	民事執行法
預保	偽造カード等及び盗難カード等を用いて行われる不正な機械式 預貯金払戻し等からの預貯金者の保護等に関する法律
労基	労働基準法

・なお、「2017年改正（法）」とあるのは、「民法の一部を改正する法律」（平成29年法律44号）による改正および改正後の民法を指す。

▽裁判例

・大審院判決は「大判」（大審院連合部判決は「大連判」）、最高裁判所判決は「最判」（最高裁大法廷判決は「最大判」）、控訴院判決は「控判」、高等裁判所判決は「高判」、地方裁判所判決は「地判」とした。「決」とあるのは、判決ではなく決定の場合である。

・引用した判例集の略語は次のとおりである。

民（刑）録	大審院民事（刑事）判決録
民集	大審院民事判例集、最高裁判所民事判例集
裁判例	大審院裁判例
高民集	高等裁判所民事判例集
下民集	下級裁判所民事裁判例集
判時	判例時報
判タ	判例タイムズ
新聞	法律新聞

金判　　　金融・商事判例
金法　　　金融法務事情

・引用にあたっては、学習上の便宜を考え、漢数字はアラビア数字にし、促音便、濁音は現代仮名遣いで表記した。加えて、判決原文がカタカナの場合の引用にあたっては、ひらがな表記とし、句読点を付した。また、難読文字には適宜、ふりがな（ルビ）をふった。引用中に著者の注記を入れる場合には、〔　〕を付した。

▽主要参考文献

淡路剛久『債権総論』（2002年、有斐閣）

池田真朗『スタートライン債権法〔第7版〕』（2020年、日本評論社）

内田貴『民法Ⅲ〔第4版〕』（2020年、東京大学出版会）

遠藤浩ほか『民法Ⅳ　債権総論〔第4版増補補訂版〕』（2002年、有斐閣双書）

近江幸治『債権法総論（民法講義Ⅳ）〔第3版補訂〕』（2009年、成文堂）

大村敦志『新基本民法4　債権編〔第2版〕』（2019年、有斐閣）

奥田昌道『債権総論〔増補版〕』（1992年、悠々社）

於保不二雄『債権総論〔新版〕（法律学全集）』（1972年、有斐閣）

北川善太郎『債権総論（民法講要Ⅲ）』（1993年、有斐閣）

沢井裕『テキストブック債権総論』（1980年、有斐閣）

下森定『債権法論点ノート』（1990年、日本評論社）

鈴木禄弥『債権法講義〔4訂版〕』（2001年、創文社）

田山輝明『債権総論』（1986年、有斐閣）

筒井健夫＝村松秀樹編著『一問一答　民法（債権関係）改正』（2018年、商事法務）

林良平＝石田喜久夫＝高木多喜男『債権総論〔改訂版〕』（1982年、青林書院）

平井宜雄『債権総論〔第2版〕』（1994年、弘文堂）

星野英一『債権総論（民法概論Ⅲ）〔補訂版〕』（1986年、良書普及会）

前田達明『口述債権総論〔第3版〕』（1993年、成文堂）

松坂佐一『債権総論（民法提要Ⅲ）〔第4版〕』（1982年、有斐閣）

水本浩『債権総論（民法セミナー4）』（1976年、一粒社）

森泉章ほか『債権総論（民法講義4）』（1977年、有斐閣）

森泉章ほか『債権総論・担保物権（民法3）〔改訂版〕』（1989年、有斐閣新書）

柚木馨〔高木多喜男補訂〕『判例債権法総論〔補訂版〕』（1971年、有斐閣）

我妻栄『新訂債権総論（民法講義Ⅳ）』（1964年、岩波書店）

我妻栄＝有泉亨＝川井健『民法2　債権法〔第3版〕』（2009年、勁草書房）

第1章 債権法と債権の意義

I　債権法とその生成

1　債権法とはどんな法律か

　私たちが、朝起きて読む新聞や、朝食にとる米は、新聞販売店や米屋・スーパーマーケットから買ったものである。また、日常着ている衣類も、デパートや衣料品店との売買契約によって購入したものである。マンションを買ったり借りたり、家を建てたりするのも、売買契約・賃貸借契約や請負契約に基づくものである。このように、私たちの衣食住を中心とする日常経済生活の大部分は、すべて契約を通して営まれている。

　このような契約関係を、売主・買主、貸主・借主、請負人・注文者という当事者の立場に立ってみると、商品の買主は、売主に対して商品の引渡しを請求できるし、家を貸した家主は、借家人に対して家賃の支払を請求できるし、建築の請負人は、建物が完成すれば注文者に対して報酬の支払を請求することができる。商品の引渡し、家賃の支払、報酬の支払を請求できる地位を「権利」といい、この権利を「債権」という。代金の支払、家賃の支払や報酬を支払わなければならない地位を「義務」といい、この義務を「債務」という。そして、このような権利をもっている買主や家主を「債権者」といい、その相手方を「債務者」という。

　こうみてくると、債権法とは、債権者・債務者間の契約から生じた権利義務関係（債権債務関係）を規律する法であるといえそうである。しかし債権は、契約によって生まれるとは限らない。例えば、AがBの居眠

1

り運転の車にひかれてケガをしたとき、Ａはケガによって受けた損害を
Ｂの「不法行為」(709条) に基づくものとして、その賠償をＢに対して
請求できる。不法行為に基づく損害賠償債権も、金銭の支払を内容とす
る。また、Ａに支払われるべき原稿料が誤ってＢに送金され、Ｂがうっ
かりこれを費消してしまったような場合、Ａは、これをＢの「不当利
得」(703条・704条) として返還請求できる。不当利得制度は、法律上の
原因なしに利得した受益者に、その利得を損失者に返還させる制度であ
る。さらに、ＡがＢの留守中に台風で破損したＢの家の屋根を、大工や
工務店に依頼して修理させた場合、Ａは「事務管理」(697条) として、
支払った修繕費をＢに対し償還請求できる。事務管理は、頼まれもしな
いのに他人の事務を管理することであって、それによって支出した管理
費用の償還請求を認める制度である。

　前述の不法行為、不当利得、事務管理などにみられるように、当事者
の意思がどうであろうとお構いなしに、法律の規定から、直接、債権関
係が発生する場合があり、債権法は、これら債権債務関係をも規律の対
象にしている。このようにして、学説は、上記のような原因によって生
ずる債権関係を法定債権関係と呼び、契約による約定債権関係と区別
している。

　以上で述べた債権発生原因のうち、契約と不法行為とがその中核をな
している。

2　債権法の内容と本書の構成

　民法典第3編の債権は、講学上、債権法と呼ばれているが、それは、
①総則、②契約、③事務管理、④不当利得、⑤不法行為の5章からなっ
ている。①総則は、債権一般について内容や効力を規定し、②契約から
⑤不法行為までは、債権の発生原因の中の主要なものについて規定して
いる。通常、①の第3編第1章の「総則」を扱う部分を「債権総論」と
いい、②契約から⑤不法行為までを扱う部分を債権各論といっている。
本書では、債権総論について叙述する。ただ、②契約についても、必要
な限り本書でも触れることにする。したがって、ここで説明する債権総
論は、総則の諸規定 (399条〜520条の20) およびこれに付属する諸法令で、
債権の目的、債権の効力、多数当事者の債権債務、債権の譲渡、債務の

引受け、債権の消滅等を主な内容としている。

　以上の債権法の内容に関わる諸規定は、民法が制定された1896（明治29）年以来ほとんど改正されず維持されてきたが、2017（平成29）年に全面的に改正され、2020（令和 2 ）年 4 月 1 日より施行されている。民法および債権法の基本的な枠組みや編別は維持され、次に示す「債権総論」についても同様であるが、ただ、次の(1)〜(6)のすべての項目について、今日までの判例、学説、実務を踏まえて、大なり小なり改正がなされている。特に、(2)〜(4)については大きな改正がなされた。

　(1)　債権の目的（第 3 編第 1 章第 1 節）

　これは、給付の内容のことであって、給付内容の種類に応じて適用される通則を定めている。

　(2)　債権の効力（第 3 編第 1 章第 2 節）

　これは、債権の内容を実現するための諸制度を定めたものである。 1つは「債権の内容の強制的実現」（→本書第 5 章）と「債務不履行による損害賠償」（→本書第 9 章）を定め、他は、債権の実質的満足を得るために、債務者以外の第三者の財産に干渉できる権能を定めたものであり、講学上「債権の対外的効力」と称されている（→本書第11章・第12章）。

　(3)　多数当事者の債権および債務（第 3 編第 1 章第 3 節）

　同一債権関係において、債権者または債務者が多数いる場合を定めたものである（→本書第13章・第14章）。連帯債務と保証債務が中心である。

　(4)　債権の譲渡・債務の引受け（第 3 編第 1 章第 4 節・第 5 節）

　債権が、 1 個の独立の財産として取引の客体となり、譲渡されることである。債権者の変更である債権譲渡に対し、債務者の変更を「債務の引受け」という（→本書第15章）。なお、「債務の引受け」については、2017年改正前は、学説および判例においては問題とされていたが、民法には規定がなかったところ、改正法によって「第 5 節」として規定が設けられた（470条〜472条の 4 ）。

　(5)　債権の消滅（第 3 編第 1 章第 6 節）

　債権の消滅原因となる弁済・供託・相殺・更改・免除等を定めたものである（→本書第16章〜第20章）。

　(6)　有価証券（第 3 編第 1 章第 7 節）

　2017年改正前は、第 4 節の債権譲渡のところに証券的債権に関する規

定が設けられていたが（旧469条〜473条）、改正法は、これらの規定の内容を実質的には維持しつつも、いったん廃止した上で、第7節「有価証券」として位置づけ・整備の上、新たな規定を設けた。

債権の発生原因としては、契約・事務管理・不当利得・不法行為の4種のほかに、遺言のような単独行為や法律の規定に基づく場合がある。しかし、この4種が最も重要であり、中でも契約が圧倒的に重要な地位を占めている。

3　債権法の特質

(1)　債権法の任意法規性

債権は、物権と異なり、排他性を有しない。したがって、その成立や内容を当事者の意思に委ねても、第三者を害するおそれが少ないし、また、債権法は自由競争の原理が支配する取引の法を中核としている。このことから、債権法は一般に任意法規性をもち、その多くの規定は、当事者の意思を推測し、または補充する作用を営む。債権法が物権法に対して有する最大の特色は、物権法が原則として強行法規であるのに対し、債権法は原則として任意法規である点に存する。このことは、契約自由の原則が支配している契約法の領域では特に顕著である。他方、法定債権関係（例えば不法行為）や特別法（例えば借地借家法）の領域では、任意法の強行法規化がみられる。

(2)　債権法の普遍性

物権法や家族法は、地域的色彩や民族的特色をもつが、自由な取引を規律する債権法は、習俗や伝統に支配されることが少なく、合理性が強く要求され、国際取引の発達はこれに拍車をかける。債権法が普遍的性質をもつといわれるのは、このためである。

(3)　債権法と信義則

契約の当事者は、特定の人的信頼関係によって結ばれているのだから、債権者も債務者も、相互に信頼し合い、その信頼に応えるような行動を基礎としなければならない。これを内心的規範として法的に義務づけたものが「信義誠実の原則」（信義則）（1条2項）である。信義則は、私法全体を支配する指導原則といわれているが、とりわけ債権法の分野において発達してきたものであり、その解釈の基礎とされてる。「事情変更

の原則」は、信義則の1つの現れである。

II　債権の意義と性質

1　債権の意義

　Iで触れたように、債権という権利は、その内容からみると、買主や家主、金銭の貸主のような特定の人（債権者）が、売主や借家人、借主のような特定の人（債務者）に対して、品物の引渡し、家賃や貸金の支払など一定の行為を請求できる権利である。その結果、「債権とは、特定人たる債権者が特定人たる債務者に対して一定の行為を請求できる権利である」と定義づけられている。債権者が請求することのできる行為の内容は、金銭の支払や物の引渡し、建物の建築、労務の提供など積極的な行為（作為）のこともあろうし、「一定の価格以上で商品を売らない」とか、「一定の地域内で同じ商品を売らない」などのように消極的な行為（不作為）のこともある。このような債務者のなすべき行為のことを「給付行為」という。

(1)　財産権としての債権

　私権がいかなる利益を保護しているかという観点、いわば権利の内容を形成する「利益」を標準としてみれば、人格権・身分権・財産権・社員権に分けることができる。債権は、債務者の行為を媒介として初めて財産的利益を享受できる権利であるから、物権や知的財産権（特許権・実用新案権など）と並んで財産権に属する。生命・身体・名誉・貞操など人格的利益を守る人格権や、夫婦・親子など身分関係上の利益を守る身分権（例えば相続権・扶養請求権）、団体構成員たる地位から出る社員権（株主権）と区別される。

(2)　請求権としての債権

　私権は、権利の働き具合（作用）からすると、支配権・請求権・形成権・抗弁権に分けられる。債権は、債務者に対し一定の行為を請求できる権利であるから請求権としての性質をもつ。請求権とは、権利の内容たる生活上の利益が債務者など他人の行為であるために、他人の一定の行為を請求することをその作用とする私権のことである。債権は、請求

権の典型的なものである。

　請求権の対象である他人の行為は、直接に権利者の意思で実現させることが許されない。他人である債務者の自由な意思を媒介としてのみ実現される。債務者が請求に応じないときは、債権者は、国家の助力を得て、債権の目的を実現することになる。債権は請求権であることから、物権・知的財産権などの支配権、取消権・解除権などの形成権（権利者の一方的な意思によって法律関係を発生・変更・消滅させる権利）、同時履行の抗弁権（533条）や、保証人の催告・検索の抗弁権（452条・453条）などの抗弁権と区別される。

　債権はすべて請求権であるが、請求権はすべて債権だとはいえない。債権以外にも、請求権と名の付くものはかなり多い。例えば、所有権が他人によって不当に侵害されると、所有者は妨害排除請求権を取得するとされ、この請求権は物権から生ずるため物上請求権というが、この物上請求権を債権とはいわない。身分権の中にも、夫婦同居請求権や直系血族・兄弟姉妹間における扶養請求権のような請求権があるが、こうした身分権的請求権も債権とはいわない。債権は請求権の性質をもつが、請求権イコール債権なのではない。

2　物権と債権との違い

　ここで、債権の本質をより理解するために、物権と債権との違いについて述べておきたい。

(1)　絶対性と相対性

　物権は、一定の物を直接かつ排他的に支配する権利である。そのため、物権は、支配権としての性質をもっている（人―支配―物）。しかも、万人に対する関係において物を直接に支配することが国家によって保障される権利であるから、「絶対権」ないし「対世権」といわれる。債権は、前述したように、請求権としての性質をもつ（人―請求―人）。しかも、特定人である債務者に対する関係においてのみ保障される権利であるから、「相対権」ないし「対人権」といわれる。物権と債権との違いを一言でいうと、物権は人と物との結びつきであるのに対し、債権は人と人との結びつきであるという点にある。

(2) 排他性の有無

物権と債権との根本的な違いは、排他性の有無にある。物権は、物に対する支配権としての性質から排他性が認められているが、債権は、他人の行為を請求する権利であることから排他性はない。

排他性の有無とは、同一の目的物の上に同一内容の権利がいくつも成立するかどうかということである。ある物の上にAが所有権をもっていると、その物の上にBの所有権を認めることはできないのである。これを「一物一権主義」という。もし、同一物の上に2つの所有権の併存を認めると、両立しえないAの所有権とBの所有権とが衝突し、AもBも、その物を自由に使用・収益・処分することができなくなってしまうからである。また、同一不動産の上に、A・B・Cそれぞれの1番抵当権が同時に成立することはない。このように、物権は一度成立すると、成立した部分については、他を排斥する力をもっている。これが物権の排他的効力である。独占的効力といってもよい。もっとも、同一の土地の上にA・B・C3人が抵当権を取得することができる。しかし、これには順位があって、最初に取得したAが1番抵当、次いで取得したBが2番抵当、Cが3番抵当と、成立の時の順序に従って順位があり、その抵当土地が競売されると、その競売代金から、まず、Aが自分の被担保債権額について優先弁済を受け、残余をB、Cの順序で弁済を受けることになる。このことは、2番抵当権は1番抵当権が目的物を支配した残部に成立し、3番抵当権はまたその残部に成立するにすぎないということを意味する。

これに反して、債権にあっては、契約自由の原則が支配する結果、同一内容の債権は同時にいくつも成立する。Aが所有する土地をBに売り、さらにこれをCに売ることは可能である。BもCも同一土地を買う契約をして、その土地の所有権を移転せよという債権を同時に取得しうる。債権は一度成立しても、同一内容の他の債権を排斥する力（つまり排他性）がないからである。AがBに土地の移転登記をすれば、AはCに対しては登記の移転を果たすことができず、結局、所有権を移転することができないのであるから、Cに対して債務不履行の責任を負うことになる。

物権に排他性があり、債権に排他性がないのはなぜであろうか。物権

は、有体的財貨という外界の物資に対する権利者の直接的な支配であるから、その支配を独占的なものとしなければならない。しかし、債権は、債務者の行為、すなわち人の意思に対する法律的な力であるから、これに独占的効力を認めることは、債務者の意思の独自性を無視し、人格を侵害する危険があるので、私的自治の原則が支配する近代法の下では許されない。

(3) 公示性の要否

排他性があるということは、第三者に直接に影響することから、物権は、その権利の存在を第三者に認識させるため、物権の成立・変更には、不動産については登記、動産については引渡しという公示方法がとられている（公示の原則）（177条・178条）。

これに対し、債権は、原則として公示を必要としない。

(4) 法定性の要否

物権の種類・内容は、法律によって画一的に定められている（物権法定主義）（175条）。債権は、違法でない限り、人の意思によって自由に定めることができ（契約自由の原則）、その種類・内容は制限されない。

(5) 現存性の要否

物権の対象である目的物は、常に現存・特定し、かつ独立性をもつことを要する。これに対し、債権の目的物は、現存しない将来生ずる物（例えば、注文による書画、彫刻品など）、不特定物（例えば、ササニシキ100キロ）、独立性をもたない1個の物の一部（建物の一部をなしている床柱）などについても成立する。

3 債権の性質

上記に述べたことを、改めて債権の性質に着目して整理をすると、次のようになる。

(1) 相対性

債権は、債務者という特定人に対してのみ給付を請求できる権利であるから、「相対権」といわれる。物を天下の万人に対する関係において直接支配する物権（絶対権）と峻別される（→2）。債権の相対性に関連して、第三者によって債権が侵害された場合、妨害排除を請求しうるか、不法行為が成立するかが問題となる（→第2章）。

⑵ 平等性

1人の債務者の責任財産に対する多数の債権の力は、その種類、発生原因、発生時期の前後、金額等に関係なく、すべて平等なものとされ、とにかくある債権者だけが優先的に弁済を受けることができないのを原則とする。これを「債権者平等の原則」という。債権の第2次的効力としての掴取力は、直接、その目的物または責任財産に及ぶが、債権者平等の原則が貫かれる。総債権額が債務者の財産を超える場合には、それぞれの債権額に比例按分して債務者の財産を分配することになる。しかし、この原則は各種の担保制度によって破られることがある。

⑶ 譲渡性

信用経済の発展につれ、債務者の給付の実現が確実性を増し、債権それ自体が財産的価値を有するものとして取り扱われるようになると、投下資本を回収するための法技術として、債権が同一性を維持しつつAからBへと移転する債権譲渡の制度（→第15章）が考案されるようになる。ことに金銭債権が証券に化体されて、証券的債権の実現をみると、債権の譲渡性はますます増大し、動産のそれを凌駕するに至る。そして、手形小切手、倉庫証券、貨物引換証などの商法上の有価証券が取引に転輾流通していることは、上記のことを物語る。

なお、無記名公債、無記名社債、商品券などの無記名債権が動産とみなされていたが（旧86条3項）、2017年改正法は、同規定を削除し、無記名証券について、記名式所持人払証券の規定（520条の13~520条18）を準用するとした（520条の20）。

Ⅲ　債権の社会的作用

1　債権の優越化

自給自足の経済を営んでいる社会では、債権という権利は不要である。自分が獲得または生産した物によって需要が満たされるので、その物の上に物権（支配権能）だけを認めれば十分だからである。また、余剰生産物が生じ、それが他人の余剰生産物と同時的に（物々）交換がなされる段階になっても、物権制度だけで足りる。現実に行われる物々交換は、

単なる所有権の交換にすぎず、人間相互の信用や約束を基礎にしていないからである。しかし、商品交換が発展するにつれて、「現在の財貨と現在の財貨との交換」から、「現在の財貨と将来の財貨との交換」、さらに「将来の財貨と将来の財貨との交換」がなされるようになると、ここに初めて債権という権利が生まれてくる。特に「将来の財貨と将来の財貨との交換」という約束は、相互の信頼を基礎にして初めて成り立つものである。このような約束が成立しても、当事者の一方が相手方に対し、将来、一定の給付を請求することが、1つの権利として国家によって保護されなければ、絵に描いた餅に等しい。債権が認められ、債権法が生成されるゆえんである。

さらに、貨幣経済の発達によって、交換が売買の形態をとるようになると、債権が営む社会的機能は、ますます重要さを増し、物権に優越する地位を占めるようになる。資本主義社会では、単に物を支配する物権より、その財産的取引を中心に流動する債権の方が、利潤獲得のための機能を発揮する。例えば、商品の所有者が利潤を獲得するためには、売買によって債権を取得する必要があるし、工場経営者が資本を蓄積するためには、雇用契約ないし労働契約によって労働者を工場生産に従事させる債権をもたなければならない。物権、特に所有権は、債権なしに機能することはできなくなる。

昔の金持ちは、広大な家屋敷に住み、たくさん倉を建てる人のことだった（「物持ち」）。続いて、お金を蓄える人のことだった（「金持ち」）。しかし、今日、資産家といわれる人の財産は、土地・建物のような直接的に物質的な利用の対象とされる物的財産や金銭そのものよりは、むしろ株券、債権、銀行預金など、債権的財産であることが多い（「債権持ち」）。世にいう資産家は、「物持ち」から「金持ち」へ、「金持ち」から「債権持ち」へと変わっていった。この推移によっても、債権の優越化を知りうるであろう。

2　物権の債権化

資本主義の発展によって、土地所有権者は土地を自ら利用せずにそれを賃貸して、借地人に対し地代請求権を取得したり、商品所有者は売買契約によって代金債権を取得し、工場経営者は雇用契約によって労働者

に対して労務請求権を取得する。他方、土地所有権者は、土地を担保に銀行から融資を受けるように、物の交換価値を他人に与え（担保権の形をとって）信用を獲得する場合が少なくない。このように、所有権が契約と結合すると、所有権の内容は分裂し、所有権は、本来の機能である物の直接支配から、利用または価値の供与に対する対価請求を主な機能とするに至る。この対価請求（地代請求など）こそ、債権という権利形態である。この傾向を「物権の債権化」という。

　ところで、所有権は、債権と結合することによって、物を支配する作用を超えて人を支配する作用を営むようになる。例えば、企業資本家は、商品の生産を行うために、雇用契約ないし労働契約により、多くの労働者を雇い入れ、労働者を企業に隷従させるようになる。このように、所有権が、単に物に対する支配力ばかりでなく、人に対する支配力を与える場合、資本と呼ばれる（尾高朝雄＝碧海純一訳・ラードブルッフ・法学入門98頁）。このような所有権の資本化は、かつて地主や家主が、その経済力にものをいわせて、有利な契約を締結し、地代、家賃、小作料を取り立て、賃借人を圧迫してきた事実をみても明らかであろう。そのため、借地借家法、労働基準法をはじめ、多くの特別法が制定され、これらの法律関係に多くの法律的統制が加えられたのである。

3　債権の物権化

(1)　物権の優位性

　債権の目的となっている物に物権が成立するときは、物権の方が優先する。例えば、BがAからA所有の生立している樹木の集団（立木）（明認方法も、引渡しもなされていない）を買った場合、Bは、Aに対し樹木の集団の引渡しを請求する債権をもつ。しかし、Aがこの樹木の集団をCに譲渡し、Cが、Bよりも先に引渡しを受け、明認方法なり、立木法による登記をすると、Cは完全に所有権を取得し、Bの債権に優先する。つまり、BはCに対しこの樹木の集団は、自分が買ったものであるといって、その引渡しを請求できない。こうした効果が生ずるのは、物権が物に対する支配権であるのに対し、債権は債務者の行為を介して、間接的に物の上に支配を及ぼす、という差異に基因する。このことは、次の不動産賃借権の場合についてもいえる。

すなわち、不動産賃借権は債権と構成されているため、例えば、賃借権者たる借地人は、地主に対して自分に土地を利用させるという行為を請求しうるにすぎない（借地人が土地を利用することが地主の債務の履行となる）。その結果、地主が第三者（新地主）に土地を譲渡すると、（旧）地主は土地を利用させる権利がなくなって、その借地人は土地利用の権能を失うことになる。新地主から土地の明渡請求があれば、借地人は土地を返還しなければならなくなる。「売買は賃貸借を破る」という原則、すなわち「物権は債権に優先する」原則が適用されるのである。

　このことは、賃借物に対する所有権の自由は、賃貸借契約によって縮小されないことを意味する。これでは、賃借人の地位は不安定である。しかも、上記の原則が悪用されるおそれがある。

(2) 「売買は賃貸借を破る」ことの弊害

　果たせるかな、「売買は賃貸借を破る」の原則が悪用される事態が生じた。日露戦争後の地価の高騰に伴い、地主が地代を引き上げる手段として、賃借権に対抗力がないことを利用して、土地を第三者に仮装譲渡し、新地主から借地人に対して土地の明渡しを求めさせ、それが嫌なら地代の値上げを承知せよと迫るようになった。借地人は土地の明渡しは困るから、地代値上げに応じざるをえない。これが繰り返されると、借地人は、常に地震で揺れ動く土地の上に建物を建てているようなものだという意味で、これを「地震売買」といった。このような事情において、借地人を保護するために、1909（明治42）年に「建物保護ニ関スル法律」（建物保護法）が制定され、建物の保存登記をすれば、賃借権の登記がなくても、第三者（新地主）に対抗できるとした。借地上の建物自体の登記は土地所有者の協力を必要としないので、借地人の意思だけで対抗力を得ることができるわけである。物権と債権の効力を明確に区分する考え方からすれば、借地権は賃借権である以上、本来、債権として特定の者（債務者）に対してだけ効力を有するはずである。しかし、建物保護法によって新たに第三者に対する対抗力を付与されたので、建物所有を目的とする賃借権は、その債権としての枠組みのまま、物権的な効力をもつこととなった。こうした傾向を「債権の物権化」という。

(3) 「売買は賃貸借を破らず」の原則

　現在、建物保護法は廃止されたが、「借地借家法」（平成 3 年法律90号）

はこの原則を引き継いでいる（同法10条）。しかし、先の建物保護法の規定からすると、借地上の建物が焼失したり、消滅した場合には、対抗力を失うことになるので、借地借家法は、この不備を補い、「借地権者が、その建物を特定するために必要な事項、その滅失があった日及び建物を新たに築造する旨を土地の上の見やすい場所に掲示するときは」借地権は対抗力を有するとした（同法10条2項）。一種の明認方法による対抗力を認めたものである。ただし、建物の滅失の日から2年経過した後は、その前に建物を新築してかつ建物の登記をしなければ対抗力を失う（同項ただし書）。また、建物や農地の賃貸借は、その登記がなくても、目的物の引渡しがあれば対抗力を生ずるとした（同法31条、農地16条）。いずれも「売買は賃貸借を破る」原則を覆えして、「売買は賃貸借を破らず」の原則が導入されることとなった。

第2章 | 第三者による 債権侵害

I 総 説

1 第三者の債権侵害

　第1章で述べたように、債権は、債権者が債務者に対してのみ請求でき、債務者以外の第三者に対しては何ら給付を請求できない権利（相対権）である。そうだとすると、債権が第三者によって侵害された場合、債権者は、第三者に対して不法行為に基づく損害賠償請求も、また、妨害排除請求もできなくなるのではないかが問題となる。かつては、債権は債務者に対してのみ請求できる権利であり、債務者以外の第三者は権利者に対して何ら義務を負担するものではないから、第三者の債権侵害は理論上考えられないとされ、消極的に解されていた。

2 不法行為の成立をめぐる学説・判例の展開

　大正期に入ると、末弘厳太郎（民法学者〔1888~1951〕）によって権利不可侵性の理論が強く説かれ、第三者の債権侵害による不法行為の成立を認めるべきことが説かれた。すなわち、権利の不可侵性は、物権その他支配権に特有のものではなく、債権も権利である以上、債権者の権利行使を妨げてはならない不可侵性が認められるというのである。つまり、権利の不可侵性は、あらゆる権利に通有する性質であるとする。

　この理論的影響があってか、1915（大正4）年に大審院は権利不可侵性説に立って、第三者の債権侵害に対して不法行為の成立を認めた（大判大4・3・10刑録21輯279頁）。この事件は、所有者Aから立木を2万円以上で売却するように委任を受けたBらが、2万7000円で買う意思のある

（買主）C_1の代理人C_2と共謀し、Aには2万1000円で売ったとして6000円を着服した。そこで、Aが、BらとC_2を背任として告訴する際、付帯私訴としてC_2に対して不法行為に基づく損害賠償を請求した事案であったが、大審院は次のように判示して、不法行為の成立を認めたのである。

「凡そ権利なるものは、親権夫権の如き親族権たると物権債権の如き財産権たるとを問はず、其権利の性質内容固より一ならずと雖も、何れも其権利を侵害せしめざるの対世的効力を有し、何人たりとも之を侵害することを得ざるの消極的義務を負担するものにして、而して此対世的権利不可侵の効力は実に権利の通有性にして独り債権に於てのみ之が除外例を為すものにあらざるなり……」と。

このようにして、上記の判例を契機に、判例と学説の多くは、権利の不可侵性という一般理論から、第三者の債権侵害による不法行為の成立を容認するに至った。

Ⅱ　債権侵害が不法行為になるときの賠償請求

1　709条の定める権利・利益侵害

債権侵害による不法行為の成立については、その後反省が加えられ、709条の「権利侵害」が、「法律上の保護に値する利益の違法な侵害〔違法性〕」として広く理解されてきた。そして、2004（平成16）年には709条に「権利」のほか「法律上保護される利益」が加えられ法律上明文化されるに至った。

こうして、債権侵害が不法行為になるときは、債権者は加害者に対して損害賠償を請求できる。これについて、一般に、次のような分類がなされている。

(1)　債権の帰属自体を侵害した場合

債権の帰属自体を侵害し、債権を消滅させた場合とは、例えば、他人の預金通帳と印鑑を盗んで預金を払い戻し、預金債権を消滅させたような場合である。このように、真正の者でない、債権の受領者としての外観を有する者が弁済を受けた場合には、債務者（銀行）が善意・無過失

であれば有効な弁済となり（478条）、（預金）債権者は預金債権自体を失う結果になるから、債権侵害として不法行為が成立するのである。

(2)　債権の目的たる給付を侵害した場合

(ア)　給付の侵害によって債権が消滅した場合

判例は、立木がAの債権の目的物となっていることを知っている第三者Bが、自分の物と偽ってCに売却し、Dをして立木を伐採させた場合に、不法行為の成立を認めた（大判大11・8・7刑集1巻410頁）。また、第三者が芸妓を誘拐して、芸妓稼働契約に基づく債務の履行を不能にさせた場合も、不法行為になるとしている（大判大7・10・12民録24輯1954頁）。

(イ)　給付の侵害によっても債権が消滅しない場合

第三者が、債務者またはその履行補助者（→第6章Ⅳ）と共謀して、債権の目的物を破壊したり、強制執行を免れるために財産を隠匿・仮装譲渡する行為は、不法行為となる。判例は、破産の際に、債務者と通謀して債務者の唯一の不動産を隠匿した行為について不法行為の成立を認めた（大判大5・11・21民録22輯2250頁）。また、第三者が債務者と共謀して、虚偽の債権証書を作成の上、仮差押えをして真実の債権者の執行を不能にさせた場合にも、不法行為になるとしている（大判大4・3・20民録21輯395頁）。

これに反し、債務者が執行を免れるために合資会社を設立し、自ら無限責任社員となって自己の財産をこれに出資した事案について、不法行為の成立を否定し、債権者は、詐害行為取消権（424条）によって保護を受けるべきだとした（大判昭8・3・14新聞3531号12頁）。

上記に述べた判例の傾向から考えれば、第三者が債務者と共謀して債務者の一般財産を減少させた場合、財産の隠匿・損壊・仮装譲渡などのように、行為の違法性が公序良俗違反・刑罰法規違反として著しく強いときには、不法行為の成立を認め、そうでないときには詐害行為取消権（424条）の行使の途によるべきであろう。

なお、通常の二重売買によって履行不能が生じ、一方の債権者に損害を与えても、それだけでは、債務者に債務不履行による損害賠償義務が発生するだけである。違法性を欠くから不法行為にはならない。

2 賃借権の侵害と不法行為

　第三者によって不動産賃借権が侵害された場合、不法行為の成立を認めうるかどうか。前掲大判大4・3・10が、権利不可侵性の理論に基づき、第三者の債権侵害に対して不法行為の成立を認めた理論の中で、すでに賃借権侵害にも不法行為が成立することを認めていたといってよいであろう。それゆえ、大判大10・2・17民録27輯321頁（賃借権に基づく妨害排除を否定した判例ではある）は、傍論で、間接的ではあるが、「故意又は過失に因り他人の賃借権を侵害したる者」は不法行為の責めを負うべき余地のあることを説いている。学説も、第三者による賃借地の不法占拠が不法行為になることを認めている。

　問題になるのは、第三者が賃貸人の承諾を得て賃借地を占有し、賃貸人に、賃借人のために第三者を立ち退かせようとする意思がない場合に、第三者の不法行為が成立するかどうかである。判例はこれを否定する（大判大13・11・17新聞2338号15頁）。第三者には、故意・過失によって積極的に賃借権を侵害しようとする意思はないのだから、消極的に解するのが妥当であろう。

III　債権侵害による妨害排除請求権

　第三者が債権を侵害した場合に、物権の侵害について物権的請求権（妨害排除請求権）が認められるように、債権者は、その侵害の排除を請求できるか。この問題は、特に不動産賃借権のように不動産の利用（占有）を内容とする債権において、占有が第三者によって侵害された場合に、賃借権者が直接に妨害排除請求ができるかどうか論議された。

1　初期の判例

　前掲大判大4・3・10の債権侵害による不法行為の成立を認めた判例理論の影響を受けてか、長崎県鯛ノ浦において専用漁業権の賃借権が妨害された事案について、大審院は、先の権利の通有性理論に基づき、「権利者が自己の為めに権利を行使するに際し之を妨ぐるものあるときは其妨害を排除することを得るは権利の性質上固より当然にして、其権

利が物権なると債権なるとによりて其適用を異にすべき理由なしとす」
と判示して、賃借権に基づく妨害排除請求を認めた（大判大10・10・15民
録27輯1788頁〔鯛ノ浦賃借漁業権侵害事件〕）。

　その直後の判例も、上記の判例理論を踏襲して、知事の許可を受けた
堤防敷地および河川敷地利用権を侵害した事案（大判大11・5・4民集1巻
235頁）や、官有の寺院境内地の無償使用権を侵害した事案（大判大12・
4・14民集2巻237頁）について、いずれも特殊な使用権に基づくものであ
ったが、権利の不可侵性によって妨害排除請求を認めた。

　上記のような論拠をとる判例理論の基礎には、物権の本質的効力であ
る妨害排除請求権が物権の排他性から生まれるものとすると、債権であ
る賃借権には排他性がないから、妨害排除請求権を認めることができな
くなるので、権利の通有性である不可侵性に基づいて、妨害排除請求権
を認め、賃借権者の保護を図ろうという考え方があったものと思われる。

　なお、上記の一連の判例の動きと相前後して、判例には、債権者代位
権（423条）を転用して、土地賃借人は、賃貸人の所有権に基づく妨害排
除請求権を代位行使できるとしたものがあることに注意しなければなら
ない（大判大9・11・11民録26輯1701頁）。

2　学説の対応と進展

　学説も、当初、上記の判例理論を支持した。しかし、この権利不可侵
性の理論を素朴に貫いていくと、権利の侵害があれば当然に妨害排除請
求権が生じることになり、例えば、二重譲渡の場合、第1の買主は、常
に目的物を取得した第2の買主に対して妨害排除請求ができることにな
るので、不当な結果が生じる。これを認めると、契約自由の原則を根底
から覆_{くつがえ}すようなことになってしまうのである。

　このように、学説は、上記の理論では排他性のない債権の保護を説明
するのに十分でないとして、これを修正するに至った。

　すなわち、①債権侵害については加害者の故意・過失、つまり侵害の
対象である権利についての認識または認識可能性を必要とする説、②不
可侵性から生ずる権利に基づく妨害排除請求権は、物権に基づく妨害排
除請求権と異なって、債権侵害の違法性と故意・過失を要件とする説、
③妨害排除が認められることによって生ずべき侵害者の犠牲の程度と、

妨害排除を否認することによって生ずべき被害者の不利益なども相関的に考慮して、妨害排除請求の認否を判断するべきであるという説、④公示や占有を伴わない一般債権について妨害排除請求権を認める必要はないとし、賃借権が対抗要件を備えたときと賃借物を占有する場合にこれを認めるべきであるという説、などがあって多岐にわたっている。

3　一連の最高裁判決

上記のような判例と学説の趨勢の下において、最高裁は、対抗要件を具備した不動産賃借権に限って妨害排除請求権を認めるに至った。

最高裁は、①石灰石山の地下を採掘する債権を有する者が、その侵害者に対し債権および占有権に基づく妨害排除を請求した事案について、債権には排他性がなく妨害排除請求権は認められないとするとともに、間接的に占有を取得しただけでも妨害排除請求権は認められないとした（最判昭28・12・14民集7巻12号1401頁）。他方、②AがB所有の宅地を賃借し、その上に建物を所有していたが、戦災で消失した後、CがBからその土地を賃借して建物を建てたので、AはCに対し旧罹災都市借地借家臨時処理法10条に基づいて建物収去・土地明渡しを求めた事案について、これらの規定（605条、旧建物保護1条、旧罹災都市10条）により対抗力ある賃借権を有する者は、爾後その土地につき賃借権を取得しこれにより建物を建てて使用する者に対し、直接、建物収去土地明渡しを求めることができるとした（最判昭28・12・18民集7巻12号1515頁）。同じく、③旧罹災都市借地借家臨時処理法10条もしくは2条または戦時土地物件令6条により対抗力を有する賃借権者は、その後、その土地につき賃借権を取得した者に対して、妨害排除請求ができるとした（最判昭29・2・5民集8巻2号390頁、同旨、最判昭29・6・17民集8巻6号1121頁、最判昭30・2・18民集9巻2号195頁）。

一連の最高裁判決について、学説は一般に、賃借権に基づく妨害排除請求権の認否を決定する基準を、対抗要件を具備しているか否かに置いているものと評価した。つまり、最高裁判例は、登記またはその他の対抗要件を備えた賃借権に限って、妨害排除請求権を認めているとしたのである。大審院の判例と比べて、著しい理論の変遷である。

ところで、先に例示した判例①は、無権原の第三者の不法侵害に関す

る事例であるが、判例②と③はいずれも旧罹災都市借地借家臨時処理法に関するもので、しかも二重賃貸借の問題である。この法律は、借地人・借家人が罹災前に借地権・借家権を有していた場合、これに罹災後一定期間に限り対抗力を認めるものである。その結果、罹災後、借地権者・借家権者が存在していることを知らないで土地を借り受け（第2の賃借人）、または土地を譲り受けたりして（所有権の第三取得者）建物を建てる者も出てくるわけであって、当然、これらの者と罹災土地上の元の借地権者・借家権者との間に避け難い争いが起きる。上記の第2の賃借人、土地の第三取得者は、厳密にいえば、他人の賃借地を侵害した不法占拠者ではなく、むしろ賃借権対賃借権、賃借権対物権（所有権）相互間の優劣を争う第三者に該当する。両者間には、いわゆる対抗問題が生じることになる。そして、旧罹災都市借地借家臨時処理法による対抗要件を具備した賃借権者が、後に賃借権を取得した者や土地所有権を取得した第三取得者に優先することはいうまでもない。

　上記のように、劣後する賃借権者や第三者取得者が、同じ土地の上に建物を建ててしまったのであるから——事実上、他人の賃借地を侵害したことになるのだから——、これに優先する賃借権者が、その妨害排除請求をするのは当然のことであろう。もっとも、判例が、二重賃貸借の場合には、無権原の第三者が他人の賃借権を侵害したときと異なり、優先する対抗力を根拠に妨害排除を認めたのか、それとも、賃借権も対抗要件を備えることによって物権化され、それに基づいて賃借地を占有する者に対して妨害排除請求を認めたのかは、判然としない。

　なお、旧罹災都市借地借家臨時処理法の賃借権の対抗力に関する規定は、2013（平成25）年に制定された被災借地借家法（「大規模な災害の被災地における借地借家に関する特別措置法」）の4条1項・2項および8条に基本的に引き継がれた。

4　問題の整理

　第三者の債権侵害に基づく妨害排除請求の問題について判例・学説を概観してきたが、これに基づいて論点を整理してみよう。公示を伴わない債権一般について、一律にこれを認めることは、取引の安全を害するから、妥当ではなく、現に問題も生じていない。実際上、第三者による

債権侵害による妨害排除請求が問題となったのは、物の利用の妨害であって、そのほとんどが賃借権についてであった。

(1) 対抗要件を備えた賃借権の侵害

(ア) 不法占拠の場合

無権原の第三者により賃借権が侵害された場合、賃借権者は、債権者代位権の転用によるまでもなく、賃借権に基づいて妨害排除請求ができる。対抗力を具備する賃借権は、物権的効力を有するから、物権の通有性たる妨害排除請求権が当然認められることになる。

(イ) 二重賃貸借の場合

同じ土地につき二重に賃借権が設定された場合、前述した最高裁判例は、対抗力を備えた賃借権は、「いわゆる物権的効力を有し、その土地につき物権を取得した第三者に対抗できるのみならず、その土地につき賃借権を取得した者にも対抗できる」として、賃借権に基づく妨害排除請求を認めた（前掲最判昭28・12・18）。

判例理論に対する学説の評価はまちまちであって、例えば、対抗要件を備えるに至った賃借権は排他性を有するに至り、排他性ある賃借権について妨害排除請求を認めたものと解するものもある。しかし、ここでは、対抗要件を具備した賃借権は、いわゆる物権的効力をもち、妨害排除ができるものと解しておきたい。

学説は、対抗要件を具備した賃借権に妨害排除請求を認めることに異論をみないが、その根拠は、大別すると、①不可侵性理論によるもの、②支配性ないし排他性理論によるもの、③対抗力の具備によるものなどがある。賃借権に基づく妨害排除請求は、何によって導き出されるのか。①の不可侵性理論は、権利の共通性を指摘したことにとどまり、抽象的すぎて妨害排除を認める判断基準が必ずしも明確ではない。②の排他性の理論によっても、排他性なるものを「同一物の上に所有権のような排他的な権利が成立していれば、その物の上にこれと相容れない内容の権利（所有権）が成立することを許さない」という意味に解する限りでは、同一物の上に同一内容の物権が2個以上成立しないという物権の特質（一物一権主義）を示しているにすぎないものなので、ここから物権的請求権が生ずるというのは誤りではなかろうか。さらに、③の対抗要件具備論によっても、対抗問題を、例えば、二重賃貸借の場合のように両立

しえない権利者相互間の優劣を争う関係と理解する限り、優先する第1の賃借人が劣後する第2の賃借人に対してその不法占有を排除できるのは、その優先的効力に基づくものであって、妨害排除請求権に基づくものではない。いずれの論旨も必ずしも明確でない。それゆえ、ある学説は、妨害排除請求権を認める根拠は、不動産賃借権の今日における特殊な地位とその保護に求めるべき旨を説く。

　この問題を解くにあたっては、「排他性」・「対抗要件」と妨害排除請求との関係が再検討されなければならないが、ここでは、対抗要件を備えた賃借権は、いわゆる物権的効力をもつからそれに基づいて妨害排除ができると解しておきたい。対抗要件を備え物権と同じように扱われるのだから、物権と同じ効果が与えられるべきである。2017年改正法は、このような趣旨から、不動産の賃借人は、605条、借地借家法10条または同法31条その他の法令の規定による賃借権の対抗要件を備えた場合には、当該妨害者に対し、占有の妨害の停止または占有物の返還を請求することができるとした（605条の4）。

⑵　占有を取得した賃借権の侵害

　占有を取得し対抗要件を具備しない賃借権が侵害された場合には、占有ないし準占有に基づく妨害排除請求（占有訴権）が認められよう（197条）。債権者代位権の転用によることも考えられる。

⑶　占有を取得していない賃借権の侵害

　占有を取得しない場合には、債権者代位権の方法によることが考えられる。学説では、直接に妨害排除請求権を認めうる場合があると説くものもある。占有未取得の場合には、第三者からは権利の存否を何ら認識できないのだから、消極的に解すべきであろう。

第3章 特定物債権と種類債権

Ⅰ 債権の目的

1 給付の内容

　本章以下で、各種の債権について述べる前に、債権の目的である「給付の内容」を概説しておきたい。債権は、債務者に対して一定の行為を請求する権利であるから、債権の内容は、債務者の行為だということになる。債権の内容のことを、通常「債権の目的」と呼んでいる。債務者のなすべき行為のことを「給付行為」という。この給付にも、建物の建築、品物の引渡しなどの積極的行為（作為債務）もあれば、境界に高い塀を建てないというように消極的な行為（不作為債務）もある。労務の提供や建物の建築のように債務者の行為そのものを内容とする債務を、一般に「なす債務」と呼び、商品の引渡しのように債務者の行為そのものだけでなく物の引渡しを内容とする債務を「与える債務」と呼んでいる。この分類は、履行の強制の実現方法を考える上で有益である。

　そのほか、給付の分類として、①可分給付（数人でセメント100袋を引き渡す給付のように、数個の給付に分割できるもの）・不可分給付（数人で共有の建物を引き渡す給付のように、給付の性質上分割できないもの）、②一時的給付（家屋の引渡しなど）・回帰的給付（新聞・牛乳の配達のように定期的に一定の行為を反復すべき給付）・継続的給付（労務者の労務の提供のように継続してなされる給付）、③特定物の給付（土地や建物の給付など）・種類物の給付（インターネットで注文した地ビール1ダースの給付など）がある。このうち、特に③の分類が重要であり、以下Ⅱ、Ⅲでは、民法の定めに基づき、この点を中心にみていく。

2 給付の要件

債権の内容は、契約自由の原則により、当事者の自由な意思によって定めることができるが、それが法律上保護に値するかという観点から、次のような給付の要件が必要である。

(1) 給付の適法性

給付の内容は、公序良俗（90条）・強行法規に違反してはならない。

(2) 給付の可能性

給付の内容は実現可能でなければならない。実現不可能のときには、債権は成立しない。可能であるか否かは、社会観念によって決められる。可能・不能の標準となる時点は、債権発生の時である。伝統的な学説では、債権発生の時にすでに不能な場合を「原始的不能」、債権発生後に不能となった場合を「後発的不能」といい、原始的不能については「契約締結上の過失」の問題が、後発的不能については履行不能（債務不履行）とともに危険負担（537条）の問題が生ずるとしていた。ただ、2017年改正法は、原始的不能であるか後発的不能であるかを問わず、債務不履行に基づく損害賠償請求をすることができるとした（412条の2）。

(3) 給付の確定性

給付の内容は確定しうるものでなければならない。売買の目的物が、ある土地の2分の1というように分数的に定められているだけでは、確定したとはいえない（大判大12・7・27民集2巻572頁）。ただ、このように区画を定めないで2分の1を売買するのではなく、売主と共有する趣旨であれば売買は認められる。なお、給付の内容は債権発生時に確定されていなくても、履行時までに確定できるものであればよい。

3 給付の金銭的価値

近代法では、人格尊重の原理に立って、人格的利益を保護している。金銭的価値を有しない給付を内容とする債権でも、法律上の保護に値するものは、給付の目的となる。名誉・信用など無形の利益がこれである。民法もこの旨を規定している（399条）。判例は、僧侶に念仏供養をさせる給付も債権の目的となるという（東京地判大2年(ワ)第922号判決月日不詳〔新聞986号25頁〕）。徳義上の約束や友誼上の約束などは、社会性を欠き、

しかも当事者に法律効果を欲する意思がないことから、法的保護に値しない場合が多い。

Ⅱ　特定物債権

1　特定物債権の意義

　特定物債権とは、例えば、「A町○番地の土地」「著者のサイン入りの上製本」など、特に指定した物（特定物）の引渡しを目的とする債権である。

　特定物とは、具体的な取引において、当事者が物の個性に重きを置いて定めた物をいう。例えば、この土地、この万年筆というような場合である。特定物の中には、土地や建物のように、物自体として特定している物と、「この万年筆にする」というように、同種同質の一定の種類に属する物（不特定物・種類物）の中から、当事者の特約や指定によって特定される物とがある。後者は、物としては不特定物なので、本来の特定物と区別する意味で「種類特定物」と呼称しておきたい。

　特定物の引渡しには、特定物の占有とともに所有権を移転する場合と、占有のみを移転する場合とがある。前者は、売買や贈与がこれに当たるし、後者では、賃貸借や寄託が好例である。民法は、特定物債権について、それが特定物の引渡しである場合の債務者の善良なる管理者の注意をもってする保存義務を定めた（400条）。

2　債務者の保管義務

(1)　善管注意義務

　上記の保存義務に関し、特定物の引渡義務を負う債務者は、引渡しをするまで、「契約その他の債権の発生原因及び取引上の社会通念に照らして定まる」善良なる管理者の注意（善管注意）をもってその物を保管しなければならない（400条）。善良なる管理者の注意とは、債務者の職業や社会的・経済的地位などに応じて、取引上、一般人として通常要求される程度の注意のことであり、2017年改正により前記の「　」の部分が明文化された。これは、フランス民法の「良家父の注意」（les soins d'un bon pere de famille）に由来するもので、ドイツ民法の「取引に必要な注意」（im Verkehr erforderliche Sorgfalt）と同じ意味であるといわれている。善管注意とは何かは、抽象的でわかりにくいが、ここでは、法律が普通の平均人を標準として、その人が通常の取引において負うべき注意義務を定めたものであると理解しておこう。この注意義務に違反することを「抽象的過失」という。

これに対して、人が自己の物を管理・保存するときは、往々にしていい加減に取り扱うこともあるので、一般に善管注意よりも注意義務の程度は低いと考えられている。民法は、この注意義務を「自己のためにするのと同一の注意」（827条）、「自己の財産に対するのと同一の注意」（413条1項・659条）、「自己の財産におけるのと同一の注意」（940条1項）、「固有財産におけるのと同一の注意」（918条1項）などといっている。そして、この注意義務に違反することを「具体的過失」（行為者自身の具体的注意能力を基準にする過失）と呼んでいる。

両者の具体的な取扱いの違いは、例えば、寄託を例にとるとわかるように、無償で他人の物を預かる場合には、「自己の財産に対するのと同一の注意」（659条）義務が要求されるのに対し、有償で預かる場合には善管注意義務が要求される。

なお、抽象的過失と具体的過失とを一般に「軽過失」と呼び、非常に不注意であった場合の「重過失」と区別されている（例えば、95条3項・466条3項・698条、失火ノ責任ニ関スル法律など）。

特定物の引渡債務を負う債務者が、善管注意義務を怠ったために、物を滅失・毀損したときは、損害賠償義務を負う（415条）。

善管注意義務は、債務の履行期までではなく、引渡しの時まで負う（400条）。債務者が履行期に提供したにもかかわらず、債権者が受領しないときは（受領遅滞）（413条1項）、善管注意義務は軽減される。

履行期以後引渡しをするまで、債務者が善管注意義務を負うのは、例えば、債務者が履行期に不可抗力によって目的物を履行できず、履行遅滞とも受領遅滞ともならないような場合である。また、債務者に同時履行の抗弁権（533条）、留置権（295条・298条）など、履行の遅延を正当にする事由があるような場合にも、引渡しまで善管注意義務が負わされよう。

天然果実は、その元物から分離するときに、これを収取する権利を有する者に属する（89条1項）。したがって、特定物債務者が果実収取権を有するときは、引渡しの履行期までに目的物から分離した果実を収取することができる。しかし、履行期以後の果実は、目的物とともに債権者に引き渡さなければならない。

(2) 引渡義務

債務者は、善管注意をもって保存し、物の引渡しをすべき時の現状のままで、その物を引き渡せばよい（483条）。ここで「引渡しをすべき時の現状のまま」とは何かが問題となるが、2017年改正法は、「契約その他の債権の発生原因及び取引上の社会通念に照らしてその引渡しをすべき時の品質を定めることができないときは」との文言を追加して、その点を明確化した。善管注意をもって保管して、契約において別段の定めなどがないような場合には、目的物が毀損したとしても、修理することなく毀損したままで引き渡せばよく、滅失したとしても履行義務を免れることになる。例えば、建物の引渡義務を負う者が、未曾有の台風によって当該建物が毀損した場合において、社会通念に照らして善管注意をもって保管したとみられ、かつ、この点につき契約に別段の定めがないときには、毀損したままで引き渡せばよいし、倒壊した場合には債務を免れる。

上記の問題は履行上の問題（債務不履行に該当するか否かの問題）であって、この問題と、例えば、建物の売買契約において、契約成立後、その履行前に建物が不可抗力によって滅失した場合に、売主は債務を免れるが、他方、買主も債務を免れるかどうかという（危険負担〔536条〕）、存続上の牽連関係の問題とは異なる。

400条にいう「保存」とは、物が滅失・毀損しないように物が現在もっている経済的価値を維持することをいう。判例は、変化するおそれのある「生まゆ」を「乾燥まゆ」にするのは、善管注意の保存になるという（大判大7・7・31民録24輯1555頁）。なお、履行期前に生じた果実は、債務者が取得する。

このほか、特定物債権に関しては、次の事項が問題となる。①特定物債権の内容が、物の引渡しのほか、所有権移転を含む場合に、特別の行為を必要とするかどうか（物権行為の独自性）、②所有権移転の効力発生

時期（176条）、③危険負担（債務者主義）（536条）、④買主の追完請求権（562条）等である（①および②は物権法での問題であり、③および④は契約法の問題であり、それぞれの箇所で学修されたい）。

Ⅲ　種類債権

1　種類債権の意義

　種類債権というのは、ミカン100箱、地ビール1ダースを直接に、または宅配便により引き渡せというように、一定の種類に属する物のうちから、一定数量の引渡しを目的とする債権である（401条）。不特定物債権ともいう。種類債権は、商品売買において最も普通に生ずるが、消費貸借（587条）・消費寄託（666条。消費物を預かる寄託。銀行預金はその典型である）・混蔵寄託（穀物・清酒などの代替物の寄託では、受寄者は、〔数人の者から〕預かった物〔受寄物〕と同種・同等の他の受寄物と混合して保管し、後に受寄物と同数量の物を返還することが認められる）についても生ずる。

　資本制社会においては、あらゆる日用品にもみられるように、物が商品としての個性を失い、一定の標準・規格の下に大量に生産され、大量的に取引されるから、種類債権の占める取引上の地位は重要である。

2　制限種類債権

　制限種類債権は、限定種類債権ともいう。当事者は、一定の種類物の範囲を場所等によって制限し、その制限内にある目的物を給付の対象とすることができる。例えば、静岡産のミカン100箱、A倉庫内のコシヒカリ（米）100キロなどがその例である。当事者は、その種類物の範囲を広くも狭くも任意に決めることができる。今日の取引においては例えば同じビールの購入にしても好みや価格を指定して購入することが多いから、種類物の取引といっても制限種類物のそれであることがむしろ一般的であるといえよう。種類債権と制限種類債権とを区別する意義は、限定された当該目的物の給付が不能となった場合に、同種・同価値の代替物が存在するときに、当該契約等に照らし、代替物の給付によっては債務の履行とは認められないこと等にある。

制限種類債権に関して問題があるのは、一定面積の土地の一部の贈与を受けるべき債権が制限種類債権といえるかどうかである。判例は、これを制限種類債権としつつも、選択債権（→第4章Ⅲ）における選択権の行使および移転に関する407条から409条までを準用し、選択によって特定するとした（大判大5・5・20民録22輯999頁）。学説は、判例の結論には賛成しながらも、これを制限種類債権とみることに反対している。選択債権の一種とみるべきだというのである。ある債権が、制限種類債権か選択債権かの限界は微妙なものがあるが、両者の違いは選択権の行使と移転（407条以下）にあるので、さしずめ当事者が目的物の個性に重きを置いている場合（目的物が個性を有している場合）には、選択債権となると解してよいであろう。もっとも、その後の判例は、態度を改め、1筆の土地のうち一部を賃貸するという契約に関して、この債権の性質を選択債権であるとし（最判昭42・2・23民集21巻1号189頁）、学説に同調している。

3　目的物の品質

　種類債権においてはどのような品質の物を給付しなければならないか。種類債権では、ビール1ダース、米10キロというように、種類・数量は常に確定されているが、その品質については、法律行為の性質または当事者の意思によって定まる。

　法律行為の性質によって定まる場合とは、例えば、消費貸借（587条）、消費寄託（666条）にあっては、借りた物と同じ品質の物を返還しなければならないとされているが、これは消費貸借・消費寄託という法律行為の性質に起因するものである。

　次いで、その品質は当事者の意思によって定まる。日常生活をみてもわかるように、例えば、注文者が酒店に「白鷹」の特級酒というように指示することによって行われている。

　法律行為の性質や当事者の意思によって定められないときは、中等の品質を有する物を給付すべきことになる（401条1項）。何が中等かは取引の慣行による。例えば、酒1升と注文した場合、特級酒・一級酒・二級酒の等級のうちなら一級酒が中等の品質を有する物になる。判例では、木材の品質を特上、上、中、並、下の5級に区別して取引される慣行が

あるときに、特上と下を除いた中間の3者を品質中等と認めた（大判大5・10・7民録22輯1853頁）。

なお、債務者が中等の品質を有しない物を給付しても、債務を履行したとはいえない。また、債務者は、中等以上の品質の物を給付すべき義務を負わない。

4　種類債権の特定

種類債権の目的物は、種類・数量によって示されているにすぎないから、債務者がこれを現実に給付するためには、定められた種類・数量に従って、具体的に目的物を特定しなければならない。このように、種類物（債権）が特定物（債権）に転化することを「種類債権の特定」という。この種類債権の特定の問題は重要である。例えば、A（売主）・B（買主）間で木材をBの住所で引き渡すべき種類売買がされた。Aは履行すべくZ港にある貨物船に木材の積荷を終えたところ、Bの債権者Cがその木材をBの所有物として差し押さえた。Aは、上記木材の所有権はまだ自己にあると主張して第三者異議の訴え（民執38条）を提起できるか。この事例では、木材の積荷を終えた時点で特定が生じたとすると、木材の所有権はBに移転したことになるから、債権者Cは木材を差し押さえることができる。逆に、まだ特定が生じていないとすると、Cの差押えは許されないことになる。このように、種類物がいつ特定するかは重要な意味をもつ。

5　特定の方法

種類債権の特定の方法としては、債務者の行為によって特定する場合と、当事者間の契約によって特定する場合とがある。

(1)　債務者の行為によって特定する場合

当事者間に特定の方法について契約がなされていない場合、いかなるときに特定が生ずるかの問題である。

例えば、AがB酒店にビールを1ダース注文したとしよう。Bは指示されたビール1ダースを選択し、これをオートバイにのせてA宅まで配達するのであるが、ビールはいつ特定するのか。すなわち、Bがビールを選択した時か、履行を提供した時か。民法は、債務者が物の給付をす

るのに必要な行為を完了した時であるといっている（401条2項）。「……必要な行為を完了し……たとき」とは、物を選択し分離するだけでは不十分であって、債務者が債務の態様に応じてするべきすべての行為を完了した場合であるといわれている。つまり、実質的には、債務者が債務の本旨に従って履行の提供（493条参照）をしたときのことである。特定の問題は、履行の場所との関係で、次のように分けて説かれている。

　㋐　持参債務

　目的物を債権者の住所において引き渡すべき債務を持参債務といい、不特定物の給付を目的とする債務は、持参債務が原則となる（484条1項後段）。したがって、持参債務にあっては債務者が債権者の住所で目的物を提供した時に特定する（473条・493条参照）。

　㋑　取立債務

　目的物を債務者の住所において引き渡すべき債務である。取立債務にあっては、債務者が、いつでも給付できるように目的物を分離するなど弁済の準備を完了し、この旨を債権者に通知し、その受領を催告した時に特定する（493条ただし書）。例えば、債務者が給付すべき目的物を倉庫から取り出し荷造りをして、債権者にこの旨を通知すると特定する。

　㋒　送付債務

　目的物を債権者・債務者の住所地以外の第三地において引き渡すべき債務である。例えば、債務者が「A駅渡し」の履行義務を負うような場合であって、目的物を第三地（A駅）で提供することによって、物の給付をするに必要な行為が完了したことになる。第三地における履行が債務者の義務であるときには、持参債務と同じく目的物の第三地への到達をもって特定が生じ、第三地における履行が債務者の好意に基づく場合には、取立債務と同じく第三地への発送と発送通知の到達によって特定が生ずる。

　(2)　物の給付をするのに必要な行為の完了と弁済の提供との違い

　上記で述べたところからすると、種類債権の特定の問題は、弁済の提供（→第16章Ⅱ）と関係があるかのようにみえる。例えば、持参債務の場合においては、現実の提供によって特定の効果が生ずるとともに、提供の効果も生ずるからである。したがって、物の給付をするのに必要な行為の完了と弁済の提供とを同視する学説もある。しかし、両者は必ずし

も同じではない。例えば、口頭の提供で足りるような場合（493条ただし書）、目的物の分離さえしていない軽度の準備でも提供の効果は生ずるが、特定の効果は生じない。

(3) 契約によって特定する場合

債権者と債務者との契約で、直接に給付すべき目的物を具体的に定めた場合に、特定することはいうまでもない。

当事者間の特約で、債権者・債務者または第三者のいずれかが指定権を有すると定めた場合、この指定権が行使されることによって特定する。しかし、民法は、特定の方法につき、債務者が「債権者の同意を得てその給付すべき物を指定したとき」と定めている（401条2項）。通説は、債務者が指定権を有する場合であるとし、ここにいう「同意」とは、指定権を行使することの同意であって、どの物にするかについての同意ではないと解している。

しかし、401条2項前段の「債務者が物の給付をするのに必要な行為を完了し」た場合との関連において、「債権者の同意を得てその給付すべき物を指定したとき」というのは、債務者が指定権に基づいて種類物の中より一定数量の部分を分離指定する行為をしたときという意味に解すべきであろう。当事者間の特約によって、債権者や第三者にも指定権を与えることができるのだから、401条2項は、債務者が指定権を有する場合を原則的なものとして定めた規定であると理解しておきたい。

指定権を有する者が指定権を行使しない場合に、選択債権に関する選択権の移転の規定（408条）を類推適用して指定権の移転を認めるべきか、それとも物の給付をするに必要な行為の完了に基づく特定によるべきかが問題となる。判例は指定権の移転を認めているが、学説は批判的である。指定権は、選択債権における選択権のように、本質的にしてかつ不可欠のものではないから、後者の原則的な特定の方法によるべきであるとしている。

6　特定の効果

種類債権の特定が生ずれば、それ以後はその物が債権の目的物となる。種類債権は同一性を維持しながら特定物債権に代わる。

(1) 善管注意義務と変更権

　種類債権が特定すると、債務者はその物の引渡しをするまで、善良なる管理者の注意をもってその物を保存しなければならない（400条）。この注意義務を怠りその物を減失毀損させたときは、損害賠償義務を負う。

　問題となるのは、例えば、イカ100箱を給付すべき債務者Ｂが、債権者Ａの同意を得て冷凍庫内にあるイカ100箱を指定したが、Ｂは間違えてこのイカを、同じ品を注文していたＣに引き渡してしまったような場合、Ｂは、同種同質の他のイカをもってＡに給付してもよいかどうかである。債務者の目的物についての変更権の問題である。目的物が特定した後、債務者が他の目的物に任意に変更することは許されない。しかし、特定された物と、種類中の他の物とが同種同質で、しかも債権者に何ら不利益を及ぼさない限り、変更を認めてもよかろう。判例でも、取引慣習が認めている場合、変更権を容認するものがある（大判昭12・7・7民集16巻1120頁）。この判例は、株式の売買において、売主に特別の事情のないかぎり、給付すべき株式の特定後においても名義書換を了するまでは、これを番号の異なる同種の他の株式に変更する自由すなわち変更権を有すると判示している。

(2) 危険負担

　売買その他の双務契約においては、目的物の特定の時から、危険は債権者に移転するとされていた（旧534条2項。したがって債権者である買主は代金支払債務を免れない）が、2017年改正法は、これを改め、「債権者は、反対給付の履行を拒むことができる」（536条1項）とした。すなわち、買主の代金支払債務は、当然に消滅するものではないが、売主から代金支払の請求があった場合に、それを拒めることになった（改正前においても実務の多くは契約上そのような約定をしていたが、そのような約定がない場合でも、このようになることが規定上明確化された）。

(3) 所有権の移転と危険の移転

　種類債権の特定と同時に、目的物の所有権が債権者に移転すると解するのが判例であった（最判昭35・6・24民集14巻8号1528頁）。

　しかし、上記(2)(3)に関して、2017年改正法は、目的物の減失等による危険の移転については、567条1項で「売主が買主に目的物（売買の目的として特定したものに限る。以下この条において同じ。）を引き渡した場合にお

いて、その引渡しがあった時以後にその目的物が当事者双方の責めに帰することができない事由によって滅失し、又は損傷したときは、買主は、その滅失又は損傷を理由として、履行の追完の請求、代金の減額の請求、損害賠償の請求及び契約の解除をすることができない。この場合において、買主は、代金の支払を拒むことができない。」と定め、目的物が特定しただけでは買主に危険は移転せず、買主に引き渡されて初めて危険が移転するとする。そして、同条2項で、「売主が契約の内容に適合する目的物をもって、その引渡しの債務の履行を提供したにもかかわらず、買主がその履行を受けることを拒み、又は受けることができない場合において、その履行の提供があった時以後に当事者双方の責めに帰することができない事由によってその目的物が滅失し、又は損傷したときも、前項と同様とする。」と定めた。その定めるところは、受領遅滞に関する413条の2第2項の規定するところと実質的には同じである。

第**4**章 | 金銭債権・利息債権・選択債権等

I　金銭債権

1　金銭債権の意義

　金銭債権とは、例えば、AがBに対し10万円を返済せよというように、一定額の金銭の給付を目的とする債権をいう。金銭債権は、一定の数量をもって表示された金額、つまり一定の貨幣価値の給付を目的とするものであるから（価値権としての性質を有する）、種類債権におけるような特定の問題は生じない。また、金銭債権には、通貨が存在する限り、履行不能を生ずることはなく履行遅滞のみが生じる。そして、債務者は、履行遅滞が不可抗力に基づくものであっても、あるいは、債権者による損害の証明がなくても支払の遅れは常に金銭の運用の可能性を阻害することから、損害賠償責任を免れることができない（絶対責任）（419条2項・3項）。金銭債務が不可抗力を理由に免責されるのでは、経済が円滑に機能しなくなるからである。

　資本制社会において、金銭債権は、例えば、売買契約における売主側の代金債権、賃貸借契約における賃貸人の賃料債権のように、取引の決済としての一方の対価的債権を構成するし、また、金銭債権は、消費信用・生産信用において、例えば、金銭消費貸借契約における貸主の貸金債権・利息債権、金銭消費寄託契約における寄託者（預金者）の預金債権のように、信用を媒介とする一方の対価的債権を構成する。このように、金銭債権は取引上も法律上も重要な機能を果たしている。

2　金銭債権の種類

金銭債権には、以下の種類がある。

(1)　金額債権

一定額の金銭の給付を目的とする債権である。つまり、給付すべき金銭の種類について別段の定めのない金銭債権のことである。金銭債務者は、特約のない限り、その選択に従い、各種の通貨で支払ってよいことになっている（402条1項）。

通貨とは、強制通用力を認められた貨幣（いわゆる硬貨）および日本銀行法に基づき日本銀行が発行する銀行券（いわゆる紙幣）を総称していう。通貨の額面価格の単位は円で、その額面価格は1円の整数倍となっている（通貨の単位及び貨幣の発行等に関する法律〔昭和62年法律42号〕2条）。1回の支払額について強制使用力が認められる限度は、貨幣については額面価格の20倍（同法7条。例えば、1円貨では20円まで）であるが、千円札、5千円札、1万円札等の銀行券には制限がない（日銀法46条2項）。

(2)　金種債権

当事者間で特定種類の金銭（例えば5千円札）で支払う旨の特約ある金銭債権を金種債権という。上記の特約は、支払方法に関するものであるから、履行期にその特定種類の金銭が強制通用力を失っているときには、他の通貨で支払うことになる（402条2項）。

なお、例えば、コイン収集の目的で、昭和天皇在位60年の記念金貨5枚を給付する旨を特約したようなときは、種類債権となる。

(3)　外国金銭債権

外国の通貨を目的とする金銭債権を外国金銭債権という。例えば、ドルとかユーロで支払う場合である。その外国の各種の通貨で支払えばよい。外国金銭債権で特殊なことは、債務者が外国通貨で弁済する代わりに、日本の通貨をもって支払うことができるということである（403条）。内外通貨の転換の自由を定めたものである。換算率は履行地の為替相場による（同条）。

3 事情変更の原則

(1) 貨幣価値の変動

貨幣価値は絶えず変動し、常に一定しているとは限らない。そこで、一国の経済事情の変動によって、例えば、貨幣価値が著しく暴落したような場合（インフレーション）、履行時に契約時の価格をもって目的物を履行させることが妥当かどうか問題となる。契約時に価格1000円の物が、インフレーションによって履行期に10万円に騰貴したような場合である。第一次世界大戦後のドイツにおいて、不換紙幣の濫発によりマルクが暴落したときに、ドイツの裁判所は、「契約は守らなければならない」というのが近代法の大原則であるにしても、当事者が予見できなかった事情によって貨幣価値が暴落した場合に、当初の契約を履行させることが著しく公平を欠くときには、不利益を受ける当事者がこの契約の無効あるいは契約内容の変更を請求できるとした。これを事情変更の原則という。信義則の一顕現である。

この原則を要約すると、「契約成立後、債務が現実に履行されるまでの間において、契約をなした当時、当事者が予見できなかった事情が発生し、その結果、本来の給付を履行させることが信義則上著しく不当なときは、その契約内容の変更を相手方に提議し、相手方がこれを拒絶するときは契約を解除しうる」と定義することができよう（この点に関する判例として、最判昭30・12・20民集 9 巻14号2027頁、最判平 9・7・1 民集51巻 6 号2452頁。後者の事件は、ゴルフクラブの会員Ｘが、ゴルフ場経営者Ｙからゴルフ場の災害復旧工事に多額の費用を要したことを理由に追加預託金を支払って会員資格を維持するか、預託金の返還を受けて退会するかの選択を迫られたために、Ｘが会員資格を有することの確認を求めたのに対し、Ｙが事情変更の原則を理由にこれを争った事案において、最高裁は、当該災害は予見できなかった事情ではないとして、同原則の適用を否定した）。わが国においても、貨幣価値に著しい変動が生じた場合、上記の原則の適用を認めざるをえないであろう。

(2) 行為基礎論

ドイツにおいては、第二次世界大戦後、事情変更の原則は行為基礎の喪失の問題として論じられた（行為基礎論）。行為の基礎とは、契約の基礎にある一定の事態のことで、これには主観的なものと客観的なものと

がある。主観的行為の基礎の喪失とは、例えば、両当事者が、ドルとユーロが同価値であると外貨の計算の基礎を間違えたような場合、いわば両当事者に法律行為の基礎とした事情について共通の錯誤（95条1項2号）があるときに問題となる。客観的行為の基礎の喪失には2つの面があって、1つは、等価関係の破壊であり、契約成立後、インフレーションなどによる給付と反対給付の均衡が著しく破壊された場合などである。他の1つは、契約目的の到達不能であって、例えばゴルフ場を経営するため土地の賃貸借をしたところ、戦争が始まりゴルフが禁止された場合のように、契約内容に盛られた客観的契約目的が到達できなくなった場合である。国王戴冠式のパレードを見物するため、街路に面したホテルの1室を借りたところ、国王が急病になってパレードが中止された場合も、契約目的の到達不能の一例として挙げられている。行為基礎論は、わが国の学説にも強い影響を与えているが、その法律構成はなお、今後の課題として残されている（五十嵐清・契約と事情変更72頁以下）。なお、事情変更の原則は、英米では「契約のフラストレーションの理論」として、フランスでは「不予見論」の問題として論じられている。

II　利息債権

1　利息債権の意義

　利息債権とは、利息の支払を目的とする債権である。利息は、通常、金銭の貸借（利息付金銭消費貸借契約〔589条〕）や銀行への預金（消費寄託契約〔666条〕）から生まれる。利息債権は、契約によって生じる場合と法律の規定によって生じる場合とがある。前者を約定利息債権、後者を法定利息債権という。

(1)　利息債権の種類

　利息債権には、基本権としての利息債権と支分権としての利息債権とがある。

(ア)　基本権たる利息債権

　抽象的に一定期ごとに一定率の利息を生ずる債権がこれである。例えば、貸金業者AがBに対し、元本10万円、利息月1分（年1割2分）、期

間1年の約定で貸し付けた場合、1月ごとに1000円の利息を生み出す、まだ弁済期に達していない利息債権である。この利息債権は元本債権に従属し、これと運命をともにする。これを利息債権の付従性という。元本債権が消滅すれば利息債権も消滅するし、元本債権が移転すれば利息債権も移転する。

(イ)　支分権たる利息債権

基本権たる利息債権に基づいて毎期ごとに発生した一定額の利息を請求できる権利であって、弁済期に達した利息債権のことである。前例で、Aは元本債権10万円と利息債権年1万2000円（月1000円）のそれぞれ独立した債権をもつことになる。この種の利息債権は、元本債権と離れて独立性を有するから、別個に譲渡できるし、独自に消滅時効にかかる。先に述べた付従性は弱い。

(2)　利息の性質

利息は、元本使用の対価であるから、地代・家賃と同じく法定果実であり（88条2項）、元本債権の存在を前提とし、その額と存続期間とに比例して一定利率をもって支払われる金銭その他の代替物である。利息には利率の観念を欠くことができない。利率は、元本に対する利息の割合であって、元本利用の一定期間を単位として定められる。利率には約定利率と法定利率とがある。なお、利息は、元本債権の成立後、上述のように元本使用の対価として発生するものであり、金銭債務の履行の遅滞によって発生する損害賠償の額（遅延損害金・遅延賠償金〔419条1項〕。その利率にも約定利率〔賠償額の予定（420条）〕と法定利率〔404条2項〕とがある）とは異なる。

例えば友人間の金銭の貸し借りにおいて、別途、利息の約定がない場合には、利息は発生しない。利息債権の発生は、元本債権を前提とはするが、そのためには利息を発生させる旨の意思表示を必要とする（ただ、銀行や貸金業者から金銭を借り受ける場合には、通常は元本債権の発生と一体化している）。このような利息を生ずべき債権の利率については、当事者間に意思表示があれば、利息制限法の定める制限利率（後述）を超過しない限り、その約定による（約定利率、例えば年10％）。

利息を生ずべき債権について利率についての約定がない場合には、その利息が生じた最初の時点における法定利率による（404条1項）。「その

利息が生じた最初の時点における」とされるのは、2017年改正によって、その施行時である2020年4月1日の時点の民事法定利率は年3％（404条2項）であるが、その後3年ごとに利率の見直しが行われるためである（次の(3)参照）。この利率は、2017年の改正によって、それまでの年5％から年3％に改められ、また、それまでは民事法定利率とは別に年6％の商事法定利率（商旧514条）が定められていたが、法定利率について変動制を採用したことを踏まえ、商事法定利率は廃止された。なお、供託金に付される利息は年0.0012％とされている（供託3条、供託規則33条1項）。

(3) 法定利率

2017年改正法は、年3％（404条2項）の法定利率は、3年を1期とし、1期ごとに、次のとおり変動するものとした（同条3項）。

各期における法定利率は、法定利率に変動があった直近の期（直近変動期。改正法施行後最初の変動があるまでは、改正法の施行後最初の期）における「基準割合」と当期における「基準割合」との差に相当する割合（その割合に1％未満の端数があるときは、これを切り捨てる）を直近変動期における法定利率に加算し、または減算した割合とする（同条4項）。

上でいう「基準割合」とは、法務省令で定めるところにより、各期の初日の属する年の6年前の年の1月から前々年の12月までの各月における短期貸付けの平均利率（日本銀行の発表する、当該各月において国内銀行が新たに行った貸付け〔貸付期間が1年未満のものに限る〕に係る利率の平均をいう）の合計を60（5年間の月数）で除して計算した割合（その割合に0.1％未満の端数があるときは、これを切り捨てる）として法務大臣が告示するものをいう。

例えば、【図①】が示すように、第1期（改正法施行日より3年間）の基準割合が年0.7％であるとし、その3年後の第2期の基準割合が1.1％であると想定した場合に、その差は0.4％であり、1％未満のために、第2期の法定利率は、変動がなく3％が維持される（第3期〜第5期の法定利率も同様）が、第6期（施行日から15年後）の基準割合1.7％と第1期の基準割合0.7％との差が1％であるため、第6期の法定利率は、1％上昇して4％に変動する。そして、【図②】が示すように、第11期（施行日から30年後）においては、その基準割合0.6％と直近変動期である第6期の基準割合1.7％との差が1.1％であるあるため、1％未満は切り捨てら

【図①】法定利率の変動のシミュレーション（基準割合の上昇局面）

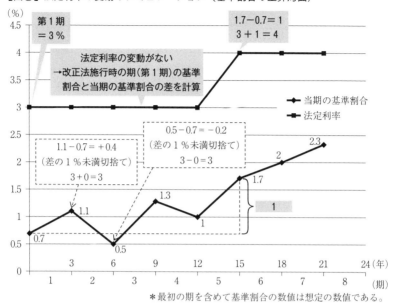

〈引用〉筒井健夫＝村松秀樹編著『一問一答 民法（債権関係）改正』（2018年、商事法務）83頁

れて、第11期の法定利率は、１％下降して３％に変動する。

2 利息の諸形態

利息の形態は、その計算方法・支払方法等により種々に分類できる。

(1) 後払利息

後払利息は、弁済期に元本額に対する一定利率により算出され（単利計算）、元本とともにあるいは元本と別個に支払われるものである。例えば、元本10万円、利息年１割８分、期間は１年の金銭貸借において、借主は弁済期に元本10万円と利息１万8000円を支払うことになる。最も一般的に行われている形態である。なお、弁済期後、元本を引き続き借り受けるときは利息１万8000円を支払うことになる。

(2) 重利（複利）

弁済期に支払われない利息を元本に組み入れて、その総額に対してさらに利息を計算することである。利息の元本化、利息の利息化である。重利は、債務者に苛酷な結果を招くので、これを禁ずる法制が多いが、

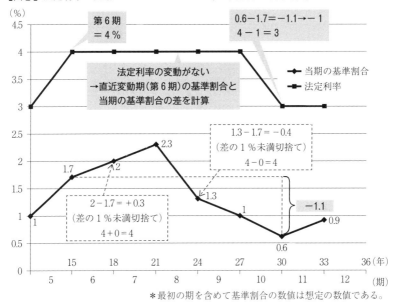

【図②】法定利率の変動のシミュレーション（基準割合の下降局面）

＊最初の期を含めて基準割合の数値は想定の数値である。

〈引用〉筒井健夫＝村松秀樹編著『一問一答 民法（債権関係）改正』（2018年、商事法務）83頁

わが国では認めている。

　重利には、法定重利と約定重利とがある。法定重利は、利息の延滞が１年以上になり、貸主が支払を催告しても借主が支払わないときに延滞利息を元本に組み入れる場合である（405条）。約定重利に係る契約には、弁済期が到来した後に利息を元本に組み入れる契約（重利契約）と、利息の弁済期が到来しない前にあらかじめ組入れを約する重利の予約とがある。弁済期到来後の重利契約で、利息制限法違反の利息を組み入れても無効である。特に、利息制限法違反の利息が短期間ごとに元本に組み入れられると暴利を誘発するおそれがある。最高裁は、年数回の利息を元本に組み入れる重利の予約は、毎期の組入れ利息とこれに対する利息の合算額が、本来の元本額に対する関係において、１年につき利息制限法所定の制限利率により計算した額を超えない限度においてのみ有効であるとした（最判昭45・４・21民集24巻４号298頁）。

(3)　前払利息（天引）

　消費貸借契約締結の際に（例えば、元本10万円）、利息（年１割８分、１万

8000円）をあらかじめ計算し、これを前払いの形式をもって元本額より控除して、差引残額（8万2000円）だけを借主に交付し、期限に名義上の元本額（10万円）を返還させることを約する契約をいう。後述の利息制限法違反の超過利息が天引された場合はどうなるか。例えば、AがBに対し、元本100万円、貸付期間1年、年2割の天引利息で貸すと、利息20万円を天引した80万円を交付し、期限に100万円を返還することになるが、天引利息20万円は利息制限法の制限利率1割5分を超過する。このようにして、利息制限法2条は、利息の天引につき、現実に交付された金額（80万円）を元本として同法の許す最高限の利息を算出し（年1割8分をもって計算した額は14万4000円）、これを超過した天引部分（天引額20万円から14万4000円を差し引いた5万6000円）は元本の支払に充当したものとみなしたので、Bの返済金額は94万4000円となる。数式をもって示せば、100−｛(100×0.2)−(80×0.18)｝＝94.4万円となる。

(4) 遅延利息

遅延利息とは、借主が弁済期に借金を弁済しなかったために支払う損害賠償をいう。金銭債務の不履行による一種の損害金である。1(2)で述べた遅延損害金・遅延賠償金であり、上でいう利息とは異なる。利息と同じように一定利率と期間によって算定されることから、遅延利息とも呼ぶ。利息制限法4条1項では、遅延利息の約定の最高限を利息の利率の1.46倍と定め（元本10万円未満年29.2％、10万円以上100万円未満年26.28％、100万円以上年21.9％）、これを超える分は無効としている。なお、利息制限法4条1項で定める利率は、遅延利息について当事者間で特約（賠償額の予定および違約金〔同条2項〕）がある場合にだけ適用され、特約がない場合には、民法419条1項が適用され、その利率は債務者が遅滞の責任を負った最初の時点における法定利率（404条2項〜4項）となる（最大判昭43・7・17民集22巻7号1505頁）。

(5) みなし利息

金銭貸借において、貸主が礼金・割引金・手数料・調査料等の名義で受け取る元本以外の金銭は利息とみなされる。ただし、契約締結の費用や債務の弁済費用はみなし利息から除外される（利息3条）。

(6) 歩積・両建預金

銀行その他の金融機関が、貸付けまたは割引の際に、貸付金または割

引金の一定割合を預金させ、払出しの制限をすることを「歩積預金」といい、貸出金の一部を強制的に預金させることを「両建預金」という。両者とも、融資金の安全と保証を得るための手段として認められている。貸金保全の適正な限度内なら問題はないが、過度の場合は問題がある。判例は、過度に拘束された両建預金は独禁法19条などに違反し、実質金利が利息制限法を超える部分は私法上無効であるという（最判昭52・6・20民集31巻4号449頁）。

(7) アド・オン方式

　住宅資金等を金融機関から借り入れるときは、しばしばアド・オン方式と呼ばれる貸付方式がとられる。アド・オン方式とは、元利合計額を元金として分割し、返済させる貸付方式である。例えば、100万円を年利6分で2年間貸し付ける場合、元金100万円に利息12万円を加えた額を貸し付けたことにし、これを均等分割して返済させるのである。この場合、利息は貸付実行時に全額先取りしてしまう形になる。このアド・オン方式は、最近では比較的期間の短い自動車・電化製品・ピアノ等の割賦販売に用いられている。割賦販売は、消費貸借でなく、売買の形式をとるため、利息制限法の適用はない。しかし、売買の形態をとるものの、実質的には利子負担を消費者に転嫁させる機能を営むことからして、買主に高利を負担させるような危険を招くおそれがあり、再考を要する問題である。

3　利息の制限

(1) 利息制限法

　利息制限法は、1877（明治10）年太政官布告により、主として消費信用における高利貸しの不当な徴利を防止するために公布された。その後、1954（昭和29）年に改正された。その主な内容は、①制限利率の限度を引き上げて（元本10万円未満年2割、元本10万円以上100万円未満年1割8分、元本100万円以上年1割5分）、上記の制限超過利息を無効としつつ（1条1項）、債務者が超過利息を任意に支払ったときはその返還を請求できないとし（旧1条2項）、②天引に関する規定を設け（2条）、③みなし利息の規定を設けた（3条）、④債務不履行による賠償額の予定は、その賠償額の元本に対する割合が上記①の率の1.46倍を超えるときは、その超過部分に

つき無効である（4条）ことなどである。その後の2006（平成18）年の改正（上の旧1条2項の削除等）については後述するが、その前に、それに至るまでの判例・学説およびその背景にある利息をめぐる社会経済状況について述べておく。

本法の利息の制限を超えた超過利息は無効である。その結果、制限を超える約定をもってする和解・調停は許されないし、公正証書も作成できない。超過利息についての元本組入契約（大判明39・5・19民録12輯877頁）、準消費貸借契約（大判大6・4・16民録23輯644頁）、更改契約（大判大8・3・7民録25輯405頁）、相殺および相殺の予約（大判大2・3・27民録19輯173頁）、保証契約（大判大8・2・6民録25輯276頁）、抵当権設定登記（最判昭30・7・15民集9巻9号1058頁）も、その超過部分についてすべて無効である。

ところで、その後議論されたのは、超過利息・損害金が任意に支払われた場合、その超過部分を残存元本に充当しうるかどうかの問題である。例えば、Bが、Aから10万円を利息月1割、期間6カ月の約定で借り受けたが、弁済期に元利金が完済できず、利息として6万円支払った場合（あるいは単に6万円を支払い489条による法定充当が生じた場合）、支払分はそのまま約定利息への支払として有効なのか、それとも制限利率年1割8分で計算し直すと6カ月分9000円となり、支払分6万円のうち5万1000円が超過部分となるが、この超過部分が元本に充当されるのかどうか。支払分6万円を約定利息の支払に充てたものとすると、元本はそのまま10万円残るが、超過部分を元本に充当できるとすると、残存元本は4万9000円となり、大きな違いである。判例は、当初、旧利息制限法1条の前記①の規定を根拠に超過利息を任意に支払ったときは返還請求できない（有効な支払となる）ことなどを理由に、残存元本への充当は許されないとしていたが（元本充当否定説、最大判昭37・6・13民集16巻7号1340頁）、後にこれを改め、元本充当肯定説をとるに至った（最大判昭39・11・18民集18巻9号1868頁）。その理由も多岐にわたったが、その要旨は、たとえ支払超過利息の返還請求が許されないにしても、超過利息は無効であり、したがって、それへの弁済指定も無効であるから、法定充当（489条）により残存元本に充当されるというのである。学説もこれを支持した。

さらに判例は、数回にわたって超過利息が支払われ、これが元本に充

当される結果、計算上、ある時点において元利金が完済され、過払いになった場合、過払分は債務が存しないのに支払われたものであるから、不当利得として返還請求できるとした（最大判昭43・11・13民集22巻12号2526頁）。また、超過利息を元本とともに一括して完済した場合にも、制限利率に従って計算した元利金を超える部分は、不当利得として返還請求できるとした（最判昭44・11・25民集23巻11号2137頁）。上記の一連の最高裁判例が、貸金業者に大きな打撃を与えたことはいうまでもない。

(2) 出資取締法

出資取締法（「出資の受入れ、預り金及び金利等の取締りに関する法律」の略称）は、1949（昭和24）年の「貸金業等の取締に関する法律」（法律170号）の後身として、1954（昭和29）年に利息制限法と相前後して制定された（法律195号）。出資取締法の内容は、出資金の受入れの制限、預り金の禁止、浮貸し等の禁止、貸金業の届出、高金利の処罰、違反行為に対する罰則など多岐にわたるが、最も注意を要するのは、高金利等に対する刑事的取締りに関する部分である。すなわち、年利109.5％を超えれば刑事罰を受ける（5条）が、それ以内であれば、たとえ利息制限法に違反しても刑事免責されるとしている点であった。消極的な高利に対する刑事免責の合法化ともいえよう。この利息制限法と出資取締法による金利の二重化は、グレー・ゾーンの利息（利息制限法の制限利率を超過するが、出資取締法の上限金利を超えない利息）を生むことになり、貸金業者（サラ金業者）はこの利息を公然と徴していたのである。しかし、1983（昭和58）年4月に「貸金業の規制等に関する法律」（法律32号。以下「貸金業規制法」という）の制定とともに、出資取締法の一部が改正され、貸金業者の貸付けについては、上限金利が40.004％に引き下げられた（経過措置として、改正規定施行3年間は上記金利の上限を73％とした）。さらに、「商工ローン」問題（中小企業に対する高利の事業資金の融資により返済を迫られて借主たる経営者やその保証人が自殺に追い込まれるなどの社会問題を引き起こした）を契機に、1999（平成11）年12月に、出資法の上限金利が年29.2％に引き下げられた。これを超える割合による利息の契約をし、またはこれを超える割合による利息を受領したときは、5年以下の懲役もしくは1000万円以下の罰金に処せられることになった（改正5条）。そして、さらに、2006（平成18）年の利息制限法の改正とともに、貸金業者の貸付けについての上

限金利は、利息制限法の元本10万円未満の制限利率と同率の20％に引き下げられた（なお、貸金業者以外の金銭の貸付けについての上限金利は、従来どおり109.5％である）。

(3)　貸金業法

(ア)　貸金業規制法の制定と改正

本法は、当初は「貸金業規制法」の名称（俗には「サラ金規制法」と呼ばれていた）で、「貸金業を営む者について登録制度を実施し、その事業に対し必要な規制を行うとともに、貸金業者の組織する団体の適正な活動を促進することにより、その業務の適正な運営を確保し、もって資金需要者等の利益の保護を図ることを目的」（旧貸金1条）として、議員立法として制定されたが、その実体は「貸金業者保護法」としての色彩が強かった。

その後、2006（平成18）年には、利息制限法や出資法の改正とともに同法は大きく改正され、その法令名も「貸金業法」に変更された。同改正の前後を通じての同法の主要な内容は、①登録制度の実施（3条）、②登録拒否事由による登録拒否（6条）、③過剰貸付等の禁止（改正13条の2）、④誇大広告の禁止（16条）、⑤取引行為の規制（21条）等であるが、2006（平成18）年の改正前において本法で最も問題とされた規定は、任意に支払った場合の「みなし弁済」（旧43条）の規定である。これは、貸金業者が業として行う金銭を目的とする消費貸借上の利息の契約に基づいて、債務者が利息制限法の制限利率を超過する利息を任意に支払った場合において、貸金業者が債務者に対し同規定で定める契約書面や受取証書を交付するなどの一定の要件を備えているときは、旧利息制限法1条1項の規定にかかわらず当該制限超過利息は有効な弁済とみなされ、貸金業者は、それを元本に充当する必要はなく、また、返還の義務も負わないとするものであった。

なお、2006（平成18）年の同法の大改正に先立ち、ヤミ金融問題を背景に、2003（平成15）年7月には、高金利を定めた金銭消費貸借契約の無効の規定、すなわち、貸金業者のなした金銭消費貸借契約において、年109.5％を超える利息（遅延利息を含む）の契約をしたときは、当該消費貸借の契約は無効とする旨の規定（旧42条の2、現行42条）が新設された。

さて、前記の「みなし弁済」の規定は、先に述べた過払超過利息の返還請求を認めた一連の最高裁判例の志向するところに逆行するものであって、本法が、業者寄りの法（「貸金業者保護法」）であると批判されても仕方がないものであった。

(イ)　貸金業規制法43条の適用をめぐる判例の展開

　貸金業規制法制定後、最高裁は、同43条1項・3項にいう「任意に支払った」の意義に関して、債務者が、利息制限法の制限超過であることや超過部分が無効であることまで認識した上で支払ったことは要しないとした（最判平2・1・22民集44巻1号332頁）。「任意に」弁済したというるためには、その前提として債務者が超過利息が無効（違法）であることを認識していることが必要だと考えるのが自然であるから、この判決は不合理なものであった。

　このような状況において、その後の最高裁判例（最判平18・1・13民集60巻1号1頁）は、実質的に従来の立場を改め、利息制限法の制限利率を超過する利息についての約定利息に係る期限喪失特約が付された貸金契約（ほぼ例外なくすべての貸金業者の貸付けにおいては同条項が付されている）においては、制限超過部分の約定利息の支払は「任意」ではないから、同特約が付されている場合には、貸金業規制法旧43条にいう「みなし弁済」の規定の適用はなく、制限超過部分の利息は元本に充当されるとの判断をした。同判決により、実際上ほぼすべての貸金業者の貸金契約においては期限喪失特約が付されていることから、利息制限法上の制限を超過する利息については貸金業規制法旧43条の規定の適用はなく、したがって、「過払利息」として、まずは元本に充当され、相当な期間にわたり（毎月）充当が繰り返されていくと、最終的には、充当が尽くされて元本が完済されたことになり、その余剰分は「過払金」（不当利得）として借主に返還されることになる。同判決以降は、借主によって大量の過払金返還請求訴訟が提起された。そして、遂に同年12月には、同条は廃止されるに至った（なお、筆者〔鎌野〕は、同最高裁判決に関し、借主側の弁護士の依頼に基づいて、最高裁に対し、同判決が判示した趣旨の鑑定意見書を提出した）。

(4)　2006（平成18）年の利息制限法の改正

　2006（平成18）年の利息制限法の改正においては、すでに述べたよう

に旧1条2項の規定を削除したが、そのほかは、前述した**3(1)**の①～④に係る規定（1条～4条）を基本的に維持しつつも、新たに「営業的金銭消費貸借の特則」の諸規定（第2章の5条～9条）を設けた。その主要な内容は、次の(ｱ)～(ｳ)である。なお、営業的金銭消費貸借とは、債権者が業として行う金銭を目的とする消費貸借をいう。

(ｱ) 元本額の特則

　営業的金銭消費貸借上の債務をすでに負担している債務者が同一の債権者から重ねて営業的金銭消費貸借による貸付けを受けた場合における当該貸付けに係る営業的金銭消費貸借上の利息については、同法1条の適用にあたっての元本額は、当該すでに負担している債務の残元本額と当該貸付けを受けた元本額との合計額とする（5条1号）。例えば、債務者が50万円の貸付けを受けるにあたり（同法1条の規定ではその利息の制限利率は年1割8分〔同条2号〕）、すでに同一の貸金業者から80万円の貸付けを受け残債務が50万円である場合には、その債務者の今回の元本額は100万円であるとみなされるから、今回の50万円の貸付けに係る利息の制限利率は年1割5分（同条3号）に低く抑えられることになる。

(ｲ) 賠償額の予定の特則

　営業的金銭消費貸借以外の貸付けの場合の賠償額の予定の制限は、1条に規定する各元本額に応じた率の1.46倍を超えるときは、その超過部分につき無効とされるが（4条1項）、営業的金銭消費貸借の貸付けの場合の賠償額の予定の制限は、元本額にかかわりなく一律に、年2割を超えるときは、その超過部分につき無効とされる（7条1項）。

(ｳ) 保証料の制限

　営業的金銭消費貸借上の債務を主たる債務とする保証（業として行うものに限る）がされた場合における保証料（主たる債務者が支払うものに限る）の契約は、その保証料が当該主たる債務の元本に係る法定上限額（1条および5条の規定の例により計算した金額）から当該主たる債務について支払うべき利息の額を減じて得た金額を超えるときは、その超過部分につき無効とされる（8条1項）。例えば、債務者が50万円の貸付けを受ける場合、その利息の制限利率は年1割8分（1条2号）であるから、利息は年9万円を超えることはできないが、本法改正前においては当該貸金業者と関連する業者が債務者から保証料を受領して保証人となるケースが

多くあったことから（貸金業者は指定した業者が保証人となることを条件に当該貸付けを行った）、例えば、当該利息は8万8000円であるが、保証料が1万円であるときには、その保証料は、法定上限額9万円から当該利息8万8000円を減じて得た金額である2000円を超えるから、その超過部分8000円は無効となる。すなわち、借主は、保証料を支払う場合にも、利息と合わせて、元本に係る法定上限額を超える金額を支払う必要はない。支払った場合には、法定上限額を超過した保証料相当額につき不当利得（民法703条・704条）として返還を請求することができる。

Ⅲ　選択債権

1　選択債権の意義

　選択債権というのは、目的物についてAかBかのいずれかを給付せよというように、数個の給付のうちの選択によって定まる1個の給付を目的とする債権である。目的物のA・Bについては、種類物の場合（例えばともに新品のA社製のパソコンとB社製のパソコン）と特定物の場合（例えばともに使用した中古のA社製のパソコンとB社製のパソコン）とがある。それぞれ選択されるべき物に個性がある。この点、一定種類に属する物のうちどれを給付してもよい種類債権と異なる。選択債権は、贈与等の契約（例えば1人暮らしをする友人に対し所有家具のうちのどれか1つを与える契約）によって生ずることが多いが、法律の規定（例えば無権代理人の責任〔117条1項に規定する、相手方の選択による「履行又は損害賠償の責任」〕、占有者の費用償還請求権〔196条2項に規定する、回復者の選択による「支出した金額又は増加額」の償還〕）から生ずることもある。

2　選択債権の特定

(1)　選択債権による物の特定

　選択によって目的物は特定する。誰が選択権をもつかを特約で定めることができる。第三者に選択させてもよい（409条）。特約がなければ、給付すべき債務者が選択権をもつ（406条）。その選択権は、債権者に対する意思表示によって行使し、いったんしたその意思表示は、債権者の

承諾を得なければ撤回することができない（407条）。

選択権をもっている者が選択をしない場合、相手方が、弁済期後に相当の期間を定めて催告しても選択がないときは、選択権は、相手方に移転する（408条）。第三者が選択しないときは債務者に移転する（409条2項）。

(2)　不能による選択債権の特定

AとBとの間で、Aの建築した建物のうち、Aの選択により甲建物か乙建物かをBに売り渡す旨の契約が締結されたが、甲建物が同契約の前または後に焼失した場合の法律関係はどうなるか。

(ア)　2017年の改正前

2017年の改正前においては、民法は、「選択権を有しない当事者の過失によって給付が不能となったとき」（旧410条2項）以外は、甲建物が焼失したことによる給付の不能が契約の前か後かであるかを問わず、債権は残存するもの（乙建物）に特定するとしていた（同条1項）。

したがって、上の設例の場合には次のようになる。

①　契約成立前に甲建物が焼失し、はじめから給付が不能（原始的不能）であれば、残存する乙建物に特定する（旧410条1項）。

②　AまたはBのいずれの当事者の過失によらないで甲建物が焼失し、給付が不能となった場合（第三者の過失や自然災害による場合）にも、残存する乙建物に特定する（旧410条1項）。

③　選択権を有する当事者（本件では売主である債務者A）の過失により甲建物が焼失し、給付が不能となったときは、残存する乙建物に特定する（旧410条1項）。

④　選択権を有しない当事者の過失によって甲建物が焼失し、給付が不能となったときは、選択権者は不能となった甲建物の給付を選択しうる（旧410条2項）。

本件では、売主である債務者Aが選択権者であるので、買主である債権者Bの過失によって甲建物が焼失した場合には、Aは、甲建物の給付を選択して、履行不能を理由に債務の消滅を主張できる（別途、Bに対して不法行為に基づく損害賠償請求が可能）。仮に、本件において買主である債権者Bが選択権者であった場合に、売主である債務者Aの過失によって甲建物が焼失したときには、Bは、不能となった甲建物の給付を選択し、

Aに対して履行不能による損害賠償を請求できる。

(イ) 2017年の改正後

しかし、上の①および②の場合において、選択権者である売主たる債務者Aにとっては、不能なもの（甲建物）を選択する方が有利であることもある。他方、もともとAに選択権を与えていた買主たる債権者Bにとって、これを認めても、特にBの利益が害されるわけではなく、また、負担が重くなるものでもない。このような理由から、改正法では、給付の不能が選択権者の過失によるときに限り、残存する給付に特定されるものとした（410条）。したがって、上記の③の場合にのみ給付の目的が乙建物に特定される。なお、②の場合において、Aにより甲建物の給付が選択されたときは、Bは、危険負担の規定に基づいて反対給付債務の履行（売買代金の支払）を拒むことができる（536条1項）。

(3) 選択の効果

選択された物は、債権発生の時から債権の目的物であったことになる（411条）。選択の遡及効という。遡及効を認めると、選択債権発生後、選択までの間に選択された給付の目的物を取得した第三者の権利を害することになる。そのため民法は、この第三者の権利を害することができないとした（同条ただし書）。しかし、実際には物権変動について第三者との関係は、対抗要件の有無とその先後によって優劣が決まること（177条・178条）から、このただし書は、その限りで意味がないことになる。

Ⅳ　任意債権

本来、Aを給付すべきであるが、それが品切れの場合にはその代用品の給付でもよいというように、他の給付をもって本来の給付に代えうる債権を「任意債権」という。代用権・補充権を有する債権である。任意債権は、契約によって成立することはいうまでもないが、法律の規定によっても生ずる。例えば、外国通貨に代えて日本通貨で支払ってもよいという規定（403条）がある。

任意債権は、選択債権と類似するが、1つの給付が本来の目的であり、他の給付がそれを補充するにすぎない点で選択債権と異なる。選択債権にあっては、数個の給付がいずれも対等の地位に置かれているからである。

第5章 現実的履行の強制と自然債務

I 対物執行

　売主が品物を引き渡さない、借主が借金を弁済しない場合のように、債務者が債務を履行しないときは、債権者は、裁判所に訴えを提起して債権の実現（強制履行、現実的履行の強制）を図ることになる。また、債権者が債務者の不履行によって損害を受けたときは、損害賠償を請求できる。なお、強制履行のためには、債務者が債務を履行しないこと（不履行）が要件であるが、債務不履行（例えば、売買の目的とされた不動産の引渡債務の不履行）と評価されるためには帰責事由（債務者の故意・過失等）が必要であるが、その評価を経た後の不履行自体（不動産の引渡しの未実施）については、債務者の帰責事由は問題とされない。

　債務者が借金を返さないからといって、債権者は、債務者の財産を没収したり、財産を勝手に処分して金銭に代え、これを弁済に充てたりすることは許されない。近代法の下では自力救済が禁止されているからである。債務者が任意に債務を履行しないときには、国家の助力を借りて、強制的に債権の内容の実現を図ることになり、これを現実的履行の強制という。古い時代にあっては、債務不履行に対しては、債務者を追放したり（「平和喪失」〔Friedlosigkeit〕）、債務者を奴隷にしたり、拘禁したりすることが許され、さらに債務者の全財産の没収を認めるなど、その強制方法は苛酷であった。国家が、その履行を強制して債権の目的たる給付を実現させることは、債権者の保護としては完璧に近いが、これによって債務者の心身に不当な強制を加え、人格を蹂躙することがあってはならない。このようにして、個人の人格尊重を原理とする近代法は、対人執行主義（人的執行）に代えて対物執行主義（物的執行）を採用している。

執行裁判所が強制執行をするためには、債務名義を得て、この内容を唯一の基準として行われなければならない（民執22条）。債務名義とは、一定の私法上の給付義務の存在と範囲を証明し、法律によって執行力を付与された公正の文書のことで、その代表的なものは、裁判所の確定判決（民執22条１号）である。ここで「名義」とは、権限をあらわしたものという意味である。

　履行の強制は、債務者の人格尊重と債権者の保護との調和点に求められなければならない。わが民法もこのような基調の上に立って、次の３つの方法（直接強制・代替執行・間接強制）を認めている。

II　債権の強制的実現

1　直接強制

　国家の執行機関が、債務者の意思にかかわりなく、その財産に対して強制を加え、直接債権の内容を実現する方法である（414条１項）。直接強制は、金銭の支払とか物の引渡しを目的とするいわゆる「与える債務」（obligation de donner）について効果的である。すなわち、金銭債権の場合だと、債務者の財産を差し押さえた上で処分して金銭に換えてこれを債権者に与え（民執143条等参照）、動産の引渡しまたは不動産の明渡しを目的とする債権については、債務者の占有を解いて（動産の場合その動産を債務者から取り上げて）債権者に占有を移す方法である（民執168条・170条参照）。この方法は、債権の給付内容を直接にそのまま実現する点で執行方法として最も効果的であるのみならず、債務者の身体や意思に強制を加えない点では、近代法の人格尊重の原理にも適合する。もっとも、この強制方法は、いわゆる「なす債務」（obligation de faire）（労務の提供や建物の建築など）には用いることはできない。414条１項ただし書が、「債務の性質がこれを許さないときは、この限りでない」として、債務の性質がこれを許すときに限り、債権者はその強制履行を裁判所に請求できる旨を規定しているが、ここにいう「強制履行」こそは、基本的には直接強制を意味するものと解すべきであろう。なお、一連の強制履行は、手続法（民事執行法その他強制執行の手続に関する法令）の規定に従って、行

われる（414条1項本文）。

2　代替執行

(1)　代替執行の意義

　代替執行とは、債務者から費用を取り立てて、これをもって債権者または第三者の手により債務者に代わって債権の内容を実現させる方法である（414条1項、民執171条）。例えば、建物を収去すべき債務や不法占拠による妨害物を除去する場合に、債務者や不法占拠者から取り立てた費用で人を雇いこれを取り除かせるケースなどはこの適例である。判例では、新聞に謝罪広告を命ずる判決の執行は、代替執行によるべきか、意思表示の擬制で足りるか問題となった事案について、代替執行の方法によるべきであるとしている（大決昭10・12・16民集14巻2044頁）。謝罪広告をなすべき旨の判決の目的は、謝罪の意思表示をなすことではなくて、謝罪広告によって名誉・信用の毀損を原状回復することにあるからだという。

　なお判例は、謝罪広告を命ずる判決は、広告の内容が単に事態の真相を告白し、陳謝の意を表明する程度にとどまるときは、憲法19条の思想・良心の自由に反しないという（最大判昭31・7・4民集10巻7号785頁）が、異論もある。

(2)　代替執行の方法

　代替執行の方法は、債権者が執行裁判所に代替執行の申立てをして、裁判所から債務者の費用で第三者にその行為を代わってさせる旨の命令を出してもらい、その第三者の行為によって債権の内容を実現することによる（民執171条）。債務者はこれを忍容すべき義務を負い、これにより債務者が給付をなしたのと同一の効果が生ずる。代替執行は、第三者が代わってしても債権の目的を達しうる給付でなければならないから、いわゆる代替的給付についてのみ認められることになる。したがって、A画家が絵を描くとか、B俳優が映画に出演するとか、債務者自身がなすのでなければ実現できない給付（不代替的給付）については、代替執行は許されない。

　要約すると、前述した「与える債務」については直接強制により、それ以外の作為債務、いわゆる「なす債務」のうち代替的給付のみが、代

替執行に適することになる。

(3) 判決代用（意思表示の擬制）

「なす債務」のうち、同意、承諾、通知など、意思表示またはそれに準ずる行為（準法律行為）を目的とする「なす債務」を債務者が行わない場合において、その債務の強制的実現は、代替執行に待つことなく、裁判所が義務ある旨を判決することによって、債務者の意思表示があったものとされる（民執177条1項）。ちなみに、AがBに対し不当利得返還の訴えを提起し、その返還の手段として、BのCに対する債権を自己に譲渡すべきこと、および第三債務者Cにその旨通知をなすべきことを請求した事案について、判例は、「（旧）民事訴訟法第736条に依り判決の確定を以てBの意思の陳述に代ふることを得べく、尚債権譲渡の通知は観念通知にして意思表示に非ざるも意思表示に準じ此の規定を類推適用」できる旨を判示し、債務者が譲渡の通知（準法律行為）をしない場合に、判決をもってこれに代えることができるとした（大判昭15・12・20民集19巻2215頁）。上記の債権譲渡の通知のほか、電話加入名義変更手続（大判大6・12・22民録23輯2198頁）、官庁への出願手続（大判明41・12・23民録14輯1328頁）などについても、法律行為の強制履行が認められている。

(4) 不作為債務の強制履行

例えば、①債務者が一定の場所に建物を建てないという不作為義務を負っているのにこれに違反し建物を建て、建物を収去しない場合には、債権者は、債務者の費用をもって、これを収去することができる。この収去行為は代替的行為であるから、先の代替執行の方法がとられることになる（東京高判昭57・11・17判タ490号69頁参照）。しかし、②債務者が工場内の機械から、一定ホン以上の騒音を出さないという不作為義務に違反して、基準量以上の騒音を出している場合は（名古屋地判昭55・9・11判時976号40頁）、無形の違反状態の継続であるから、代替執行は適さず、間接強制によるほかない（民執172条1項）。

上の①②の場合、債務者が将来も義務違反をするおそれがあると考えられるときには、債権者は、将来のために「適当な処分」（例えば、担保の提供）を命ずる決定を裁判所に請求することができる（民執171条1項2号）。

3　間接強制

(1)　不代替的給付等の強制

　間接強制は、債務の履行を確保するため、裁判所が、債務者に一定額の金銭の支払を命ずる方法により、債務者に心理的圧迫を加え、給付を実現させる方法である（民執172条）。例えば、債務者が彫刻のモデルになる債務を負っているのにこれを履行しないとき、一定の賠償金を支払うべきことを命ずるような場合である。この執行方法は、債務者自身がしなければその目的を実現できない不代替的給付に効果的であるが、その反面、債務者の人格を不当に害するおそれがある。

　間接強制は、債権者が執行裁判所に間接強制の申立てをし、一定の期間内に債務者が債務を履行しないときに、一定金額の賠償をせよとの命令を裁判所に出してもらい、債務者に心理的強制を加え、債権の実現を図るものである（民執172条）。この間接強制について、従来は、「なす債務」のうちで代替執行を許さない場合にのみ、その適用の有無が問題となると解されていた。しかし、2003（平成15）年の民事執行法の改正により、間接強制の適用範囲が拡張され、直接強制が可能な場合（民執168条〔不動産の引渡し・明渡しの強制執行〕・169条〔動産の引渡しの強制執行〕・170条〔第三者が占有している場合の引渡しの強制執行〕）や代替執行が可能な場合（民執171条）にも、債権者の申立てがあれば、間接強制の方法を用いることができるとされた（民執173条）。

　他方、夫婦間の同居義務のように、債務者が任意に履行をなすのでなければ債権の目的を達しえない債務は、間接強制に適しないし（大決昭5・9・30民集9巻926頁）、画家の絵を描く義務のように、強制したのでは本来の債権の内容の実現が期待できない債務のごときも、間接強制に適しない。いずれも債務者の自由意思を拘束するからである。

(2)　子の引渡請求

　間接強制について実際上問題となったのは、幼児の引渡債務の強制履行をいかにすべきかである。親権者は、親権の一内容としての監護権に基づき、幼児を不法に抑留する者に対して幼児の引渡しを請求できる。この引渡請求はどのような方法でなされるべきかが問題となる。

　学説は、幼児の人格を尊重して間接強制の方法しか許されないとする

説、特定動産引渡義務の執行に準じて執行官が幼児を取り上げて債権者に引き渡す直接強制によるべきだとする説、意思能力ある子供については間接強制、意思能力のない幼児については直接強制によるべしという説、さらには、子の「引渡し」請求を親権行使に対する妨害排除請求として捉え、その執行は親権行使を妨げない受忍義務の履行として、裁判所が将来のため適当の処分を命ずる方法によるべしとする説などがある。判例は、引渡請求を親権行使に対する妨害排除の訴えとみているが（最判昭38・9・17民集17巻8号968頁）、この引渡請求の実現方法については古くから間接強制によるべきものとしている（大判大元・12・19民録18輯1087頁）。幼児の人格尊重の立場を重んじ、引渡義務を負う親に対する間接強制の方法によるべきであろう。なお、かつて、幼児の引渡しについて人身保護法の救済によったものもある（最判昭43・7・4民集22巻7号1441頁）。これは別居中の妻から夫に対し、幼児の引渡しを求める人身保護請求がなされ、これが認められた事案である。

　人身保護法（昭和23年法律199号）というのは、憲法34条の趣旨を具体化したもので、不当に奪われている人身の自由を、司法裁判所により、迅速かつ容易に回復せしめることを目的とする法律である。身体の自由を拘束されている者（被拘束者）のために、何人もその救済を請求することができる。

Ⅲ　自然債務

1　債務と責任

　自然債務を理解する上では、債務と責任の区別が重要なので、まず債務と責任について説明する。債務者が、債権の内容である給付を履行しないときは、前述したように、債権者は、国家の助力を得て債務者の財産を強制執行したりして債権の内容の実現を図ることになる。このような執行力が認められなければ、債権は、その価値の大部分を減殺されてしまう。

　他面、このことは、債権者にとっては債務者のもっている総財産が債権を守る最後の保塁（とりで）をなしていることを意味する。債権者は、

債務者の総財産に常に深い関心をもたざるをえない。このように、債務者の財産が債権者の強制執行の目的となっていることを、「債務の引当て」になっているといい、さらに、このことを前述の「債務」に対して「責任」という。債務は、一定の給付をなすべしという法律的当為を本質とするのに対し、責任は、この当為を強制的に実現する手段に当たる。

2 自然債務

(1) 自然債務の意義

　債務者が債務を履行しないときには、債権者は裁判所に訴えを提起し、判決を得、その判決を債務名義として強制執行をなし、債権の実現を図るが、他面、一般に訴権ないし強制執行権の伴わない債権の存することに注意しなければならない。つまり、債務者が任意に履行するときは、その履行は有効な弁済となる（後に不当利得返還請求の問題は生じない）が、その任意の履行がない場合において、訴権ないし強制執行権によってその履行を強制できない債務である。その債務の履行を当事者の道義心に任せるような債務がこれである。このように訴権のない債務を自然債務といい、強制執行できない債務を無責任債務（責任なき債務）と呼んでいるが、このような債務を法律上認めるかどうか問題である。

　自然債務（obligatio naturalis）は、ローマ法に由来するといわれ、ローマ法では訴権の伴わない債務を自然債務と呼んでいた。ローマ法においては「訴権あるところに権利あり」という訴訟法体系がとられていたため、訴権を欠く債務（自然債務）も少なからず発生した。ローマ法で自然債務が認められた事由として、次のような例が挙げられている。すなわち、奴隷の中に経済力をもつ者が輩出し、ローマ市民が奴隷に対して債務を負っても、奴隷には人格がなく訴権をもつことができなかったことや、遺言によって奴隷が解放された場合、主人が奴隷に対して負担していた債務は奴隷の特有財産に加えられたものの、解放された奴隷は、この加えられる財産を訴えによって請求することができなかったことなどである。

　しかし、近代法では、「権利あるところに訴権あり」という実体法体系をとり、原則として債権に訴権が与えられているため、自然債務の成立する余地が少なくなった。こうした中で、フランス民法は、「自然債

務を任意に弁済したるときはその返還を請求することを得ず」という規定の下に、自然債務の観念を認めている。これにならってわが旧民法は、自然債務に関する規定を置いていたが、現行民法は何ら規定を設けなかったので、これを認めるべきかどうかが学説上争われた。学説には、自然債務は責任なき債務であるから法律上の義務としての債務ではないとして、これを否定し、あるいは、自然債務と称されている諸債務はそれぞれ異なった性格・効果をもつものであるから、これを自然債務として統一的に説明しようとするのは無益であるとして、一括して説明することに反対する見解もある。しかし、自然債務なる観念を認めるのが学説の趨勢といえよう。訴権の伴わない徳義上の債務などの自然債務を、法律行為（契約）自由の原則からして、公序良俗に反するものでない限り、これを認めて差し支えなかろう。

　判例は、当初、「債権者債務者間に於て徳義上任意に支払を為すべき旨の契約を為したるときは債権者は該債権に付き単に強制執行請求権の抛棄に非ずして債権の抛棄を為したりと解するを相当とす」（大判大10・6・13民録27輯1150頁）として、自然債務を認めていなかった。その後、カフェー（現在でいうスナックのような店）の客が女給の歓心を買うため、将来独立自活の資金として400円を与えると約束した合意が有効かどうか争われた事案について、「裁判上の請求権を付与する趣旨に出でたるものと速断するは相当ならず、寧ろ斯る事情の下に於ける諾約は諾約者が自ら進で之を履行するときは債務の弁済たることを失はざらむも要約者に於て之が履行を強要することを得ざる特殊の債務関係を生ずるものと解する」（大判昭10・4・25新聞3835号5頁〔カフェー丸玉女給事件〕）のが相当であると判示した。上記の判決の文言からすると、この判決は、執行力を欠く債務（「責任なき債務」）を認めたものと解されるが、学説の多くは、初めて自然債務を認めた判決として評価している。

(2)　自然債務が問題となる場合

(ア)　徳義上任意に支払う旨の特約のある債務

　子が会社の金を使い込み、親が必ず弁償するからと約束し、他方、会社に決して裁判沙汰にしないと約束させたような場合である。このような訴権を欠く「自然債務」を当事者間の合意（法律行為）によって発生させることができるかどうか。かつては、訴権とか強制執行権は公法上

の権利であるから、契約でこれを放棄することは許されないという見解もあった。しかし、前述したように、契約によってこれを放棄し、債務の履行を債務者の徳義心に一任することは、何ら公序良俗に反するものではないから、当事者間の法律行為をもって自然債務を成立させることができるものと解すべきであろう。もっとも、自然債務は当事者間においてのみ効力を有し、自然債権が第三者に譲渡された場合には、自然債務性は失われるものと解される。

(イ) 消滅時効が援用された債務

　時効によって消滅した債権がその消滅以前に相殺に適するようになっていた場合には、その債権者は、相殺をすることができる（508条）。そこで自然債務なるものを認める説は、消滅時効が援用された債務は、もし消滅時効が援用されて債務が完全に消滅したとすると、遡及的に消滅した債務は相殺の対象とならないはずであるから、自然債務として存在していると考えるのである。死んでも息の根が止まっていないのである。

　他方、自然債務を認めない学説は、消滅時効が援用された債務についても自然債務であることを否定する。この立場からすると、508条は、公平の見地から相殺の場合に限り、特別に定められた法政策的規定であるとされる。消滅時効が援用された債務についての両説の違いは、自然債務を認める説は、債務者が任意に弁済した場合、債権者の受額は不当利得とはならないが、自然債務を否定する説からすると、債権者の受領は不当利得となり、債権者は返還義務を負うことになる。もっとも、後説の立場に立っても、非債弁済（705条）の問題として、債務者が債務の不存在を知って給付したかどうかがその鍵となるが、債務者は以前に時効を援用しているのだから知っていたとみなされ、その結果、非債弁済とはならず、債務者の返還請求は認められなくなる。こうみてくると、法律構成が異なるだけで、両説の帰着する結論は同じになる。

(ウ) 不法原因給付の支払または返還債務

　708条は「不法な原因のために給付をした者は、その給付したものの返還を請求することができない」と規定している。この立法趣旨は、不法原因に基づいて給付するという契約（例えば賭博契約）は、そもそも公序良俗（90条）に反して無効であり、したがってその利得は、本来なら不当利得として返還請求が許されるはずであるが、民法は自ら反社会的

な醜悪なる行為をしておきながら、それの無効を理由として返還請求することについて、国家は助力しないというところにある。不法原因給付は、英米法のクリーン・ハンズ（clean hands）の原則と同じ思想に立つ。汚れた手の人は、裁判所に救済を求めることができず、きれいな手の人だけが救済されるという思想である。不法原因給付の返還債務を自然債務と考えることはできない。

㈔　制限超過の利息債務

　利息制限法の制限を超過した利息は無効である（利息1条）。しかし、かつて同法には1条2項が存在し、そこでは債務者が制限超過利息を任意に支払った場合には返還請求できないとしていた。その結果、超過利息債務は自然債務であると説く学説もあった。しかし、判例によって、超過利息を元本に充当することができ、過払利息の返還請求も認められるようになったので（最大判昭39・11・18民集18巻9号1868頁、最大判昭43・11・13民集22巻12号2526頁）、自然債務かどうかを論議する必要もなくなった。そして、2006（平成8）年に利息制限法1条2項は削除された。

3　責任なき債務

　当事者間の特約で強制執行しないことを定めると、責任なき債務が発生する。強制執行権を欠く債権といってよい。相続の限定承認（922条）があると、その相続人は、被相続人の債務を全面的に承継するけれども、責任を負うのは「相続によって得た財産」を限度とするから、それによって引当ての対象とならない債務は、責任なき債務になる。

　強制執行しないという特約があるのに、債権者が強制執行した場合、判例は、請求異議の訴え（民執35条）の対象とならず、執行方法に関する異議（民執11条）であるとしている（大判大15・2・24民集5巻235頁）。学説では、第三者異議の訴え（民執38条）によるべきことを説くものもある。

　強制執行しないという特約付きの債権を善意の第三者に譲渡したような場合はどうなるか。譲渡制限付債権との関係で若干問題はあるが、学説では、上記特約は善意の第三者に対しても有効であると説くものもある。自然債権が譲渡された場合と同様に考えるべきであろう。

4 債務なき責任

　債務がないのに責任だけを負う場合である。最も典型的なものに、物上保証人（501条3項3号参照）がある。物上保証人とは、債務者のために自己の財産を担保に提供する者をいう。物上保証とは、例えば、BがAから1000万円借金した場合、Cがその債務を担保するために自己の不動産に抵当権を設定することである。CはAに対し何ら債務を負っていないが、BがAに債務を履行しないと、CはAから抵当権を実行されるという責任を負っている。担保不動産の第三取得者もこれに当たる。

第 **6** 章 | 履行遅滞と履行不能

［事案］

　Ａが、Ｂとの間でＢ所有の甲建物を購入すべく売買契約を締結した事情において、次の各場合の法律関係はどのようになるか。

(1)　Ｂが甲建物を契約で定めた期日までに引き渡さない場合

(2)　甲建物が焼失した場合（焼失の時期や原因によって異なるときには、その各場合）

(3)　Ａ・Ｂ間の上記契約後に、ＢがＣに甲建物を売却し、同建物についてＣのために所有権移転登記をした場合

Ｉ　総　説

　前章で述べたように、債務者が任意に債務を履行しないときは、債権者は、国家の助力を得て（裁判所に訴えを提起して）債権の内容の実現を図ることになる。他方、債権者は、債務不履行によって損害を被ったときは、損害賠償を請求できる。例えば、ＡがＢと土地の売買契約をしておきながら、その土地をＣに売ってしまったような場合（［事案］の(3)のような場合）、Ｂは、それによって被った損害の賠償を請求できるし、また、売買契約において売主が約束の期日に商品を引き渡さなかった（［事案］の(1)のような場合）ために損害が生じた場合には、買主は、その遅延に基づく損害賠償を請求できる。

　しかし、債務者が債務を履行しないからといって、常に損害賠償の請

求が許されるものではない。履行前に、売買の目的物である建物が近所の火事で類焼して引き渡せなくなってしまった場合や、売買の目的物が第三者により不法に奪われてしまったような場合に、債務者に損害賠償責任を負わせるのは酷であろう。このようにして、民法は、債務不履行によって損害賠償を生ずる場合として、「債務者がその債務の本旨に従った履行をしないとき又は債務の履行が不能であるとき」と「債務者の責めに帰することができない事由によるものであるとき」とを要件として挙げている（415条。なお詳しくは後に述べる）。

　このことからして、債務不履行とは、債務者が、正当の理由なく債務の本旨に従った履行をしない場合のことをいうことになる。講学上、債務不履行の典型として、履行遅滞、履行不能、不完全履行の3つが挙げられる。

Ⅱ　履行遅滞

1　履行遅滞の意義

　履行遅滞とは、債務の履行期が到来し、履行が可能であるのに、債務者の責めに帰すべき事由によって履行期を徒過してしまったことをいう。例えば、売買契約において、すでに買主から代金の提供を受けているのに、売主が、約束した履行期が到来したことを知りながら、履行しなかったような場合である。履行遅滞は、履行がされないのではなく、履行が遅延した場合である。

2　履行遅滞の要件

(1)　履行が可能であること

　履行遅滞は、履行が遅れている場合の遅延損害をどう扱うかという制度であるから、履行がなお可能であることを前提としている。もし、履行期ないし履行期を過ぎた後に客観的に不能になった場合には、もはや履行遅滞の問題ではなく、履行不能の問題である。履行が可能か不能かは、後述の「履行不能」を参照のこと。

(2) 履行期が到来したこと

履行期が到来したにもかかわらず、履行をしなかったことである。債務者が同時履行の抗弁権（533条）を有するときは、履行期に履行しなくても履行遅滞にはならない。履行期がいつかについては、412条が次の(ア)〜(ウ)の場合を定めている。

(ア) 確定期限付債務の場合

例えば、2020年1月末日に支払うとか、代金支払い後1週間内に目的物を引き渡すというような確定期限のある債務では、期限の到来した時から遅滞の責任を負う（412条1項）。なお、取立債務や移転登記義務などのように、債権者の協力がなければ履行できない債務については、そのような協力があり、しかも履行の催告があったときに初めて遅滞に陥る。

(イ) 不確定期限付債務の場合

「父が死亡したら、その相続財産で支払う」というように、到来することは確実だが、いつ到来するか不確定の期限の付いた債務にあっては、債務者は、その期限の到来した後に履行の請求を受けた時またはその期限の到来を知った時のいずれか早い時から遅滞の責任を負う（412条2項）。必ずしも債権者の請求は必要でないが、請求をすれば債務者は常に遅滞の責任を負う。

(ウ) 期限の定めのない債務の場合

当事者が特に履行期につき期限を定めなかった債務（その他、契約の無効・取消しまたは解除を理由とする返還義務や不当利得返還義務）にあっては、債務者が債権者から「履行の請求」を受けた時から遅滞になる（412条3項）。ここにいう「履行の請求」は、541条でいう「催告」と同意義である（催告は、債権者が債務者に対してその債務の履行を欲する意思である）。債権者が、本来の給付と異なる給付を請求した場合には、その催告は無効である（例えば、リンゴ100箱という債務に金銭を請求したような場合）。

問題となるのは、過大催告の効力についてである。例えば、リンゴ100箱の債権なのに、債権者が誤ってリンゴ200箱を履行せよと催告したような場合である。催告について、判例は、債務の数量や金額に多少の過不足があっても、債務の同一性がわかれば、その催告を有効であるとしている（大判明38・6・24民録11輯1039頁など）。

過小催告は、債務の同一性がわかれば、原則として催告に示された数量の限度で有効である。

　なお、催告による遅滞は、実務上は催告のあった日の翌日から生ずると解される。請求を受けた日に履行すれば、遅滞の責めを免れることができる。

　期限の定めのない債務は債権者の催告があった時から遅滞になるという原則に対しては、２つの例外がある。１つは、消費貸借による返還債務（借主が貸主から金銭その他の代替物〔ないし消費物〕を借り受け、後にそれと種類・品質・数量の同じ物を返還する債務）であって、当事者が返還の時期を定めなかったときは、貸主は「相当の期間」（準備ができて履行を完了するのに必要な期間）を定めて催告し、この期間の経過によって初めて遅滞になる（591条１項）。

　もう１つは、不法行為に基づく損害賠償債務であって、このような債務は、催告を待つことなく不法行為の時から当然に遅滞になると解されている。これは、「盗人はいつでも遅滞をなすとみられる」という沿革的理由と、不法行為がなければ被害者は当該財産を利用したり処分したりして以後も収益を得たであろうという公平からくる理由とに基づくものである。

(エ)　定期行為の場合

　定期行為とは、契約の性質または当事者の意思表示によって一定の日時または一定の期間内に履行しなければ、契約をした目的を達することのできない契約をいう。契約の性質による定期行為としては、例えば、年賀郵便や中元用の客に贈る「うちわ」の売買などがこれに当たるし、当事者の意思表示による定期行為としては、例えば、会議用の弁当を注文したり、結婚披露宴の引出物を注文したりするのがこれである。定期行為の履行遅滞は、履行期に履行が可能だったのであるから、観念的には履行遅滞であって、履行不能ではない。しかし、遅滞によって契約の目的を達することができないのであるから、事実上履行不能が生じ、その結果、債権者は、催告をしないで、直ちに解除することができる（542条１項４号）。

(3)　債務者の責めに帰することができる事由によること

　2017年改正前の旧415条は、「債務者がその債務の本旨に従った履行を

しないときは、債権者は、これによって生じた損害の賠償を請求することができる。債務者の責めに帰すべき事由によって履行をすることができなくなったときも、同様とする」と定めており、「履行をすることができなくなったとき」（＝履行不能）にのみ帰責事由を要するような規定であったが、学説・判例（最判昭61・1・23訟月32巻12号2735頁）は、履行不能以外の債務不履行においても、債務者に帰責事由がない場合には債務者は債務不履行に基づく損害賠償責任を負わないと解していた。そこで、改正後の規定は、この点を改めた（415条1項）。

　また、旧415条の規定からは、債務者の帰責事由の有無がどのように判断されるかにつき明確ではなかったため、改正規定415条1項は、裁判実務を踏まえて、「契約その他の債務の発生原因及び取引上の社会通念に照らして債務者の責めに帰することがで」きる事由とし、同規定のただし書において、「債務者の責めに帰することができない事由によるものであるときは、この限りでない」と規定した。

　さらに、旧415条の規定からは、債務者の帰責事由は、損害賠償を請求する債権者が主張・立証すべきものと読めるが、改正規定415条1項は、判例（大判大14・2・27民集4巻97頁）を踏まえて、本文において債務不履行の場合には損害賠償請求ができる旨を定めた上で、ただし書において前掲のような定めをすることにより、帰責事由については、債務者がその不存在を主張・立証すべき旨を明確にした。債務者は履行義務を負っているのであるから、遅滞に陥ったときは、自らの責めに帰すべき事由がないことを主張・立証しない限り、履行遅滞の責任を免れることはできないのであり、不法行為における故意・過失の主張・立証責任と異なるところである。

　債権者が債務者に対して、履行遅滞を理由に損害賠償請求するにあたっては、帰責事由によって履行期を徒過したことを要することについては、次のように考えるべきである。これは、例えば、債務者が履行しようとして目的物を持参中、災害で道路が決壊したため、どうしても履行期に履行できなかった場合や、仕入先の会社が近所の火事で類焼し、債務者が目的物を履行期に履行できなかったような場合に、なお債務者が責任を負わなければならないかという問題である。

　判例は、当初、履行遅滞については消極的に解していたが、その後態

度を改め、「債務者は債務の履行期に履行せざるの一事を以て履行遅滞の責に任ず可きものに非ず。其不履行に付き過失ある場合に於て其責に任ず可きものなり」（大判大10・11・22民録27輯1978頁）と判示して、積極的に解するようになった。

債務者の帰責事由とは、債務者の故意・過失、または信義則上これと同視すべき事由であるとされ、その範囲は故意・過失より広い。故意とは、結果の発生を知りながらすることであり、過失とは、善良なる管理者の注意を怠ったことである。いわゆる「履行補助者の故意・過失」（後記III参照）も、債務者の故意・過失と同視される。

(4) 遅滞が違法であること

債務者が履行を遅延しても、それが留置権（295条）や同時履行の抗弁権（533条）を行使したことによる場合には違法性がないから、履行遅滞とならない。

3 履行遅滞の効果

債務者が遅滞に陥った場合、原則として履行は可能であるから、債権者は、強制履行によって債権の実現を図ることができる。また、契約から生じた債務について債務者が遅滞に陥ったときは、債権者は、相当期間を定めてその履行を催告し、その期間内に履行がないときには、契約の解除をすることができる（541条）。

さらに、債権者は、遅滞によって生じた損害の賠償（遅延賠償）を請求できる。遅滞を理由に契約を解除した場合には（541条）、本来の給付に代わる損害賠償（塡補賠償）を請求できる。問題となるのは、債権者が、契約の解除をせずに履行を拒絶し、本来の給付に代わる損害賠償を請求できるかどうかである。例えば、履行遅滞後の履行が債権者にとって何ら利益がない場合に、遅延賠償の請求を認めても無意味である。他方、この場合、契約を解除した上でないと塡補賠償を請求できないというのも、硬直過ぎる嫌いがある。それゆえ、2017年の改正前の通説は、定期行為のように遅滞と同時に履行不能となる場合や、遅滞後の履行が債権者にとって何ら利益がない場合には、契約の解除をせずに直ちに塡補賠償を請求できるとし、他方、他の一般債務の遅滞の場合には、契約解除の場合に準じて、相当の期間を定めて履行を催告し、それでもなお

履行がないときに、塡補賠償を請求できると解していた（大判昭8・6・13民集12巻1437頁）。

　2017年改正法は、債務の履行に代わる損害賠償の請求をすることができる場合として、①履行不能であるとき、②債務者がその債務の履行を拒絶する意思を明確に表示したとき、③債務が契約によって生じたものである場合において、その契約が解除され、または債務不履行による契約の解除権が発生したときの3つを挙げて、この点を明確にした（415条2項）。なお、②については、単に履行を拒んだというだけではなく、履行拒絶の意思がその後に覆されることが見込まれない程に確定的なものであることが必要であると解されている。

Ⅲ　履行不能

1　履行不能の意義

　履行不能とは、債務者の責めに帰すべき事由により履行できなくなることをいう（[事案]⑵のような場合）。現実に最も問題となるのは、売主の不動産二重売買の場合である。Aが自己所有の不動産をBに譲渡した後、さらにそれをCに二重譲渡して移転登記を終えれば、上記不動産のBへの所有権移転は不可能となるからである（最判昭35・4・21民集14巻6号930頁）。その他、二重賃貸借による一方の賃借人への履行不能、請負契約における請負人の仕事放棄などによる履行不能がある。

　2017年改正前の伝統的な考え方では、履行不能の問題が生ずるのは、債権成立の時には履行が可能であったが、その後に不能となった場合（後発的不能）であるとして、債権成立当時すでに不能であった場合（原始的不能）は、債権が成立するかどうかの問題であり、履行不能の問題ではなく、契約締結上の過失の問題として別に議論されることになるとしていた。改正法がこの点をどのように改めたかについては次の2で述べる。

　なお、履行不能が債務者の責めに帰すべき事由によらないときは、債務者は債務を免れるが、双務契約だと危険負担（536条）の問題となる。

2　履行不能の要件

(1)　履行が不能になること

　前述したように、2017年改正前の伝統的な考え方では、履行不能は、契約（債権）成立後履行が不能になること（後発的不能）であって、契約締結前にすでに不能の場合の原始的不能とは区別され、原始的不能の場合には、債務不履行に基づく損害賠償請求をすることはできないとされていた（この場合には、信義則〔1条2項〕違反を根拠に損害賠償請求をする余地しかない）。しかし、履行不能となったのが契約成立の前か後であるかは、当事者の意思とは無関係の偶然にも左右されることから、その前後で債務不履行に基づく損害賠償請求の可否が異なるのは債権者の救済のあり方としてバランスを欠くことになる。そこで、改正法は、履行不能となったのが契約成立の後の場合（415条）と同様に、契約の成立前であっても損害の賠償をすることを妨げないとした（412条の2第2項）。なお、履行不能が契約の成立の前である場合には、履行不能にもかかわらず契約が締結されたことから、動機の錯誤（法律行為の基礎事情の錯誤）(95条)を理由に契約を取り消しうるが、取り消したときには、債務が存在しないことになるので、債務不履行に基づく損害賠償請求をすることはできない。

　普通の種類債務では、取引社会にその種類物が存在する限り、履行不能にはならない。ただし、特定された後、その特定された物が滅失すれば履行不能となる。金銭債務も、通貨が存在する限り、履行不能が生じない（419条）。

　建物の一部を賃貸し、他の部分を自ら使用している賃貸人がその自己使用部分から火災を起こし、その結果、賃貸部分も燃えて賃借人の動産類が焼失した場合、賃貸人は同被害につき賃貸人として信義則上、債務不履行による損害賠償義務を負う（最判平3・10・17判時1404号74頁）。売買、賃貸借等の契約において、各当事者は、相互に相手方（およびその家族構成員）に対して、生命・身体・財産を侵害しないよう配慮すべき義務（保護義務）がある。本件のような場合、保護義務違反として構成することは可能であっただろう。

　不能かどうかの判断は、社会の取引観念に従って行われる。物理的不能に限られない。2017年改正法は、改正前の判例（大判大2・5・12民録

19輯327頁）を踏まえて、「債務の履行が契約その他の債務の発生原因及び取引上の社会通念に照らして不能であるとき」と定めた（412条の2第1項）。1カ月間の海外旅行をするから履行期に履行できないというように、債務者の一身上の事情で不能になった場合を主観的不能というが、これは履行不能にならない。これに対し、何人も給付をなしえない場合を客観的不能といい、客観的不能の場合は、通常、履行不能となる。

履行不能か否かは、履行期を標準として判断される。したがって、履行期前に一時不能になっても、履行期までに可能とみられるときには、不能にならない。もっとも、履行期前において、すでに不能が確実視されるときは、履行期を待たず、直ちに履行不能となる。

(2) 債務者の責めに帰することができる事由によること
(415条1項ただし書)

責めに帰することができる事由とは、債務者の故意・過失または信義則上これと同視すべき事由のことで、履行遅滞におけるそれと同じである。なお、2017年の改正法によって、従来の通説に従い、「債務者がその債務について遅滞の責任を負っている間に当事者双方の責めに帰することができない事由によってその債務の履行が不能となったときは、その履行の不能は、債務者の責めに帰すべき事由によるものとみなす」旨の規定が新設された（413条の2第1項）。

(3) 不能が違法であること

例えば、他人の動物の保管者が、その動物が人に危害を加えようとしたので、緊急避難として動物を殺した場合、債務者である動物の保管者は、債権者である動物の所有者に対して債務不履行責任を負わない。

3　履行不能の効果

履行不能の効果として、債権者が損害賠償を請求できることはもちろんであるが（412条の2・415条1項）、債権が契約から生じた場合には、契約解除権を行使できる（415条2項3号）。

履行が全部不能なときには、目的物に代わる損害賠償（塡補賠償）を請求できる。給付の一部が不能な場合には、履行可能な残りの給付を請求できるとともに、不能な部分の塡補賠償を請求できる。しかし、給付が不可分であるとか、可分であってもその一部の不能によって債権の目

的を達することができないときは、債権者は受領を拒絶して、全部についての填補賠償を請求できる。

IV　履行補助者の故意・過失

1　履行補助者の故意・過失の意義

(1)　前述のように（→Ⅱ3(3)）、信義則上、債務者の故意・過失と同視すべき事由として、履行補助者の故意・過失の問題がある。

例えば、商店の店員が注文品を配達するのを忘れ、履行期を徒過してしまった場合とか、借家人Bが家主Cの承諾を得て、賃借家屋の一部を親戚の子Aに間貸ししたところ、Aのタバコの不始末でその家屋が焼失してしまった場合のように、債務の履行について、債務者の手足となって働く者や、債務者の下で賃借家屋を利用している者などの故意・過失による不履行が生じたときに、債務者は責任を負うかどうか。これが履行補助者の故意・過失の問題である。

今日の社会でも、例えば、運送業・倉庫業等にみられるように、多数の被用者を使って企業活動が営まれることからして、この履行補助者の故意・過失の問題は重要である。特に企業の被用者が企業の指揮・監督の下に活動しているときは、被用者の過失はイコール企業の過失とみるべきである。

(2)　履行補助者の故意・過失に関しては、民法には一般的な規定がなく、わずかに復代理（105条）、転寄託（658条2項）、遺言執行者の復委任（1016条）などについて、選任監督上の責任を規定するにとどまる。したがって、判例・学説にその解釈は委ねられることになる。

古くは否定説がとられたが、1929（昭和4）年にこれを肯定する2つの判例が出るに及び、以後、肯定説がとられるようになった。

その2つの判例のうちの1つは、賃借人が船舶を賃貸人の承諾を得て転貸したところ、転借人の雇った船員の過失により当該船舶が座礁難破した事案について、債務者は、被用者の行為を利用してその債務を履行しようとする者だから、この範囲内における被用者の行為は、債務者の行為そのものにほかならないから、債務者は、被用者の不注意から生じ

た結果について、一切の責任を回避することはできないとして、債務者の責任を認めた（大判昭4・3・30民集8巻363頁）。

　他の1つは、賃借人が賃貸人の承諾を得て転貸していた家屋が転借人の過失により焼失したという事案について、次のように判示した。転借人が故意・過失により物を滅失毀損したときは、賃貸人から転貸の承諾を受けまた賃借人自身に何ら責めるべき事情がない場合でも、賃借人はその責めを負う。なぜなら、補助者が第三者であることを理由に責任を免れえないのは信義則上当然であり、保管義務を負担する賃借人の意思の下に転借人が目的物を使用する関係はあたかも債務履行の補助者たる地位に彷彿たるものがあるからである（大判昭4・6・19民集8巻675頁）。この2つの判例を契機に、学説も履行補助者の過失による責任を認め、定説となった。

2　履行補助者の故意・過失と責任

　履行補助者とは、債務の履行につき、債務者の手足となって働く者（狭義の履行補助者）や、債務者に代わって債務の全部または一部を履行する者（履行代行者）を総称していうが、一時的に使用される者と継続的に使用される者とを問わず、また、債務者の指揮命令に従って手足のように使用される者に限らず、運送業者のように独立の企業者も含む。

　履行補助者の故意・過失によって債務不履行が生じた場合、債務者がいかなる程度の責任を負うかは、補助者ないし代行者の諸類型と使用状況等に照らして決められることになる。

(1)　狭義の履行補助者の故意・過失

　債務者は選任・監督上の過失の有無にかかわらず、債務不履行責任を負う。この場合は、被用者の行為は債務者の行為として一体的なものと考えられるからである。前掲大判昭4・3・30は、この類型に属する。

(2)　履行代行者の故意・過失

　(ア)　履行代行者の使用が、明文上（104条〔任意代理人の復代理〕・658条1項〔受寄者の保管義務〕・1016条1項ただし書〔遺言執行〕参照）、特約上および性質上許されない場合に、これを使用したときは、使用すること自体が義務違反であるから、債務者は、履行代行者の故意・過失の有無を問わず、責任を負う。

(イ) 履行代行者の使用が明文上許されている場合（例えば、受任者に関する105条、受寄者に関する658条、遺言執行者に関する1016条1項本文・2項参照）には、債務者は、履行代行者の選任・監督につき過失があったときのみ責任を負う。もっとも、履行代行者の地位が債務者に対し独立的地位を保っているか、それとも従属的地位に立つかによって、債務者の責任は斟酌されることになろう。このことは、履行補助者ないし履行代行者が特に企業（例えば、下請けの運送会社を想定せよ）である場合に問題となろう。

なお、特約により履行代行者の使用が許されている場合も同様に解すべきである。

(ウ) 履行代行者の使用が、明文上または特約によって、特に禁止もされず許されてもいない場合には、給付の性質からして、履行代行者を使用することが適当であったかどうかを考慮して決めることになろう。

(3) 利用補助者の故意・過失

借家人の家族、住込み従業員など、いわゆる利用補助者と呼ばれる者の故意・過失によって、その賃借家屋が焼失したような場合には、債務者である賃借人が責任を負う。前例の借家人の家族は、借家契約の当事者ではないが、賃借人の家屋利用権に従属する利用権をもち、しかも賃借人の保管義務に協力すべき付随義務をも負っているからである。判例も、家屋賃借人が住込みで雇い入れた工員の失火について（最判昭35・6・21民集14巻8号1487頁）、夫である賃借人は妻の失火について（最判昭30・4・19民集9巻5号556頁）、それぞれ賃借人は賃貸人に対して責任を負うとしている。

(4) 転借人の故意・過失

転借人の故意・過失については問題がある。前掲昭和4年の2つの判決（前掲大判昭4・3・30、前掲大判昭4・6・19）は、いずれも賃貸人の承諾を得て転貸した事案であるが、転借人を履行補助者類似の者として扱い、賃借人の責任を認めた。しかし考えてみると、賃貸人の承諾が得られた転借人は、履行代行者たる地位に立つ。賃貸人の承諾を得て使用する場合には、転借人は、履行代行者として独立の地位に立つから、転借人のみ責任を認めるべきであり、賃借人に責任を負わせるのは妥当ではない。その際、転借人が独立して賃借家屋を使用しているかどうか（例

えば同一賃借家屋だと、それを区分して使用しているかどうかなど)、その使用状況等を考慮して判断しなければならない（独立性がなければ利用補助者たる地位に立つ)。学説でも、判例に対する批判的見解が多い。なお、転貸借が禁止され、または賃貸人の承諾を得ずに転貸した場合には、それ自体を債務不履行として、賃借人は責任を負わなければならない。

(5) 債務者の法定代理人の故意・過失

債務者の法定代理人は、履行補助者と同視すべきものと解されている。

(6) 使用者責任との競合

履行補助者に故意・過失があるときは、債務不履行責任のほか使用者責任（715条）が競合することが多い。債務不履行責任と不法行為責任とが競合した場合、通説・判例は、債権者（被害者）はいずれも選択できるという請求権競合説をとっている。

V 賠償者の代位

1 賠償者の代位の意義

例えば、B（受寄者）がA（寄託者）から預っているカメラ（寄託物）を第三者Cによって毀損された場合に、BがAに対してカメラの価額を全部賠償したときには、カメラの所有権およびAがCに対して有する不法行為に基づく損害賠償請求権はBに移転する（422条)。これを賠償者の代位という。債権者がその物または権利について全部の賠償を受けていながら、なおその物または権利を保有することは、二重の利得を受けることになり、実際に生じた損害を賠償させようという制度の趣旨に反することになる。賠償者の代位の制度は各国の法制の認めるところであって、その立法理由は、賠償権利者をして、その損害賠償以上の利得を取得させないというところにある。

民法は、債務不履行についてのみ規定を設けたが、この422条は、不法行為そのほか契約外の損害賠償にも類推適用される。

2 賠償者の代位の要件

債権者が債権の目的たる物または権利の価額の全部について賠償を受

けることである。法文に「物又は権利の価額の全部」とあるのは、物または権利の給付に代わるべき損害賠償全部の意味である。したがって、その一部について賠償を受けた場合には、代位は生じない。

損害賠償額全部の支払を受ける方法は、必ずしも弁済の方法によることを要しない。弁済と同視される代物弁済や相殺の方法によっても差し支えない。

3　賠償者の代位の効果

代位の効果は、債権の目的物または権利につき賠償者が当然に債権者の権利を取得することである（当然代位）。法文に「当然に債権者に代位する」というのは、物または権利が債務者に移転するのに別段の譲渡行為を必要としないということである。原則として、対抗要件も必要としない。代位は法律による権利の移転だからである。

4　保険金請求権と賠償者の代位

債務者は、賠償者の代位によって、債権者のもつ保険金請求権に代位できるか。例えば、借家人Ｂが賃借家屋を焼失させたが、家主Ａはその家屋に火災保険を付けていた場合、ＡがＢからすでに損害賠償の支払を受けていたとすると、Ａは被保険者として実損を被っていないので、保険会社Ｃは保険金支払義務を負わない。Ｂは、Ａに代位して保険金を受け取ることができない。逆に、保険会社ＣがＡに保険金を支払うと、ＣがＡのＢに対する損害賠償請求権に代位することになる（保険法25条）。

社会保障法上の給付を支給した者は、上の場合と同様に、受給権者が第三者に対して有する損害賠償請求権に代位する（例えば、労災12条の4第1項、健保57条1項、厚年40条1項など）。

労働者の死亡について、第三者が不法行為に基づく損害賠償責任を負う場合に、労働基準法79条による補償義務を履行した使用者は、民法422条の類推により、遺族に代位して第三者に対し損害賠償請求権を取得する（最判昭36・1・24民集15巻1号35頁）。他方、労働者の業務上の災害に関して損害賠償債務を履行した使用者は、賠償された損害に対応する労働者災害補償保険法に基づく保険金給付請求権を代位取得できないと

している（最判平元・4・27民集43巻4号278頁）。いずれも、妥当な判例といえよう。

VI　代償請求権

　例えば、売買契約締結後、売主Bが引渡債務を負い、善管注意をもって目的物を保管していたところ（目的物の所有権がまだ買主Aに移転していない）、Cがその物を故意に滅失させた場合、その滅失はBの責めに帰すべき事由によるものではないから、Bは買主Aに対して債務を免れることになる。他方、BはCに対して損害賠償を請求できることになるが、BはAに対して責めを免れているため、物の滅失による損害は生じないことになり、CもBに対する賠償を免れるというおかしな結果が生ずる。このような不公平を避けるために、履行不能を生じたと同一の原因によって、債務者Bが、債務の目的について賠償または賠償請求権を取得したときは、債権者Aは、Bに対しその引渡しまたは賠償請求権の譲渡を請求することができる。これを代償請求権という。

　判例は、「履行不能を生ぜしめたと同一の原因によって、債務者が履行の目的物の代償と考えられる利益を取得した場合には、公平の観念にもとづき、債権者において債務者に対し、右履行不能により債権者が蒙りたる損害の限度において、その利益の償還を請求する権利を認めるのが相当であ」ると判示し、保険金請求権もこの代償物になるとしていた（最判昭41・12・23民集20巻10号2211頁）。2017年改正法により、このような代償請求権が明文化された（422条の2）。

第7章 | 不完全履行

［事案］

　AがB社から建物（新築または中古）や自動車（新車または中古車）を購入した場合において、それらに欠陥があったときに、Aは、Bに対してどのような請求をすることができるか。

I　総　説

1　不完全履行の意義

　不完全履行とは、例えば、リンゴ10箱の引渡しを履行したところ、そのうちの１箱が腐敗していた場合や、売主が伝染病にかかっている鶏を給付して買主の健康な鶏に感染させて損害を与えた場合（積極的債権侵害）のように、履行期に履行はされたが、目的物に瑕疵（欠陥）があるために、債務の本旨に従った履行とはいえず、信義則に反する債務不履行の一態様をいう。債務不履行でも、履行遅滞や履行不能は、債務者が履行期に何もしなかったという、いわば債務不履行の消極的態様であるのに対し、不完全履行は、不完全ながらも履行したという債務不履行の積極的態様である。したがって、不完全履行は、債務の給付の一部が遅れた一部遅滞や、債務の一部を履行することができない一部不能とも区別される。

　不完全履行については、わが民法に直接の規定はないが、かつてドイ

79

ツの学説と判例において、積極的債権侵害または不完全履行の名称の下に、債務不履行の第3の類型とされたものである。わが国でも積極的債権侵害を含め、広く不完全履行を債務不履行の一類型としている。

不完全履行は、債務の本旨に従った履行といえないから、債権者は、原則として受領を拒絶できるし、受領しなくても債権者遅滞に陥ることはない。また、受領しても、原則として有効な弁済となることはない。

2　不完全履行の類型

不完全履行の要件は、①不完全な履行がされたこと、②債務者の責めに帰すべき事由に基づくこと、③不完全な履行が違法であること、などであるが、①の「不完全な履行」がその中核をなす。この「不完全な履行」は、通常、次のように分類されている。

ⓐ　給付された目的物または給付行為の内容に瑕疵があった場合

例えば、先の伝染病にかかった鶏を給付したとき、腐敗したリンゴを給付したときなどがこれに当たる（［事案］のような場合）。

ⓑ　履行の方法が不完全な場合

例えば、運送人が乱暴に荷物を運んだため荷物が破損したような場合がこれに当たる。

ⓒ　債務者が履行に際して必要な注意を怠った場合

例えば、売主がピアノを搬入する際に買主の絨毯を破ったり、家具に傷を付けた場合である。

上記のように類型化されているが、ⓐについては、契約不適合責任（562条）との関連が問題となる。同責任は、2017年の改正法によって、改正前の瑕疵担保責任（旧570条・566条）に代わる制度として創設されたものである。すなわち、特定物売買における担保責任の法的性質を契約責任ないし債務不履行責任として法律構成をする学説を基礎に、従来の瑕疵担保責任について基本的に不完全履行の枠組みで構成したものである。

ⓑとⓒについては、他人の財産を不法に侵害したのであるから、不法行為との競合が問題となる。特にこの競合の問題は、医師が治療方法を誤って患者の病気を悪化させたような場合にも生ずる。

3　積極的債権侵害との関係

　不完全履行と積極的債権侵害とは、いずれが広い概念か。積極的債権侵害とは、先の「伝染病の鶏」の例にみられるように、不完全な履行があったため、さらに損害が拡大していく場合（拡大損害）である。両者を同義に解するものもある。学説は多岐にわたるが、主たる学説は、次のとおりである。

　第1説は、積極的債権侵害を不完全履行の上位概念とし、不完全履行・不作為義務違反・継続的供給契約違反・履行拒絶がこれに含まれるとする。

　第2説は、不完全履行を積極的債権侵害の上位概念とし、積極的債権侵害を不完全給付による拡大損害と解する学説である。

　第3説は、給付義務違反による基本的契約責任を不完全履行とし、付随義務違反を積極的債権侵害と解する学説である。付随義務とは、例えば売主としては、目的物の品質を保証する義務があるし、あるいは、売主として買主に対して鶏が伝染病にかかっていることを告知する義務があり、このような給付に付随する様々の義務をいう。積極的債権侵害は、この付随義務違反であるというのである。

　さらに、最近では、履行遅滞と履行不能の2類型で足りるとし、拡大損害は、給付義務に付随する相手方の利益を害さない義務（保護義務）違反としての積極的債権侵害の問題であるとして、不完全履行を履行遅滞・履行不能に吸収して説く学説も有力である。なお、この保護義務というのは、一般に、契約当事者が、信義誠実の原則に従い、契約の準備および実行にあたっても相手方の生命・身体および財産に対する特別な干渉によって生じうる損害を防止すべき義務であるといわれている。

　ここでは、不完全履行と積極的債権侵害の関係について、不完全履行の概念の方が積極的債権侵害より広く、積極的債権侵害は拡大損害を伴う債務不履行の一類型である（第2説）、と考えておきたい。

Ⅱ　不完全履行の要件

1　不完全な履行があったこと

　履行がないときには、履行遅滞か履行不能となり、不完全履行の問題は生じない。前述したように、不完全履行が生ずるのは、給付された目的物に瑕疵があるとか、履行の方法が不完全である場合、さらに債務者が給付をする際に注意を怠って余計な損害を債権者に与えた場合である。

　債務者が全部の履行をしたが、給付した目的物の一部が不完全な場合、債権者がこれを拒絶できるのはもちろんであるが、債権者がこれを受領したときは、原則として完全な部分について一部履行としての効果が発生する。

　ワイン10本を注文したのに日本酒10本を給付した場合のように、債務の目的物と別種の物を給付した、いわゆる「不真正履行」については、まったく給付がないのと同じだから不完全履行というべきでないという見解もあるが、債務の履行としてされた以上は、不完全履行と同じように扱うべきであろう。不真正履行において債権者が受領を拒絶できることはもちろんであるが、この問題は、履行がされてしまった場合に生ずる。

　不完全履行と履行期との関係については、特に問題はない。履行期が到来しない間に不完全な給付をしても不完全履行であるが、債務者が履行期までにその瑕疵を追完するときは、その責任を免れる。履行期を徒過した後に不完全な履行をすれば、履行遅滞と不完全履行との競合が生ずる。

2　債務者の帰責事由

　履行遅滞や履行不能のところで述べたのと同じく、債務者の帰責事由が債務者の故意・過失および信義則上それと同視すべき事由を指すことはいうまでもない。

　特に帰責事由の証明をめぐって問題があるのは、医療過誤訴訟においてである。医療過誤を債務不履行責任（不完全履行）として構成するか、

不法行為責任として構成するかによって、債務者（医者）の帰責事由の証明責任の配分が異なってくるからである。すなわち、医療契約に基づく給付上の注意義務または治療の方法を誤って患者に損害を与えた結果、契約責任が追及されたときには、医者が責任を免れるためには、医者が無過失の主張・立証責任を負うことになる。不法行為責任で損害賠償を請求するには、患者が医者の過失を主張・立証しなければならない。後者によった場合、医学的知識に乏しい患者が医者の過失を主張・立証するのは極めて困難であろう。前者の契約責任によって処理する方が適切だということになる。学説は、医療過誤をめぐる諸問題について、新たな法律構成を求めている。

3　違法性

不完全な履行をしたことが違法である必要がある。履行が不完全であっても、それを正当化する事由があれば、不完全履行とはならない。

Ⅲ　不完全履行の効果

給付された物が不完全な場合、債権者、債務者に対してどのような措置をとることができるか。不完全履行の態様によって異なる。

1　追完不能の場合

瑕疵のある物（契約の内容に適合しない物）が給付され、債務者が改めて完全なる物を給付しても債権の目的を達することができないときは、債権者は本来の給付に代わる損害賠償を請求することになる（415条2項・412条の2第1項）。もっとも、この場合、瑕疵ある物が残存していれば、債務者に返還しなければならない。

瑕疵ある物が給付された結果、さらに損害が拡大した場合（先の「伝染病にかかった鶏」の例）には、相当因果関係の認められる範囲で、その賠償を請求できるというのが学説である（→第9章）。

2　追完可能の場合

(1)　不特定物の給付を目的とする債権にあっては、不完全な物が給付

されても、完全な給付がされたとはいえないから、債権者は、履行時にはその受領を拒絶できるとともに、履行がされても、その物の追完が可能であれば、改めて完全な給付をせよと請求することができる（562条1項参照）。不完全な物の給付は、債務の本旨に従った履行とはいえないから、たとえ債権者がこれを受領しても、債務は消滅せず、債権者は改めて瑕疵のない物（契約の内容に適合する代替物）の給付を請求できる。債権者は、履行後に瑕疵（契約の内容に適合しないこと）を発見したときは、信義則上相当と認められる期間内に債務者に知らせ、瑕疵のない物（契約の内容に適合する代替物）の給付を請求することになろう。

　(2)　上の理論を素朴に貫いていくと、問題が生ずることになる。①例えば、英和辞典を購入し数年使用した後に落丁を発見したときにも、新しい完全な英和辞典との交換を請求できることになる。つまり、債権者は、その債権が消滅時効にかかるまでは、瑕疵のない物の給付を請求できるということである。これは、誰がみても不都合である。

　②次いで問題となるのは、次のような場合である。すなわち、債務者Bが、債権者Aの注文どおり2メートル四方の亜鉛板100枚を納品しAが受領したが、受領した直後、亜鉛板の長さを計ってみたら1メートル95センチ四方しかなかった。しかし、Aはその時点で亜鉛板が高騰していたので、他に転売しても損はないと思いそのまま保管したものの、その後、亜鉛板の価格が著しく下落したので、Aは亜鉛板が不完全であったことを理由に、改めて完全な給付を請求したり、あるいは契約の解除をして損害賠償を請求するような場合である。この事例にみられるように、履行直後に債権者が瑕疵あること（契約の内容に適合しないこと）を知ってこれを受領し、かつ、これを債務者に告げないで相当期間が過ぎたような場合には、その履行を認容したものとして、代物請求や契約の解除・損害賠償請求は制限されるべきであろう。債権者がいったん受領し、その後に瑕疵あることを発見した場合（この場合には債権者は完全な給付を請求することができる）と事情が異なるからである。

　他方、債務者からしてみても、不完全な給付であっても、債権者がこれを受領し、かつ受領後相当の期間が経過すれば、先にした履行の完全なことを確信するであろう。このような場合、債権者側からの代物請求、契約の解除ないし損害賠償請求を認めることは著しく信義公平に反する

ことになる。債務者は、履行の認容があったものとして、債権者の完全履行の請求を拒絶し、債務を免れることができる。もっとも、事情如何によっては、先に履行した不完全な部分に対する追完をして責任を免れることもあろう。

　上の①・②の場合に関して、2017年改正法は、「買主がその不適合を知った時から１年以内にその旨を売主に通知しないときは、買主は、その不適合を理由として、履行の追完の請求、代金の減額の請求、損害賠償の請求及び契約の解除をすることができない」(566条)との規定を設けた。

　なお、履行の認容とされた場合、債権者の契約の解除や損害賠償の請求に対して、債務者は、債権者がすでに受領したものに特定した(所有権が移転している)と抗弁することによって(特定の抗弁)、責任を免れることができる。

Ⅳ　不完全履行と契約不適合責任

1　両者の違いと判例

　ＡがＢ書店から文学全集10冊を買い、その後、使用中に落丁本が１冊あったのを発見したという場合のように、不特定物売買において給付の目的物に瑕疵があった場合、買主Ａは、債務不履行責任と契約不適合責任(2017年改正前の瑕疵担保責任)のどちらの責任を追及できるであろうか。同改正に至るまで、激しく論議されてきた問題である。

　これを考察する前に、債務不履行責任と2017年改正前の瑕疵担保責任(旧566条・570条)の主な違いをみると、①債務不履行責任を追及するには、売主に帰責事由があることを要するが、瑕疵担保責任は無過失責任である。②債務不履行責任だと、ⓐ損害賠償請求、ⓑ完全履行請求(代物請求、修補請求など)、ⓒ契約の解除が認められる。瑕疵担保責任だと、ⓐ契約の解除、ⓑ損害賠償請求、ⓒ代金減額請求が認められ、完全履行請求が認められない。③債務不履行責任に基づいて解除をするには、催告を要するが(541条)、担保責任に基づく解除では、催告不要である。④債務不履行責任に基づく解除権の行使は、消滅時効にかかるが、担保

責任に基づく解除権等の行使は、買主が事実を知った時から1年以内にしなければならない（旧566条3項）、などである。

　ところで、この問題について判例はどのような変遷をたどったであろうか。これに対する学説の評価はまちまちであるが、当初は、一般論として、不特定物売買についても瑕疵担保責任の規定の適用を認めると説きながら、実際に、瑕疵担保責任を追及できるのは、買主が目的物を受領したとき（特定が生ずる）だと解していた（大判大14・3・13民集4巻217頁）。その後の判例は、「瑕疵ある物を履行として受領した場合」には、瑕疵担保責任しか追及できないとした（大判昭3・12・12民集7巻1071頁）。最高裁は、「債権者が瑕疵の存在を認識した上でこれを履行として認容し債務者に対しいわゆる瑕疵担保責任を問うなどの事情が存すれば格別」としながらも、瑕疵ある物の受領後においても、不完全履行責任の追及を認めた（最判昭36・12・15民集15巻11号2852頁）。

　続いて、学説を概観してみよう。

2　学説（2017年改正前）の検討

(1)　法定責任説

　特定物売買においては、目的物に瑕疵があっても、瑕疵のあるその特定物しか給付するものがないのであるから、それを給付すれば、売主は債務を履行したことになる（旧483条）。そうだとすると、買主は、代金を支払っていても、完全なる物の給付を受けることができないだけでなく、債務不履行責任を問うこともできず、不公平な結果を招くことになる。そこで、民法は、買主を保護するため、売買契約の有償性・対価性に基づき売主に特別の責任（無過失責任）を認めた。これが瑕疵担保責任である。この説を法定責任説と呼んでいた。なお、これによると特定物に瑕疵があっても、代物請求とか瑕疵修補請求権は認められないし、契約解除権の行使には催告は不要とされる。

　この説では、不特定物売買において売主が瑕疵ある物を給付しても、それ以外に完全な物が同種類中に存在する限り、債務を履行したことにはならないから、買主は追完請求や代物請求をすることができる。契約を解除するには相当期間を定めた催告が必要である。

　法定責任説は、目的物に瑕疵があった場合、不特定物＝不完全履行、

特定物＝瑕疵担保という二元的構成によって把握するものである。瑕疵担保責任（旧570条）は、特定物売買にだけ適用され、不完全履行（415条）は不特定物売買について適用されることになる。

(2) 契約責任説

次に契約責任説を説明しよう。この学説は、瑕疵担保責任は法が特に定めた法定責任ではなく、債務不履行責任（契約責任）であるというのである。その法律構成は、比較法的・沿革的な研究に基づくもの、上の「特定物のドグマ」の否定に基づくものなど多様である。

契約責任説の理論を要約してみると、①瑕疵担保責任と不完全履行責任は、給付物が特定物か不特定物かによる区別ではなく、特別規定（瑕疵担保責任）と一般的規定（債務不履行責任）との関係にあること、②瑕疵担保責任は、瑕疵が契約成立前に生じた場合に限られるべきであり、瑕疵が契約成立後に生じた場合には、債務不履行（債務者に帰責事由があるとき）または危険負担（債務者に帰責事由がないとき）の問題として解決すべきこと、③不完全履行は、過失責任として、特定物・不特定物を問わずに適用されるのに対し、瑕疵担保（旧570条）は特別規定として一定の事項について無過失責任を定めたものと解すべきことなどである。

3　両説の違い

次いで、法定責任説と契約責任説との違いを事例を通して考察してみよう。自動車販売会社から自動車を買ったところ、欠陥自動車であった。その自動車が中古車の場合と新車の場合とで瑕疵修補、代物請求など、その法律構成はどう異なるか。

中古車の場合を特定物売買とし、新車の場合を種類売買とみよう。中古車に瑕疵がある場合、通常、特定物売買では民法（旧）570条の瑕疵担保責任によることになる。ところで、法定責任説では、瑕疵修補費用を損害賠償で請求することになるが、契約責任説では、債務不履行の態様として把握するから、履行請求として瑕疵修補そのものを請求することができる。債務者がこれに応じない場合には、損害賠償と解除が問題となる。新車に瑕疵のある種類売買では、法定責任説は、不完全履行として把握するから、代物請求・追完請求が認められる。契約責任説では、瑕疵担保に関する規定、さらに債務不履行に関する規定も適用されるか

ら、瑕疵修補、代物給付請求が当然認められることになろう。

　こうした問題が実際に生じている一例として、欠陥分譲マンションにおける買主の瑕疵修補請求権を挙げることができる。

　一定の規格化された分譲マンションのうちの一住戸を買ったところ、欠陥マンションであった場合、買主は、当然に瑕疵の修補を請求し、または、他の瑕疵のないマンションに代えてもらうことができるであろうか。先の法定責任説により、不特定物＝不完全履行、特定物＝瑕疵担保という「ドグマ」を追っていくと、マンションは特定物であるから、瑕疵担保に関する規定が適用され、その結果、買主側には、損害賠償請求や契約解除は認められるものの、瑕疵修補請求や代物給付請求は当然には認められないことになる。法定責任説では、買主を保護するために十分とはいえない。その目的物の如何によらず、売買契約の有償性・対価性に焦点を当て、売主は代金に見合う完全な物の履行義務を負っていると解し、目的物に瑕疵があった場合、目的物如何にかかわらず、すべてこれを債務不履行の一態様として構成する理論の方が優れていたといえよう。

4　2017年改正法における契約不適合責任

　2017年の改正法においては、特定物売買か不特定物売買であるかを問わず、売主は種類、品質および数量に関して契約の内容に適合した目的物を引き渡す債務を負うことを前提に、引き渡された目的物が種類、品質または数量に関して契約の内容に適合しない場合（不完全な履行の場合）には、買主は、救済手段として、①その修補や代替物の引渡し等の履行の追完の請求（562条1項本文）、②代金の減額の請求（563条1項・2項）、③415条の規定による損害賠償の請求（564条）および④541条・542条の規定による契約の解除（564条）をすることができるとした。そして、これらの規定は、原則として売買以外の有償契約についても準用される（559条）。

　そして、上記①の追完請求（および②の代金減額請求）は、契約不適合が買主の帰責事由によるものであるときはできないが（562条2項）、それ以外の場合、すなわち売主に帰責事由がなくても買主はこれを請求することができる。その意味で、従来の瑕疵担保責任におけると同様に売主

の無過失責任である。これに対して、③の損害賠償請求については、売主の帰責事由が必要とされ（564条・415条1項ただし書）、また、賠償の範囲は履行利益まで及びうる（416条）。④の契約の解除については、原則として履行の追完の催告が必要とされるが（541条）、改正法では解除一般に債務者の帰責事由は不要とされたことから（543条参照）、売主に帰責事由がなくても買主は契約の解除をすることができる。その他、担保責任の期間の制限（566条）については、前記Ⅲ2(3)で述べたとおりである。

Ⅴ　安全配慮義務

　安全配慮義務の問題とは、雇用契約において、被用者が業務執行中に設置された設備や使用した器具等に欠陥があって、被用者が人身損害を受けた場合、被用者は、使用者の安全配慮義務違反として民事損害賠償を請求することができるのか、という問題である。当初、国の自衛隊員に対する安全配慮義務違反が、判例法理上、問題となった。この問題が提起されるのは、労働者あるいは公務員が労務中に労働災害を被った場合、被災者やその遺族は、労働基準法、労働者災害補償保険法、国家公務員災害補償法等に基づき、その補償を受けることができるが、その補償額が定額化しているため、必ずしも被害者の被った損害額が填補されないので、被害者側が、その補償額でカバーされない損害を民事訴訟において請求するためである。当初、こうした請求は、不法行為の法律構成によっていたが、労働安全衛生法が制定される1972（昭和47）年頃より、裁判例は、債務不履行の法律構成によるようになる。

　ところで、判例に現れた安全配慮義務とは、「労働者が労務提供のため設置する場所、設備もしくは器具等を使用し又は使用者の指示のもとに労務を提供する過程において、労働者の生命及び身体等を危険から保護するよう配慮すべき義務」（最判昭59・4・10判時1116号33頁）であるとか、「ある法律関係に基づいて特別な社会的接触の関係に入った当事者間において、当該法律関係の付随義務として当事者の一方又は双方が相手方に対して信義則上負う義務」（最判昭50・2・25民集29巻2号143頁）と定義づけられている。これを「債務の本旨に従わない」固有の債務不履行と

みることができるが、一種の不完全履行として扱うこともできる。当初、公務員の職務関係において承認された安全配慮義務は、近時、私的な雇用契約に適用領域を拡大し、さらに、請負・賃貸借・売買や在学契約などにもその適用が認められるに至っている。

　学説の動向をみよう。安全配慮義務法理については、債務不履行説が支配的見解といえよう。この説を支持したい。この学説は、損害賠償債権の時効および過失の証明責任について、不法行為規範によるよりも被害者に有利であるとしている。しかし、近時、学説では、債務不履行的構成によらずに、不法行為的構成によっても、十分に被害者救済の役割を果たしうることが説かれていることに注意しておきたい。

[事案]

　A は、居酒屋を経営し、B 酒造メーカーとの間で、当年 1 月に同年12月まで 1 年間、毎月 B の生産した酒を 1 升瓶20本を購入することを約した。しかし、同年 4 月に B が A に同酒20本を届けたところ、A が、理由を示さずに「都合により、今後、貴社の酒はいらないから、持って返ってくれ」と言って頑として引渡しを拒んだので、B は、やむをえずその酒を持ち帰った。この場合について次の(1)〜(3)に解答しなさい。

(1) B は、4 月分以降の同酒の給付に係る売買代金を請求することができるか。

(2) B にはどのような損害が発生することが想定できるか。その損害について、B は、A に対し賠償請求をすることができるか。また、B は、同年12月まで同社の酒を給付する旨の A との契約を解除することができるか。

(3) 仮に、A が同酒の給付を拒絶した理由が、新型インフルエンザ等のまん延により政府から「緊急事態宣言」が出され、都道府県知事から飲食店の休業要請があって、そのために A が同店を同年 4 月半ばから当面の間閉店することであったとしたら、前記(1)および(2)についてはどう考えるべきか。

I　総　説

1　受領遅滞の意義

　まず、一例を挙げよう。A 造船会社と B 製鉄会社間において鉄材の売買契約が締結された。B 会社が履行期に鉄材の給付を履行したが、A 会社は、業界の不況と鉄の値下りの兆しがみえたため、頑として鉄材の受領を拒んだ。この事例にみるように、債務者が履行期に債務の本旨に従った履行の提供をしたにもかかわらず、債権者が、目的物が不要になったとか、値下りしていることなどから、受領を拒んだり受領しない場合がある。このように債権者が債務者の提供を受領せず、弁済に協力しないときは、債務者の責任を免除し、逆に債権者にも責任を課すのでなければ、公平の観念に反することになる。ここに債権者の受領拒絶または受領不能を受領遅滞とし、債権者に責めを負わせる制度が存する。

　受領遅滞は、債務の履行について、債権者の受領または協力を必要とする場合に起こる問題であって、一定の地域で競業しないというような不作為債務については生じない。

　ところで、民法は、2017年改正前においては、受領遅滞についてわずか 1 カ条の規定を設けていたにすぎず、しかも、その内容は「債権者は……遅滞の責任を負う」（旧413条）というだけであって、その要件や効果は必ずしも明らかではなかった（2017年改正によって、後述のとおり、受領遅滞の効果〔413条〕および受領遅滞中の履行不能〔413条の 2 第 2 項〕に関しては、規定が新設された）。それだけでなく、民法では、履行の提供をした債務者を不履行責任その他の不利益から免れさせるために、弁済の提供（492条）、供託（494条〜498条）の制度を設けているので、これとの関係で受領遅滞の効果は複雑である。要は、受領遅滞の本質をどう理解するかにある。

2　受領遅滞の性質

　受領遅滞の性質に関し、わが国の通説・判例は、債権者が債権を行使することは、債権者の権利であって義務ではないという前提に立って、

受領遅滞は債権者の法律的義務違反ではなく、単に債権者債務者間における信義則から要求される債権者の責任にすぎないと解している。つまり、慣習または特約に基づく場合のほかは、債権者の受領義務は認めないというのである。この説からすると、受領遅滞は、公平の観念から、信義則上、法が特に定めた法定責任であるということになる（法定責任説）。

　判例も、買主はその目的物を受領すべき権利を有するも受領すべき義務を負うものではなく、受領拒絶は、権利の不行使であって、受領遅滞の責めを負うも、債務不履行ではないから、売主はこれを理由として売買を解除できないといい、古くから法定責任説によっていた（大判大4・5・29民録21輯858頁）。戦後の最高裁判例も、これを踏襲した（最判昭40・12・3民集19巻9号2090頁）。もっとも、その後の最高裁判例は、硫黄鉱石売買契約において、売主が期間内に採掘した鉱石につき、諸般の事情からして、信義則上、買主に引取義務があると判示した（最判昭46・12・16民集25巻9号1472頁）。引取義務を認めたのは、法定責任説に動揺を来したのであろうか。

　これに対し、有力な学説は、受領遅滞を債務不履行の一種とみる（債務不履行説）。すなわち、債権関係なるものは当事者双方の信頼関係を基礎に成り立っているものであり、給付の内容の実現の多くは、両当事者の協力によらなければ達成しえないものであるから、債権者にも信義則の要求する程度において給付の実現に協力すべき法律上の義務がある。つまり、債権者の受領拒絶、受領不能は、あたかも債務者の不履行の場合と同じく、一種の債務不履行であるというのである。最近は、この債務不履行説が重きをなしつつある。

　この学説のほかに、債権者の一般的受領義務は認めないが、受領と引取りの区別から、売買・請負・寄託の場合、買主・注文者・寄託者に付随的義務として引取義務を認め、引取遅滞のときに、債権者に債務不履行責任を課すべきことを説く学説もある。ここでは、債務不履行説に依拠して考察を進めたい。

Ⅱ　受領遅滞の要件

1　債務が原則として履行期にあること

(1)　債務者が債務の本旨に従った履行の提供をしたこと

　債務者が瑕疵ある物（契約の内容に適合しない物）を給付し、債権者がこれを拒絶しても受領遅滞とはならない。なお、ここで債務の本旨に従うとは、弁済の提供がその内容・場所・時期においてすべて当該債務成立の事情に適合することをいう。債務の本旨に従った提供かどうかは、契約その他の債務の発生原因および取引上の社会通念（取引の慣行と信義則）を基準にして決められる。

(2)　債権者の受領拒絶・受領不能があること

　債権者の受領拒絶が受領遅滞となることはいうまでもない。受領不能については問題がある。すなわち、受領遅滞となるためには、その前提として「履行の提供」がなければならないから、履行不能のために受領が不能となっても、受領遅滞の問題とはならない。例えば、交通ストのため労働者が就労できないときは履行不能である。これに反し、工場主が、工場を閉鎖して労働者の就労を拒んだり（ロック・アウト）、原料を切らせたからといって工場を休むようなときは、労働者の就業（履行の提供）は可能なのだから、履行不能ではなく、受領遅滞が問題となる。2020（令和 2 ）年 4 月に新型コロナウィルスの感染拡大防止のために政府により緊急事態宣言が出され、飲食店等に対して相当期間の営業自粛が要請された場合に、日給制等の従業員は就労可能であったが、飲食店等の経営者が休業したときは、受領不能による受領遅滞が問題となろう。また、医者が手術をするべき債務を負っている場合、患者が医者の所に行かなかったようなときは、明らかに受領不能による受領遅滞である。

　しかし、債務者の債務が「履行不能」（「履行可能」）なのか、債権者が「受領不能」なのかについて、実際にその判断の困難な場合がある。例えば、工場が近所の火事で類焼したり、地震で機械が破損したり、または先の例にある新型コロナウィルス禍による休業の場合（債務者たる従業員に対しても外出自粛要請）、また患者が手術が行われる前に死亡した場合

や新型コロナウィルス感染のおそれから病院に行かなかった場合に、債務者に「履行不能」があるのかどうか、債権者が「受領不能」となるのかどうか、その限界をいかに決定すべきか問題となろう。

　前述したように、債権者の「受領不能」が債務者の「履行可能」を前提とするという考え方からすると、上の工場類焼・機械破損・新型コロナウィルス禍の事例における債権者の受領障害は「受領遅滞」ではなく、債務者の「履行不能」となる。その結果、工場の焼失等によって労働者が労務を提供できない場合に、労働者は、「履行不能」による債務不履行責任を工場主等から問われることはないが、賃金請求権を失うことになる。さらに、その場合、労働者・経営者双方の責めに帰することができない事由による履行不能として、危険負担の問題として考えても、債務者主義がとられ、やはり工場主等は、労働者からの賃金請求権を拒むことができることになる（536条1項）。ただ、債権者（工場主等）も給付の実現について協力すべき法律上の義務があるという思想からみると、一方にのみ偏するようにも思える。

(3)　領域説の登場

　このような事情にあって、最近の学説は、「履行不能」と「受領不能」との限界を決定する標準について、給付が不能になった原因が、債権者の支配する領域（企業範囲）に基づく事由によるのであれば「受領不能」になるし、それが債務者の支配する領域内に属する事由によるのであれば「履行不能」になると説いている。この説は領域説と呼ばれている。この学説は、わが国での支配的見解となりつつある。この説によると、例えば、債権者側の事情（工場の焼失や患者の手術拒否等）によって債務者（労働者・医者等）の債務の給付が不能となったときには「受領不能」となり、債権者（工場主・患者等）が「受領遅滞」の責任を負うことになり、他方、債務者側の事情（交通スト、患者の病気等）によって債務者の給付が不能となったときは「履行不能」となり、債権者が「受領遅滞」の責任を負うことはない。

　しかし、新型コロナウィルス禍の事例のように、債務者（労働者等）の給付が不能となった原因が、債権者・債務者双方のいずれかの事情によるとはいえない場合には、領域説では直ちに解決はできない。結局は、債権者側の事情によって債務者の債務の給付が不能となった「受領不

能」とはいえないので、債権者の「受領遅滞」の責任は否定されるということとなろうか。

　ただ、この問題は、実質的には、債権者の「受領遅滞」の有無の問題（413条・413条の2第2項）というよりも、むしろ危険負担の問題（536条）として考えるべきであり、「受領不能」と「履行不能」とを区別する実益はなかろう。すなわち、受領障害ないし履行障害について、当事者双方に帰責事由がないとき（不可抗力に基づくとき）には、債権者（工場主等の使用者等）は、反対給付（賃金等）の履行を拒むことができる（536条1項）。

　したがって、債権者「受領遅滞」についての領域説は、不可抗力でない受領障害ないし履行障害、例えば使用者側の原料やガス・電気など燃料の不足、工場の焼失等の事情、被用者側の交通スト等の事情がある場合に限って問題とされることになろう。

(4) 受領拒絶または受領不能が債権者の責めに帰すべき事由に基づくこと

　受領遅滞を債務不履行の一種とみる立場では、債権者の故意・過失その他の帰責事由を要することは当然である。その帰責事由がないことの主張・立証責任は、債務不履行の場合と同じく、債権者にある。前例で、工場が焼失した場合、それが自己の過失でなく近所の火事の類焼によるものであることを証明すれば、債権者は遅滞の責めを免れることができる。しかし、前述した領域説では、この場合、給付を不能にする原因が、債権者と債務者のいずれの支配に属する範囲内の事由に基づくか、これを標準として、受領不能か履行不能かが判断されることになろう。これに反し、法定責任説では、債権者の受領義務が問題とされないから、この要件は不要である。

　なお、受領補助者の故意・過失によって遅滞が生じた場合、債権者が責任を負うのはいうまでもないが、これについては、履行補助者の故意・過失の場合と問題状況が同じなので、それ（→第6章Ⅳ）を参照されたい。

Ⅲ　受領遅滞の効果

1　2017年改正

　民法は、債権者が債務の履行を受けることを拒み、または受けることができない場合における受領遅滞の効果として、2017年改正前の規定では単に遅滞の責めに任ずべきものといっていたにすぎず、その規定からはその内容は不明確であった（旧413条）。そこで、改正法は、前掲の判例（最判昭40・12・3）に従い、次の3つの効果を明文化した。

　①　特定物の引渡債務の債務者は、受領遅滞となった後は（履行の提供をした時からその引渡しをするまで）、善良な管理者の注意（400条）ではなく、自己の財産に対すると同一の注意をもって目的物を保存すれば足りる（413条1項）。

　②　受領遅滞により増加した債務の履行費用は、債権者の負担となる（同条2項）。

　③　受領遅滞となった後に当事者双方の責めに帰することができない事由によって債務の履行が不能となったときは、その履行不能は債権者の責めに帰すべき事由によるものとみなされる（413条の2第2項）。

　ただし、改正法の法務省立法担当者は、上の①～③の効果が債権者に帰責事由がない場合にも発生するかどうかについては、改正法の下でも引き続き解釈に委ねられるとしている（一問一答73頁）。したがって、以下では、改正前の学説・判例についてみていこう。法定責任説と債務不履行説とでは、その認める効果は異なる。まず、両説に共通する効果を挙げてみよう。

2　学説に共通の効果

(1)　受領遅滞後の履行不能

　受領遅滞後に履行不能になるときは、不可抗力に基づく場合も、なお債権者の責めに帰すべき履行不能となる。この点は、上の③のように改正法で明文化された（413条の2第2項）。危険負担の観点からは、双務契約において、不可抗力により履行不能になった場合には、債務者主義が

とられ、債権者は、反対給付の履行を拒むことができるが（536条1項）、受領遅滞後に不可抗力によって履行不能となっても、債権者は反対給付の履行を拒むことはできないことになる（536条2項前段）。しかし、413条の2第2項の規定は、受領遅滞の責任を債権者が負う旨を定めたもので、危険負担の問題は別である（したがって、債権者は、債務者の履行不能に伴うすべての反対給付を拒むことができないわけではない）と解することもできる。この点は、法定責任説と債務不履行説の対立にも関連しよう。

(2) 債務者の注意義務の軽減

債務者は、債務の履行につき注意義務を軽減され、故意または重過失についてだけ責任を負うことになる。すなわち、債務者は、受領遅滞後は自己の物に対すると同一の注意を尽くせばよい。この点は、上の①のように改正法で明文化された（413条1項）。

(3) 増加費用の請求

債務者は、受領遅滞のために増加した保管費用・弁済費用を債権者に請求することができる。これらの費用は受領遅滞によって債務者が受けた直接の不利益だからである。この点は、上の②のように改正法で明文化された（413条2項）。

3　法定責任説

法定責任説は、上の(1)～(3)に述べた効果のほかに、弁済提供の効果と受領遅滞の効果を同視して、次の効果を認めている。

①　債務者は、弁済提供の時から、債務不履行から生ずる不利益を免れる（492条）。例えば、債権者から損害賠償・違約金を請求されることはない。

②　債権者が受領を拒んだ場合は、債務者は、弁済の目的物を供託して債務を免れることができる。判例は、供託の場合も、原則として債権者が遅滞にあることを要すると解し（旧494条〔改正後の494条1項1号・2号〕の文言は旧413条〔改正後の413条1項・2項〕の文言と同一であるとし）、債権者があらかじめ弁済の受領を拒んだときでも、債務者はさらに口頭の提供（493条）をして供託するのでなければ、債務を免れることはできないとする（大判明40・5・20民録13輯576頁）。学説は、これに反対して、受領拒絶があった場合、債務者は、口頭の提供をして債権者を遅滞に陥れ

るか、直ちに供託をして債務を免れるか、いずれか選択できるとするのが供託制度の目的に適するとしている。

③　約定利息または法定利息の発生を止める。これが認められる根拠は、売買の場合、目的物の引渡しまでは売主に果実収取権があること（575条）との均衡に求められている。

しかし、債務不履行説からすると、その諸効果は、提供の効果であって受領遅滞の効果ではないという。というのは、債権者が受領不能・受領拒絶につき自己の責めに帰すべき事由に基づかないことを証明し、受領遅滞の責めを免れることができても、提供の効果の発生をとどめえないからであると。受領遅滞は、提供があったが受領されないという客観的事実（提供の効果を生ずる）のほかに、その不受領が債権者の帰責事由に基づくものであるという主観的事実が加わって生ずるものであるというのである。

4　債務不履行説と判例

(1)　債務不履行説

債務不履行説は、2の(1)〜(3)の3つの効果のほかに、次の効果を認めている。

①　債務者は、増加費用のほか、遅滞によって生じた損害の賠償を請求できる（415条・416条）。受領遅滞によって弁済費用が増加したときは、その債権者の行為によるものと認められる限り、その増加額は債権者の負担とし、債務者は常に増加額を請求することができる。

②　債務者は、受領可能であるときは、相当期間を定めて受領を催告した上で、また、受領不能なときは、直ちに契約を解除できる（541条・542条）。

(2)　判　例

法定責任説は、これらの効果を否定する。判例も、座椅子毎月500個の5カ月間の継続的売買契約において、買主が合計961個買い取っただけで後の受領を拒んだので、売主が受領義務違反を理由に契約を解除し、損害賠償を請求した事案について、「売買に於て買主は其目的物を受領すべき権利を有するも之を受領すべき義務を負担するものに非ず。随て買主が売買の目的物の受領を拒絶したりとせば是れ権利の不行使にして

受領遅滞の責を負ふも債務の不履行にあらず。売主は之を理由として売買を解除し得可からず」と判示し（前掲大判大4・5・29）、損害賠償請求も契約の解除も認めなかった。

　もっとも、戦後に入って、下級裁判例では、債務不履行説の立場に立って、契約の解除や損害賠償を認めたものがいくつかある。ちなみに、買主は信義則により法律上の受領義務を負っているから、売主の履行の提供にもかかわらず、買主が引渡先を指定せず、受領を拒絶したときは、買主は債務不履行責任を負い、売主は契約を解除し損害賠償を請求できると判示している（東京地判昭30・4・19下民集6巻4号766頁）。

　最高裁判例では、受領遅滞に基づき買主の引取義務と売主の損害賠償を認めた一事例があるが、契約の解除は否定している。すなわち、最高裁判例は、A社は硫黄鉱区の採掘権を有し、その鉱区からの採掘鉱石全量についてBと売買契約を締結した。その後、当該鉱区の鉱山搬出設備が十分ではなかったので、A社はBの示唆により大幅に新規設備を取り入れた。新規設備完了後間もなく、BはA社に市況変化のため出荷の停止を要請し、鉱石の引取りを拒絶したので、A社がBに対し債務不履行に基づく損害賠償を請求した事案について、次のように判示する。「右事実関係によれば、前記鉱石売買契約においては、A社が右契約期間を通じて採掘する鉱石の全量が売買されるべきものと定められており、A社はBに対し右鉱石を継続的に供給すべきものなのであるから、信義則に照らして考察するときは、A社は、右約旨に基づいて、その採掘した鉱石全部を順次Bに出荷すべく、Bはこれを引き取り、かつ、その代金を支払うべき法律関係が存在していたものと解するのが相当である。したがって、Bには、A社が採掘し、提供した鉱石を引き取るべき義務があったものというべきであり、Bの前示引取の拒絶は、債務不履行の効果を生ずるものといわなければならない」（前掲最判昭46・12・16）。

　本判例が、はたして受領遅滞に基づく損害賠償をストレートに認めたものかどうか疑問が残る。A・B間の特約によってBに鉱石の引取義務が課せられ、この特約に基づく引取義務違反として損害賠償を認めたのではないかと思われるからである。学説には、本判例を初めて買主に信義則上付随的な義務としての引取義務を認め、その引取義務の不履行に

よる買主の損害賠償義務を認めたものであると評価するものもある。

　その他、最高裁判例は、A（請負人）・B（注文者）間で製作請負契約が締結され、その際、製作品の納期は厳重に定められていた。Aは、納期に物品のほとんどが完成し、Bに引取りを要請したが、Bは引取りを拒絶し、その後の再三の引取要請にも応じないので、上の納期約4カ月後に、契約の解除とそれに基づく損害賠償を請求した事案について、次のように判示している。「債務者の債務不履行と債権者の受領遅滞とは、その性質が異なるのであるから、一般に後者に前者と全く同一の効果を認めることは民法の予想していないところというべきである。民法414条、415条、541条〔筆者注：いずれも2017年改正前の規定〕等は、いずれも債務者の債務不履行のみを想定した規定であること明文上明らかであり、受領遅滞に対し債務者のとりうる措置としては、供託・自動売却〔＝自助売却〕等の規定を設けているのである。されば、特段の事由の認められない本件においてBの受領遅滞を理由としてAは契約を解除することができない」（前掲最判昭40・12・3）。

　この判例にもみられるように、法定責任説の立場では、債務者には供託、自助売却（497条）による保護が与えられているし、さらには、反対債権の債務不履行を理由に契約の解除や損害賠償の請求もできるのだから、あえてこれを認める必要もないというのであろう。しかし、法定責任説に立って、契約の解除を認めないとすると、受領遅滞に陥っても、債権債務が消滅するのではないから、債権者が、目的物の価格が騰貴すれば、遅滞後に再び履行を請求してくることも考えられる。これを認めるのは妥当性を欠く。債務者がこれに対処するためには、契約解除権の行使を認めるべきであろう。

IV　受領遅滞の終了

　受領遅滞は、次の場合に消滅する。
　①　債権者が履行を受領し、または債務者が供託したとき。
　②　債務の免除、弁済、履行不能などによって、債権が消滅したとき。
　③　履行の受領について債権者の協力を要する債務の場合において、債権者が必要な準備をして、受領の意思を表示したとき。

④　受領遅滞を消滅させる合意があったとき。

⑤　債務者が受領を免除したとき。履行の免除は、債務の免除（519条）との対照上、債務者の一方的な意思表示によってなしうる。

第9章　債務不履行による損害賠償の範囲

[事案]

　Ａは、ＢからＢ所有の甲建物を2000万円で購入する契約をＢと締結した場合に関する次の(1)・(2)に解答しなさい。

(1)　Ａは、甲建物の引渡しの予定日に、これまで居住していた建物から甲建物に引越しする予定であったが、Ｂがその日までに甲建物を引き渡さなかったため、甲建物が引き渡された１カ月後までの間、家族４名でホテル２部屋（１部屋１泊２万5000円）に宿泊せざるをえなくなった。

　　Ａは、Ｂに対し、その間の宿泊費（合計150万円）相当額について損害賠償請求をすることができるか。なお、仮にＢの引渡しが遅れた原因が、甲建物の賃借人が当該期日までに約束どおり退去しなかったことにあった場合はどうか。

(2)　Ａは、Ａ・Ｂ間の前記契約の翌日にＢが甲建物をＣに売却し移転登記も終えたために、同建物を取得することができなくなった。Ａは、同建物をＤに2200万円で転売する予定であったが、その転売利益について、Ｂに対して損害賠償請求をすることができるか。

Ⅰ　総　説

1　債務不履行による損害賠償

　債務不履行（履行遅滞・履行不能・不完全履行）によって生じた損害は、

賠償されなければならない。履行遅滞・履行不能による損害賠償をそれぞれ遅延賠償、填補賠償と呼んでいる。不完全履行では、場合によって填補賠償や遅延賠償も請求できる。もっとも、債務不履行があっても、債権者に損害が生じなければ、損害賠償も請求できない。なお、債務不履行は、必ずしも上の３つのものには限定されない。例えば、隣人との間で隣地に高さ10メートルを超える建物は建築しない旨（不作為債務）の契約を締結していたところ、隣人が契約に違反して10メートルを超える建物を建築した場合には、債務不履行になる（損害賠償請求が可能なほか、10メートルを超える建物部分の撤去を請求できる場合もある）。

　ここで損害とは、学説上、もし、加害原因（例えば債務不履行）がなかったと仮定したときのあるべき利益状態と、加害（債務不履行）がなされた現在の利益状態との差であるとされ（差額説）、損害賠償義務を生ぜしめる事実（債務不履行・不法行為）と因果関係に立つ損害が賠償されるべきものとされる。これが一般的見解である。なお、損害は原則として金銭によって賠償される（金銭賠償の原則〔417条〕）。

　債権者が賠償を請求できる損害を分類すると、次のとおりである。

2　財産的損害と非財産的損害

　財産的損害は、文字どおり財産に対して加えられた損害である。非財産的損害は、身体・自由・名誉・信用など無形のものに加えられた損害である（710条）。従来は、「財産的損害」と「精神的損害」の２分法によっていたが、この分類は不正確である。すなわち、この分類による学説からすると、精神的損害イコール非財産的損害（無形損害）と解されるから、例えば、法人の名誉が侵害され、無形損害が生じたとしても、法人には精神的苦痛がないから、賠償請求ができなくなってしまう。これは妥当ではなく、正確には、「財産的損害」と「非財産的損害」というべきであろう。710条は、広く「非財産的損害」を定めたものとし、精神的苦痛による損害は、「非財産的損害」の中に一損害として含まれると解すべきである。なお、710条の規定は債務不履行の場合にも適用される。

3 積極的損害と消極的損害

既存の財産の減少を積極的損害といい、既存の財産の増加を妨げられたこと、すなわち「得べかりし利益の喪失」のことを消極的損害という。「逸失利益」とも呼んでいる。

例えば、AがBにピアノの運送を頼んだところ、Bの過失によってピアノが壊れて役に立たない。ピアノの価格を50万円とすると、AはBにどれだけ損害賠償を請求できるか。Aは50万円の値打ちのものを失ったのだから（既存の財産の減少）、Aは50万円の損害賠償を請求できる。これが積極的損害である。この事例で、AがこのピアノをCに60万円で売る契約を結んでいたとすると、Aは10万円儲け損なったことになる。この10万円の損害が「得べかりし利益の喪失」であり、消極的損害である。

4 履行利益と信頼利益

債権者が契約について有する利益で、債務不履行による損害賠償の対象となる利益についての区別である。講学上、履行利益とは、契約が有効であり、それが完全に履行されていたとしたら債権者が受けたであろう利益をいう。例えば、債権者が他に転売して得たであろう転売利益がこれである。信頼利益とは、無効な契約を有効であると信じたために生じた、信頼した者の利益である。例えば、土地の売買契約を有効と信じ土地を検分に行った土地の調査費用、請負契約を有効と信じて建築材料を買った費用などをいう。

II 損害賠償の範囲

1 相当因果関係

(1) 相当因果関係説

416条は、債務不履行から生ずる損害のうち、どの範囲まで義務者に賠償させるのが妥当であるかという問題に関する規定である。すなわち、ある事実（債務不履行・不法行為）によって他の事実（損害）が発生したと

いう事実的因果関係を前提として、その発生した損害のうち義務者にどの範囲まで賠償させるべきかという問題である。

　例えば「Ｂは郷里の年老いた両親を引き取って暮らそうと思い、Ａから建物を買う約束（売買契約）をしたところ、Ａはその建物をＣに売ってしまった。子供と暮らせるのを楽しみにしていたＢの母親はそのショックでノイローゼになってしまった。Ｂの妻Ｄが看病に行ったが、Ｄもその疲れで倒れてしまい入院する破目になった。そこで娘が会社を休んで看病にあたった……」というように、債務不履行という事実を基点に自然的因果関係を追っていけば、損害は際限なく生ずる。売主Ａはどの範囲の賠償をしなければならないか。先の事例で、娘が親を看護した費用に至るまで全損害を賠償すべきだというのは酷である。債務者Ａも、損害がここまで拡がるとは予想だにしなかったからである。

　そこで、通説・判例は、賠償の範囲を定める基準について、当該債務不履行によって通常生ずると考えられる損害についてのみ賠償させるという相当因果関係説をとっている。先の416条の規定も、この相当因果関係を定めたものと解している。相当因果関係説は、ドイツの因果関係論の影響を受けているといわれている。

(2)　完全賠償主義と相当因果関係

　ちなみに、ドイツ民法では、債権者に生じた損害はすべて賠償すべきであるという「完全賠償主義」がとられ、特に損害賠償の範囲を定める規定を置いていない。したがって、損害賠償を生ぜしめる事実（債務不履行）と因果関係に立つ損害はすべて賠償されることになる。しかし、この理を貫くと、現実に因果関係は無限の連鎖をもっているので、それから生ずるすべての損害を債務者に賠償させることになるが、それでは債務者にとって酷であり、公平を失することにもなる。このようにして、因果関係それ自体を制限する理論として、相当因果関係説が採用されたという。賠償されるべき損害の範囲は、債務不履行と相当因果関係に立つ全損害ということになる。相当因果関係の概念は、完全賠償主義の下においてその機能を果たすものである。

　これに対して、フランス民法では、予見主義がとられ、過失によって損害を生じさせた場合、その賠償の範囲は、債務者が予見可能であった損害に限られるとする。故意によって損害を生じさせた場合には、予見

されなかった損害にも及ぶことになる。

(3) 416条の解釈

わが民法は、先にも述べたように、「通常生ずべき損害」(416条1項)と「特別の事情によって生じた損害」(同条2項)とを区別する。すなわち、債権者は、債務不履行によって生じた通常生ずべき損害の賠償を請求できるし、他方、特別の事情によって生じた損害については、当事者が予見すべきであったときには、その損害を相当因果関係の範囲内の損害として、損害賠償を請求できるとする。通説・判例は、416条1項は、相当因果関係の原則を、同条2項は、その基礎とすべき特別の事情の範囲を示すものと解している。なお、同条2項の規定は、2017年改正前は、「予見し、又は予見することができた」としていたが、これは、規範的な評価により判断され、賠償の範囲はあくまでも客観的に評価される事情によって生じた損害に限定されるものと解されていた。そこで、同条2項の改正規定は、この点を明確にするために「予見すべきであった」と改めた。

そして、今日の通説は、416条は制限賠償の原則をとったものであることを前提に、①事実的因果関係に立つ損害のうち、どこまで賠償させるのが妥当かという問題と、②賠償請求が認められると判断された損害をどのように金銭で評価すべきかという問題とを区別するべきであるとし、さらに、有力な学説は、416条は、事実的因果関係に立つ損害のうち、どこまで賠償させるのが妥当であるかという(裁判官の政策的価値判断による)債務不履行における保護範囲を定めたものであるという。そして、損害の金銭的評価は金銭賠償主義(417条)に基づく1つの法技術であるという。例えば、[事案](1)ではホテルの1カ月分の宿泊費は通常生ずべき損害として認めた上で、その具体的な損害額については相当な額に縮減されることになる。

(4) 通常損害と特別損害の区別

ところで、相当因果関係に立つ損害とは、前述したように、当該債務不履行によって現実に発生した損害のうち、特殊な事情によって生じた損害を除き、一般的に生ずるであろうと認められる損害をいう。しかし、実際に何が通常損害か、何が特別損害か必ずしも明確ではなく、これを一般的にいうことはできない。ちなみに、判例の上でも、転売して得た

利益が通常損害とされたり特別損害とされたりして統一されていない。何が通常生ずべき損害であり、何が特別の事情によって生じた損害かは、結局、契約類型ごとに当事者の職業（例えば、商人であるか否か）、目的物の種類（例えば、有価証券のように利益獲得を目的とする物かどうか）、契約の内容（例えば、転売するためか否か）、取引の態様等に応じ、具体的に決めるべきことになろう。

2　通常生ずべき損害

通常生ずべき損害については、まず次の事例を通して説明しよう。「BはAとA所有の宅地50坪を3000万円で買う売買契約を結んだ。ところが、Cがこの土地を3500万円で買いたいと申し込んできたので、AはCに二重に譲渡し移転登記を終えた」。この場合、BがDとこの土地を3500万円で転売する契約を結んでいるとすると、BはAに対して儲け損ねた500万円、つまり契約時の価格と転売価格との差額を被った損害（通常生ずべき損害）として賠償請求するであろう（もっとも、履行不能時の市場価格が転売価格より高ければ、契約時の価格と市場価格との差額を請求してくるであろうが、この場合、売主が転売の事実を証明すれば、買主の損害額はその差額に限定されることになる）。

上の事例で、Bがマイホームを建てるために買ったとした場合、履行不能時に土地が4000万円に値上りしたとすると、Bはこの土地に見合う土地を購入するためには4000万円を要するから、BはAに対し契約時の価格と市場価格との差額1000万円を損害として請求するであろう。これに対し、Aは、Cに二重譲渡してBに売った価格より500万円高くとったから、この分（500万円）の賠償には応ずるけれども、1000万円の賠償には応じられないと主張するであろう（Aが1000万円の賠償をすれば、土地を2500万円で売ったことになる）。Bの主張も、Aの主張も、いずれももっともである。これらの事例にみられるように、何が通常生ずべき損害かは、困難な問題である。

次いで、判例を概観してみよう。

(1)　買主が目的物を他に転売する契約をしていた場合

①買主が転売価格以上の解除時の騰貴価格を損害賠償として請求した事案について、判例は、解除時の時価と契約時の売買価格との差額を

「通常生ずべき損害」として認めた（大判昭16・2・5新聞4681号15頁）。この差額を通常の損害とする理論を踏襲した最高裁判例がある（最判昭28・12・18民集7巻12号1446頁）。②騰貴価格による損害賠償を認めず、履行不能時の価格と売買価格との差額を通常の損害とするもの（大判大13・5・27民集3巻232頁）、③転売価格と売買価格の差額を通常の損害とするもの（大判大10・3・30民録27輯603頁）などがあって、軌を一にしない。

(2) 売主の債務不履行に基づいて買主が契約を解除し、損害賠償を請求した場合

①売主が遅滞に陥ったため契約を解除し、損害賠償を請求した事例では、解除時の目的物の時価とその物の売買価格との差額を通常の損害に当たるとしたもの（最判昭28・10・15民集7巻10号1093頁、前掲最判昭28・12・18）、②履行期における市価と売買価格との差額を通常の損害としたものもある（最判昭36・4・28民集15巻4号1105頁）。

何が通常生ずべき損害かは、前述したように、契約類型ごとに、当事者の職業、目的物の種類、契約の内容等を考慮して決めなければならないが、一般論としては、転売契約等特別の事情のない限り、契約解除の目的物の市場価格と契約時の売買価格との差額を、通常の損害として算定すべき基準とすべきであろう。契約解除後、買主がその物に見合うべき物を調達するためには、その市場価格によらざるをえないからである。

(3) ［事案］(2)について

［事案］(2)については、Aが不動産取引を業とする事業者であるときには、転売利益は通常損害として賠償され、Aがこのような事業者でないときには、次に述べる特別損害として賠償されよう。ただし、転売利益200万円については相当額に縮減される可能性はある。

3 特別の事情による損害

(1) 特別損害の意義

特別の事情による損害（特別損害）とは、前述の「通常生ずべき損害」を除く、特別の事情によって生じた損害である。例えば、最新の高度の性能を有する印刷機が給付されていれば、債権者は、債権者の特殊な技能により莫大な利益をあげることができたであろうに、履行不能に基づく解除により、それを得ることができなかった場合の損害である。特別

損害については、当事者（通説では、債務者と解されている）が特別の事情を予見すべきであった損害の賠償を請求することができるとされる（416条2項）。

これに関する適例として、マッチ暴騰事件がある（大判大7・8・27民録24輯1658頁）。すなわち、買主Aと売主Bとの間にマッチの大量の売買契約が成立したが、その履行前に第一次世界大戦が勃発し、マッチも高騰するに至った。Bはマッチの一部を引き渡したが、残部を引き渡さなかったので、Aは履行を催告した後、契約を解除し、損害賠償を請求した事案である。裁判所は、Bは履行期前に、大戦のためマッチの価格が騰貴することを熟知していたとし、Aの損害賠償請求を認めた。

このように、債務者は、特別の事情を「予見すべきであった」ときに限り賠償責任を負うことになる。416条2項でいう当事者とは、通説にあっては債務者のことであるが、債権者・債務者双方であるという学説も有力である。債権者も、予見不可能な損害については賠償請求を諦めるべきである、という考えに基づくものであろう。

特別の事情を債務者が予見すべきであったということは、債権者が挙証しなければならない（前掲大判大13・5・27）。

(2) 予見すべき時期

債務者が予見すべきであった時期については、通説・判例（前掲大判大7・8・27）は債務者にとって履行期すなわち債務不履行の時と解している。契約締結の時には予見すべきではなかったものでも、履行期までに予見すべきものとなったときには、債務者に賠償させても酷ではないという考えによるものであろう。これに対し、契約締結の時であるという説も有力である。この説は、債務者は、万一、債務不履行によって負担するかもしれない損害を考慮して契約を締結しているのだから、この危険を引き受けた契約締結時を標準とすべきであるというのである。

4　中間最高価格

債務不履行後に、目的物の市場価格が暴騰して、さらに下落した場合、債権者は、履行期後、損害賠償を請求するまでの間の中間最高価格を標準として、その損害額を請求できるかの問題である。

初期の判例は、売主の遅滞後不能となった事例であるが、債権者は、

価格騰貴の好時機を利用して目的物を売却し、利益を得ることができたはずであるとして、無条件に中間最高価格の賠償を認めた（大判明39・10・29民録12輯1358頁）。しかも、これを「通常生ずべき損害」に当たるとした。

　学説は、中間最高価格の賠償を認めるのは、債権者が常にその最高価格の時に売却できたであろうことを仮定するものであり、これは債権者を全智全能の商人のように考えるもので、妥当でないと批判した。その後、買主が転売契約をしていた場合、売買価格と転売価格との差額を通常の損害とし、解除後の騰貴価格を標準とすべきではないとした判例（前掲大判大10・3・30）などはあるが、この問題について、判例が一定の見解を示したのは、大正15（1926）年のいわゆる「富喜丸事件」においてである（大連判大15・5・22民集5巻386頁）。これは加害者側船長の過失で沈没させられた富喜丸の所有者が、不法行為に基づく損害賠償を求めたものであるが、損害賠償として、①富喜丸の最も騰貴した船価、②すでに締結されていた傭船契約による得べかりし傭船料、③将来にわたる得べかりし傭船料を請求した。

　前掲大連判大15・5・22は、416条が不法行為にも類推適用されるべきことを明らかにした上で、①原則として不法行為時（船の沈没時）の時価を基準として賠償額が算定されるべきこと（その後の騰貴したことによる損害を請求するには、騰貴した価格で目的物を処分し、またその他の方法でこの価格に相当する利益を、確実に取得したであろう特別の事情があり、債権者がその事情を不法行為当時予見されまたは予見可能であったことの主張・立証を要する）、②沈没時以後の傭船料は、滅失時の船価に含まれているから請求できないとした。この判決によって、損害賠償の範囲、損害賠償額算定の基準時に関する理論は確立されたといわれている。

　この判例理論は、戦後の最高裁によって若干修正されるに至る（最判昭37・11・16民集16巻11号2280頁）。すなわち、債務者が土地の買戻し代金を提供したにもかかわらず、債権者が受領しないで第三者に土地を売却して登記した事案であるが、その判決理由を整理してみると、次のとおりである。

　損害賠償額は、①原則として履行不能時の時価による。②目的物の価格が騰貴しつつあるという特別の事情があり、かつ債務者が履行不能時

にそれが予見可能であったときは騰貴時の価格。③ただし、債権者が騰貴前に目的物を他に処分したであろうと予想されるときには②は適用されない。④目的物の価格がいったん騰貴し、後に下落したときに、債権者が騰貴価格による賠償を請求するためには、②のほかに転売等によって騰貴価格で確実に利益を得られたであろうことが予想されたことが必要である。⑤目的物の価格が現在も騰貴を続けている場合には、④は不要で②だけでよい。前掲最判昭37・11・16は、賠償額算定の基準を示すものとして評価できるであろう。

5　損害額算定の時期

　債務不履行後に、その目的物の価格が変動しているとき、債権者はどの時点の価格を基準にして賠償額を請求しうるかである。金銭賠償を原則とするわが国において、この問題は重要である。

　基準時として考えられるものに、古くは履行期時説（履行期前に不能となった場合）、債権者任意選択時説（中間最高価格の賠償を認める場合）などがあったが、前掲大連判大15・5・22によって、原則として履行不能時が基準にされて以来、通説・判例もほぼこれに従っているといえる。この基準時の問題は、発生した損害をどの範囲で賠償させるのが妥当であるかという法政策的な面が強いので、一時点に固定して考える必要もない。

　今日、履行不能時説を基軸にして、次のように展開されている。①履行遅滞により解除された場合は解除の時（前掲最判昭28・10・15）、②履行不能により解除がされた場合も解除の時（最判昭37・7・20民集16巻8号1583頁）、③遅滞後に履行がされた場合には履行の時（最判昭36・12・8民集15巻11号2706頁）、④強制執行の不能に代えて損害賠償を請求した場合には、事実審の口頭弁論終結時（最判昭30・1・21民集9巻1号22頁）、⑤目的物の価格が騰貴している場合には、通常、口頭弁論終結時が基準となる（前掲最判昭37・11・16）。債務不履行後に目的物の価格がいったん騰貴し、さらに下落した場合の、いわゆる中間最高価格の賠償問題についてはすでに述べた。

6 416条と不法行為

416条は不法行為にも適用されるかどうかについては、従来から問題とされてきた。判例は、当初、416条の適用を債務不履行の場合だけに限っていたが（大判大 4・2・8 民録21輯81頁）、その後、416条を相当因果関係に立つ損害賠償を命ずる規定と解する学説の影響によって、判例も、不法行為に適用されるべきことを明言するに至った。

すなわち、先の富喜丸事件の判決において、「民法第416条の規定は共同生活の関係に於て人の行為と其の結果との間に存する相当因果関係の範囲を明にしたるものに過ぎ」ないから、「債務不履行の場合にのみ限定せらるべきものに非ざるを以て不法行為に基く損害賠償の範囲を定むるに付ても同条の規定を類推」すべきものとした。

Ⅲ 請求権競合

請求権競合が問題となるのは、特に、債務不履行に基づく損害賠償請求権と不法行為に基づく損害賠償請求権との競合である。例えば、運送人Ｂの過失によって運送品が毀滅した場合、荷送人Ａは B に対して、①運送契約上の債務不履行による損害賠償請求権と、②不法行為による損害賠償請求権との2個の請求権をもつことになる。同じく、家屋の賃借人が賃借家屋を過失で焼失させた場合にも、債務不履行と不法行為とが成立し、不法行為については「失火ノ責任ニ関スル法律」の適用により免責されても、債務不履行による損害賠償責任は免れることはできない（最判昭30・3・25民集9巻3号385頁）。

判例・通説は、古くからこの問題につき、2個の請求権が競合し、これに対応して訴訟上も2個の訴訟物が存在し、債権者は、いずれかの請求権を選択的に行使できるという。その1つの請求権の行使で完全な賠償を得るときは、他の請求権は消滅する。これを請求権競合説という。この説によると、併存する2個の請求権の間で自由な選択を認める方が、債権者に有利であるという。しかし、前例の運送契約において、運送人Ｂの過失によって運送品が滅失した場合、その運送品が高価品だと、商法577条1項の運送契約の特則では、荷送人が運送を委託するにあたり

その種類や価額を通知しないときには、運送人は損害賠償責任を負わないと規定している。請求権競合説をとると、もし荷送人がそれを通知していないときは、不法行為による損害賠償請求権を選択して行使することであろう。

　これに対して、請求権の競合はなく、415条と709条の法文が競合するだけであると説く、法条競合説がある。この説によると、709条は一般法（不法行為法は一般的な市民相互間の加害行為を規律する一般法としての性質をもつ）であり、415条は特別法（契約によって結合された人間相互間の加害行為をあますところなく規律する特別法としての性質をもつ）であり、特別法は一般法に優先するから、415条の賠償請求権のみを認めることになる。さらに、この説は、両請求権を具体的に検討して、例えば、過失の立証責任は、不法行為では被害者、債務不履行では債務者が負うから、後者の方が被害者にとって有利であること、などを指摘している。

　また、訴訟法学の立場からは、損害賠償債権としては2つ考えられても、賠償請求という限りでは、請求も紛争も1個であるという、新訴訟物論が唱えられている。これを基軸に民法学者においても、請求権二重構造説、請求権規範競合説など、新たな理論が提起されている。

第**10**章 損害賠償の特則

［事案］

(1)　A・B間でB所有の甲建物について売買契約を締結したが、その際、甲建物を現に使用貸借し居住しているCについては、Bが立ち退かせた上で甲建物を引き渡す旨を約していた。しかし、BはAに約束していた同建物の引渡日までにそれをしなかったため、Aは、その約定の引渡日の1カ月後に、Cに多額の立退料を支払って立ち退いてもらった。この場合に、Aは、Bに対して、1カ月分の甲建物の引渡しの遅れから生ずる損害の賠償とCに支払った立退料全額の支払を請求することができるか。

(2)　AがBに対し、元本10万円を期間1年、利息年40％の約定で貸し付けた場合に、Bがその元利金の返済が6カ月遅れたとき、Bは、Aに元本10万円のほか、利息および遅延利息（遅延損害）のそれぞれにつきいくら返済しなければならないか。

　第9章で述べたように、損害賠償の範囲は相当因果関係に従って決定されるのが原則であるが、次のような特則によって修正される。

I　過失相殺

1　過失相殺の意義

　過失相殺とは、例えば、債務の履行期前に、債権者が他に転居したが、

債務者に通知しなかったために債務者が遅滞に陥った場合のように、債務不履行に関して債権者にも過失がある場合、裁判所が、損害賠償責任の有無および賠償額の範囲を定めるについて、賠償権利者（債権者）の過失を考慮することをいう（418条）。つまり、損害賠償の責任原因たる事実（債務不履行）またはそれに基づく損害の発生に関して債権者に過失がある場合、債権者の過失と債務者の過失とを差し引き、相殺して損害賠償責任の有無および賠償額の範囲を定めることをいう。この制度は、損害賠償制度を指導する公平の原則および債権関係を支配する信義則の具体的な一顕現であるといわれている。なお、2017年改正前の418条の規定は、「債務の不履行に関して債権者に過失があったときは、……」としていたが、改正法は、このことをより具体的に明確にする趣旨から、「債務の不履行又はこれによる損害の発生若しくは拡大に関して債権者に過失があったときは、……」とした。

　さて、過失相殺は、不法行為に基づく損害賠償においても認められている（722条2項）。不法行為にあっても、被害者にも過失があるときに、損害を加害者だけに負担させるのは公平に反するから、その賠償額を考慮しようとする制度であって、同じく公平の原則に基づくものである。両者は、本質を同じくするものであるから、その要件や効果について区別する必要はない（この点に関しては、後記3参照）。

2　過失相殺の要件

(1)　債権者に過失があること

　過失相殺が認められるためには、債務不履行に関し債権者に過失があることが必要である。債務不履行自体について債権者に過失がある場合はもとより、損害の発生・拡大についての過失も含まれる（前述のように改正規定はこの点を明確にした）。例えば、前例の「債権者が他に転居したが、債務者に通知せず、債務者も調べず、そのために履行遅滞に陥った」場合は、前者に当たる。[事案] (1)において「建物の売主Bが、使用借人Cを立ち退かせた上で建物を引き渡すべきなのに、それをしなかったので、買主AがCに立退料を払って立ち退いてもらった」場合、その立退料が過分（法外）なときは、債権者に損害の拡大につき過失があるとして後者に該当する。2017年改正前においても、418条の規定は、

債務不履行（不法行為）自体につき債権者に過失がある場合だけでなく、広く損害の発生・拡大について過失がある場合も含まれると解されていた（大判大12・10・20民集2巻596頁）。

　債権者側の受領補助者に過失があった場合にも、受領補助者の過失は債権者の過失として同視されるから、過失相殺の対象となる。

(2)　「過失」の意義

　ここでいう債権者の「過失」とは、自己の不注意の結果を他人に転嫁することが許されないという意味であって、他人に対する義務違反を前提とする通常の「過失」（責めに帰すべき事由）とは異なると解されている。これに対して、これも通常の過失と同じく債権関係を支配する信義則上の義務違反であるという説も有力に説かれている。

3　過失相殺の効果

　裁判所は、債権者に過失があると認められたときは、その自由裁量で債務者の賠償額を軽減できるだけでなく、その賠償責任をも考慮することができる。もっとも、不法行為にあっては、賠償額の範囲についてだけ考慮されるにすぎない。418条で「賠償の責任……を定める」というのは責任の有無の意味であり、不法行為にあっては、加害者に常に故意・過失があるのだから、そこに被害者の過失が加わっても、加害者の責任をゼロとすることはできないからである。これに反し、債務不履行では、債務者が無過失で、債権者だけに過失がある場合には、債務者の責任をゼロとしてもよい。債務不履行に関し債権者に過失ありと認定した以上、裁判所は、必ずこれを考慮しなければ違法な判決となる。これに反し、不法行為にあっては、被害者に故意・過失があっても考慮されないことがある。考慮しなくても違法な判決とはならない。両者がその適用を異にするのは、債務不履行は、当初から債権者・債務者間の信頼関係で結ばれている特定人間の関係から生ずるのに対し、不法行為にあっては、加害者対不特定人間の関係において生ずるからであるとされる。しかし、近時の学説は、前述したように、いずれの過失相殺もその精神を同じくすることから、その適用において区別するのは妥当でなく、両者を接近させて解釈すべき旨を説いている。正当である。

　なお、裁判所は、債務者の主張がなくても、職権で過失相殺をなすこ

とができるが、債権者に過失があった事実は、債務者が立証責任を負う（最判昭43・12・24民集22巻13号3454頁）。

Ⅱ　損害賠償額の予定

1　損害賠償額の予定の意義

　債権者が債務不履行による損害賠償を請求するには、必ず損害の発生およびその損害額を証明しなければならない。しかし、実際にその損害を証明することは困難であり、たとえこれを証明できても、その賠償額を証明することが容易でない場合がある。そこで、債務不履行があれば、損害の大小を問わず、債務者が支払うべき損害賠償額をあらかじめ定めておくことによって、この難題を排除することができる。これを損害賠償額の予定という（420条）。この制度の意義は、債権者の損害の発生および損害額の立証の煩を避け、紛争の予防に役立つところにある。

　この賠償額予定の自由は、利息の自由とともに、近世取引法の獲得した契約自由の原則の具体的一内容であるといわれている。賠償額の予定は、大変便宜な制度であるが、他面、ともすれば不当に巨額な賠償額が予定され、債務者を圧迫する手段として用いられるおそれがある。

　2017年改正前の規定は、「この場合において、裁判所は、その額を増減することができない」（旧420条1項後段）としていたので、この危険性は多分にあった。ただ、裁判実務においては、現に公序良俗違反（90条）等を理由に予定賠償額を増減する判断をしていた。そこで、改正法は、この後段の規定を削除した。

　賠償額の予定は、一定の金額を予定する場合が普通であるが、当事者が金銭以外のもの、例えば米穀などのような、他の代替物の一定量をもってその内容としたときにも適用される（421条）。

　なお、賠償額予定契約の内容は、法律の規定その他前述のように公序良俗に反してはならない。労働契約の場合、使用者は労働者の契約不履行について違約金、損害賠償額の予定をしてはならないとされる（労基16条）。利息制限法では賠償額の予定に制限を加えている（同法4条）。そのほか、消費者保護諸立法も、賠償額の予定または違約金の額を制限し

ている（消費者契約法9条、宅建38条、割賦6条など）。

　賠償額の予定は、損害が発生する以前においてこれをしなければならない。すでに損害が発生した後、または損害が発生しないことが確定した以後においては、賠償額を予定できない。損害が発生した後に賠償額を定めても、それは、ここでいう賠償額の予定ではない。賠償額の予定は、損害の発生を停止条件とする債権だからである。

2　損害賠償額の予定の効果

(1)　予定の範囲

　賠償額の予定は、損害の発生をも予定したものとみるべきか、あるいは損害の額のみを予定したものとみるべきかについては、学説が分かれる。前説によると、債権者は単に債務不履行の事実を証明することによって、予定賠償額を請求することができるし、後説によれば、債権者が損害の発生を証明できた場合にのみ予定賠償額を請求できることになる。

　通説・判例は前説をとっており、判例は、「元来損害の賠償を請求する者は常に必ず損害の発生したること及其の数額を証明せざるべからざるものなりと雖、実際上其の損害を証明すること難く、或は之を証明すること容易なりとするも、果して幾許の損害を被りたるかを証明するは頗る困難なりとす。為に債権者は往々賠償請求権を行使することを得ざるが若は十分なる賠償を得ること能はざるが如き場合を生ずべし。是民法が前示の如き法条を設けたる所以にして、畢竟同条は債務の不履行あるときは、損害の有無又は多少を問はず常に債権者をして予定の賠償額を得せしむる趣旨に外ならざるものと」すると判示している（大判大11・7・26民集1巻431頁）。

　この制度の趣旨が、損害に関する一切の立証責任を排除し、損害の有無および額についての紛争を避け、もって債権者の権利行使を容易にさせようとするところにあるとすれば、債権者が債務不履行という客観的事実を証明すれば予定賠償額を請求できると解する前説が妥当であろう。それゆえ、債務者において実際の損害額が予定賠償額より少ないことなどを挙証して責任を免れ、または減額を請求することはできない。同様に、債権者においても、実際の損害額の方が大なることを挙証して、さらに増額を請求することは許されない。もっとも、当事者の特約によっ

て賠償額を変えるのは差し支えない。

(2) 賠償額の予定と履行または解除の請求

420条2項は、賠償額の予定は、履行または解除の請求を妨げないと規定している。賠償額の予定は、履行請求権または解除請求権の放棄をもその内容とするものではないからである。

まず、賠償額の予定と履行の請求との関係についてみると、①賠償額の予定が履行遅滞における損害を予定した場合、例えば注文品の仕上りが1日遅れれば1000円の割合で賠償を約束した場合に、3日遅延したときには、債権者は債務の履行とともに、予定賠償額3000円をも請求できる。

②次いで、賠償額の予定が債務の履行に代わる填補賠償である場合、例えば、建物の引渡しができないときには代わりに500万円を支払うというような場合には、本来の給付が履行不能になれば、直ちに予定賠償額を請求することができる。もっとも、解除をした場合には、この予定額を基礎として賠償額を算定することになる。

③例えば、売買契約において、売主が履行不能になれば、買主に代価の4分の1を賠償するというように、契約関係を清算して債権者・債務者の債権債務をともに消滅させるための賠償額の予定である場合には、解除の手続をとるまでもなく、直ちに予定賠償額を請求することができる。

3 違約金

違約金とは、債務不履行の場合に、債務者が債権者に給付することを約束した金銭をいう。違約金は、違約罰として、損害賠償と関係なく、私罰ないし私的制裁の性質を有することもあるし、実際の損害賠償を意味することもあるし、損害賠償の予定であることもある。このように、当事者がいかなる内容の違約金を定めたかについて、実際上判然としないことが多いので、民法は、違約金を賠償額の予定と推定した（420条3項）。

なお、当事者が違約罰として金銭以外の物の給付を約したときは、違約金に関する規定が準用される。利息制限法も、金銭を目的とする消費貸借上の債務に付された違約金を賠償額の予定とみなしている（同法4条2項）。

Ⅲ　金銭債権に関する特則

　金銭債務の不履行にあっては、債務者は、不可抗力の抗弁をもってその責めを免れることはできない（419条3項）。このような特則が設けられたのは、金銭が万能的作用と極度の流通性を有し、金銭債権が資本主義社会を維持している柱をなしていることに基づくものである。

　そもそも、金銭債務の不履行にあっては、履行不能は認められず、債務者は常に履行遅滞の責任を負わされる。金銭が社会からなくなることは考えられないから履行不能を観念することはできず、その不払いは常に遅滞となるからである（419条の規定の当然の前提）。また、債権者は損害の証明をしなくてもよい（419条2項）。金銭の支払が遅滞すると、債権者は、支払われた金銭による運用の可能性が失われたり、また、債務者から支払われた金銭によって債権者の第三者からの借入れ等の債務を弁済することを予定していた場合にそれができずに遅延利息等の負担を余儀なくされるなど、常に損害が発生すると考えるのである。

　大災害・金融恐慌など緊急時に、債務者のために法令によって一定期間の支払猶予を認められることがある。いわゆる「モラトリアム」（Moratorium）（金銭支払猶予令）である。わが国では、大正12（1923）年の関東大震災と昭和2（1927）年の金融恐慌の際に勅令によってかかる措置がとられた。債務者は、その期間中に支払をしなくても、履行遅滞の責任を負わない。支払猶予の利益を受ける債務は、支払猶予期間内に弁済期の到来する債務であって、支払猶予以前にすでに遅滞にあった債務は、その利益を受けない。

Ⅳ　遅延利息

　債務者が弁済期に借金を返済しなかったために支払うべき損害賠償のことを遅延利息という。金銭貸借上の債務不履行による一種の損害金である。その実質は売買代金を所定の弁済期までに支払えなかった場合と同様の遅延損害金・賠償金であるが、金銭消費貸借については利息と同じように一定の利率と期間によって算定されることから、このように呼ぶ。

金銭債務の遅滞による損害賠償額は、実際に生じた損害額とは関係なく、法定利率によって計算されるのが原則であるが（419条1項本文）、法定利率を超える約定利率によって定められている場合にはそれによる（同項ただし書）。法定利率については、2017年改正前は、民事年5％（旧404条）、商事年6％（商旧514条）であったが、改正法は、本書第4章Ⅱで述べたように、民事法定利率は年3％とした上で（404条2項）、ただ、3年を1期として1期ごとに変動するものとし（同条3項・4項）、また、商事法定利率は廃止した。この改正に伴い、前記419条1項本文の規定は、「債務者が遅滞の責任を負った最初の時点における法定利率によって定める」とした。法定利率が変動しうるからである。

　これを分説すると、次のとおりである。

　①　例えば、AがBに対し、元本10万円を期間1年、無利息（ないしは年2％）の約定で貸し付けた場合、Bが遅滞したときの遅延利息は、法定利率年3％の割合で計算されることになる。利息は、無利息ないし低利率であっても、利息とは異なる遅滞（債務不履行）による損害賠償たる性質を有する遅延利息については、一律に法定利率によるとしたのである。

　②　例えば、AがBに対し、元本10万円を期間1年、利息年1割の約定で貸し付けた場合、Bが遅滞したときの遅延利息は、約定利率年1割の割合によって計算されることになる。

　③　その結果、利息の約定利率が利息制限法の制限利率を超えるときは、約定利率は同法の制限利率に引き直されて計算されるから、遅延利息もこれと同率に引き直されることになる。例えば、［事案］(2)のように、前例でAがBに対し約定利率年40％で貸し付けたとすると、元本10万円に対する利息制限法の制限利率は年18％であるから、遅延利息もこれと同率に引き直される。

　ところで、利息制限法は、債務不履行による賠償額の予定の最高限度は、その賠償額の元本に対する割合が、同法1条の規定する制限利率の1.46倍である（利息4条1項）。その結果、元本10万円未満年29.2％、10万円以上100万円未満年26.28％、100万円以上年21.9％の割合によることになる。賠償額の予定（および違約金）がこの制限を超えるときは無効である（同法4条1項・2項）。

そこで、問題となるのは、前例③の場合に、遅延利息についての利率の約定はないときに、遅延賠償金が約定利率によるべき場合において、約定利率が利息制限法１条１項の制限利率を超えているときは、遅延利息の割合はどうなるか。例えば10万円を年利40％で貸し付けた場合、遅延利息として請求できるのは、年18％か、それとも26.28％かである。

　この問題について、最高裁判例は、「利息制限法所定の制限を超える利息の定めのある金銭消費貸借において遅延損害金について特約のない場合には、遅延損害金は同法１条１項所定の利率にまで減縮される利息と同率に減縮されると解するのが相当である」（最大判昭43・７・17民集22巻７号1505頁）と判示して（反対意見あり）、年18％説をとることを明らかにした（９対５の評決）。つまり、遅延利息について特約がある場合には、利息制限法４条１項が適用され、特約がない場合には、同法１条１項が適用されるというのである。

　これに反対する「反対意見」も説得力がある。すなわち、「反対意見」は、遅延利息（遅延損害金）の特約はなく「利息について年40パーセント」という約定は、元金の完済までずっとその利息を支払うという意味に解するのが自然で、しかも一般人は利息と遅延損害金とを厳格に区別しないのが通常であるから、「利息について年40パーセント」と定められているのは、特段の事由のない限り「利息及び遅延損害金年40パーセント」と定められた意味に解すべきである。そうだとすると、「利息年40パーセント」とする旨の定めがある場合には、利息は、利息制限法１条により年18％の限度においてのみ効力を有し、遅延損害金は、同法４条１項により年36％（旧規定。現行規定では26.28％）の限度においてその効力を有するものと解するのが合理的だというのである。

Ⅴ　損益相殺

　債務不履行によって、債権者が損害を被ると同時に、利益を得たり、出費を免れた場合には、その利益を得た分は、損害賠償額から控除される。民法に規定はないが、賠償者の代位と同じく、損害の公平な分担の原則に基づくものである。どのような利益が控除されるのか、学説は、債務不履行と相当因果関係に立つ利益であると解しているが、必ずしも

その基準は明らかでない。利得の種類に応じて、類型的に判断せざるをえないであろう。

　損益相殺には、例えば、次のような事例がある。運送人の過失で旅客が死亡した場合、運送人の賠償すべき額から、被害者が死亡によって出費を免れた生活費は控除される（大判大2・10・20民録19輯910頁）。なお、生命保険契約に基づく保険金は、保険料の対価の性質を有し、不法行為の原因と関係なく支払われるものであるから、不法行為により被保険者が死亡したためにその相続人に保険金が支払われても、損益相殺として、これを損害賠償額から控除できない（最判昭39・9・25民集18巻7号1528頁）。

第11章 債権者代位権
──責任財産の保全①

[事案]

　Aは、Bに対し100万円を貸していたが、その返済期日までに返済はなく、返済の目途は立っていない。BがC銀行に200万円の預金がある場合に、AはCに対して何らかの請求をすることはできるか。

Ⅰ　責任財産保全の制度

　AがBに対し100万円の貸金債権をもち、借主であるBが弁済期にこれを任意に弁済し、債権者Aが受領すれば、貸金債権は消滅する。しかし、債務者が借金を任意に返済しないときは、債権者は、国家の助力を得て債務者の財産（責任財産）に対して強制執行をなし、これによって債権の回収を図ることになる。債務者の財産が常に強制執行の目的となっている結果、債権者にとっては、債務者の責任財産は常に重大な関心事となる。

　他方、債務者は、自己の財産は常に強制執行の対象になっているとはいえ、自己のものであるから、その財産を自由に管理できるし（管理の自由）、他に処分することも自由である（処分の自由）。しかし、財産管理・処分の自由があるからといって、債務者が自己の有する貸金債権を取り立てなかったり、契約解除権や取消権を行使して財産の取戻しができるのにこれを怠ったり、未登記抵当権をそのまま放置しているのを許すようでは、債権者にとって、債務者の責任財産の維持はおぼつかない。

さらに、債務超過に陥った債務者が他に財産を処分すると、債権者は、その責任財産から債権の回収を図ることができなくなってしまう。

　そこで、債権者が自己の債権（[事案]のAのBに対する貸金債権）を保全するためには、債権者が債務者の財産管理に干渉して（BのCに対する預金債権の払戻し等）、債権の引当てとなるべき財産を維持することが許されなければならないし、また、債務者が財産を他に処分した場合には、債権者はその売買契約を取り消して、取得した者から財産を取り戻し、債務者の下に返還させなければならない。前者の制度を債権者代位権（423条）といい、後者の制度を詐害行為取消権（424条）というが、いずれも債務者の責任財産を保全する制度である。債権者代位権も詐害行為取消権も、債務者に属する権利の干渉であるから、その行使の要件は、かなり厳重に定められている。

Ⅱ　債権者代位権の意義と性質

1　債権者代位権の意義

　債権者代位権は、債権者が自己の債権を保全するために、自己の名において債務者に属する権利を行使できる権利である。例えば、無資力（債務超過）の債務者が、自己がもっている貸金債権の取立てをしない場合、債権者はこの債務者に代わって第三者より借金を取り立てこれを債務者の財産に加え、自己の弁済に充てることができる。債権者代位権は、フランス民法の認めるところであって、わが民法は、これにならったものである。フランス民法でこの制度が設けられたのは、ドイツにおいては強制執行の方法が完備しているのに対し、フランスでは極めて不完全であり、この不備を補うためであるといわれている。わが国では、強制執行の方法に関する規定が整備されていることを考えると、この制度はあまり実益を有しないようである。例えば、債務者の有する債権が一定の要件を備えた金銭債権ならば、債権者は差押命令（民執145条1項・155条1項）、転付命令（民執159条・160条）等を得て、自己の債権の満足を図ることができる。しかし、近時、金銭債権の取立てについては、差押命令や債権者代位権によらず、転付命令によってなされている。転付命令

とは、差し押さえられた債権が金銭債権でかつ券面額をもつ場合に、当該債権の支払に代えて差押債権者に移転する命令である。金銭債権に限る。事実上、優先弁済を受けられるので、利用度は高い。また、金銭の一定の額の支払またはその他の代替物もしくは有価証券の一定の数量の給付を目的とする債権については、公証人が作成した公正証書が債務名義（→第5章I）として認められているから（民執22条5号）、債権者代位権によらなくても強制執行できる。

　債権者代位権がその効力を発揮するのは、債務者に属する権利が取消権・解除権、さらに登記申請権のような執行の目的としにくい権利を代位行使する場合である。このような場合には、代位権行使につき債務者の無資力要件は不要である。

　いずれにせよ、債権者代位権は、詐害行為取消権とともに、総債権者の共同担保の維持を図り、債権保全の役割を果たしている。

2　債権者代位権の性質

　前述したように、債権者代位権は、債権者がその債権を保全するために、自己の名で債務者の権利を行使することを得る権利である。債務者の権利を差し押さえたり、取り立てた財産より優先弁済を受けることを本来は内容とする権利ではない。したがって、債権者代位権は、実体法上の権利であって、訴訟上の権利ではない。この権利を「代位訴権」と称するのは適切な表現とはいえない。

　なお、債権者代位権は、債権者自身の名において行使する権利であるから、代理権ではなく、債権者は債務者の代理人になるのではない。

Ⅲ　債権者代位権の要件

1　債権保全の必要と代位権の転用

(1)　無資力要件

　債権者代位権の要件の第1は、債権を保全する必要性のあることである。代位権は、債務者という他人の権利や財産に干渉するのであるから、その行使の要件は、なるべく厳重に定めておくのが妥当である。423条

が「債権を保全するため必要があるとき」といい、これを要件に掲げているのはそのためである。債権者が代位権を行使するためには、債務者の資力が不十分で、もしこれを行使しなければ、債権の満足を受けられなくなるおそれがある場合に限られる。債務者の資力が十分で、債権の満足を害するおそれがない場合には、みだりに代位権の行使を許すべきではない。代位権を行使するためには、債務者の無資力が要件とされる。

　古く判例も、金銭債権者が債務者のなした所有不動産の譲渡の無効確認を求めた事案について、「債権者は債務者が債権者に弁済する資力十分ならざる場合にあらざれば代位訴権を行ふこと能（あた）はざるや論を俟（ま）たず」といって債務者の無資力を要件としている（大判明39・11・21民録12輯1537頁）。

(2) 債権者代位権の転用

　しかし、その後の判例は、債権者代位権制度の趣旨を拡張し、特定債権保全のために、資力の有無を問わず、債権者代位権の行使を認めるに至った。債権者代位権の転用と呼ばれている。

　その1つは、登記請求権の代位行使に関する事例である。すなわち、土地がA→B→Cへと譲渡され、登記がなおAにある場合、本来ならAからB、BからCと移転登記することになるが、Cは自己のBに対する登記請求権を保全するために、BのAに対する移転登記請求権の代位行使を認めた。債務者の資力の有無にかかわりなく、債務者の権利を行使することが債権の保全に適切かつ必要な限りは、債権者代位権の適用は妨げられないというのである（大判明43・7・6民録16輯537頁）。この場合、たとえBに資力があっても、Cの登記請求権の代位行使を認めないと、万一Aが他に不動産を二重譲渡すると、結局Cは不動産の所有権を失ってしまうからである。最高裁もこれを踏襲し（最判昭39・4・17民集18巻4号529頁）、さらに、2017年改正により明文化された（423条の7）。また、AからBへと未登記の建物が譲渡された場合に、BはAに代位して、一定の要件の下に保存登記をすることもできる（大判大5・2・2民録22輯74頁）。

　次いで、権利の内容に関する場合として、例えば、抵当不動産について、地目の変更や構造変更などがあったために、変更登記をなすべき場合に、抵当権者は、抵当不動産の所有者に代位して、変更に必要な登記

簿上の利害関係人の承諾を求めることができる。

　もう１つの例は、借地人が賃借地を第三者によって不法占拠され、使用収益を妨げられた場合、借地人は賃貸人に対し使用収益させろという債権を保全するために、賃貸人（土地所有者）が不法占拠者に対して有する妨害排除請求権を代位行使できるとしたものである（大判昭４・12・16民集８巻944頁、最判昭29・９・24民集８巻９号1658頁）。なお、この場合において、借地人が対抗要件を備えたときは、借地人自らで不法占拠者に対して妨害排除請求をすることができる（605条の４）。

　上に述べてきた判例理論を整理すると、①金銭債権保全のために、債権者代位権が行使される場合には、債務者の無資力が要件とされ、②特定債権保全のために、債権者代位権の転用がなされる場合には、債務者の無資力が要件とされないことになる。

(3)　学　説

　前掲の判例の動向に対して、多くの学説は同調している。その根拠としては、423条の規定が、特に債務者の無資力を要件として示していないこと、代位権の適用範囲を拡張することは、実際上便宜であるばかりでなく、第三者に不当な損失を及ぼすおそれもないこと、無資力の証明は訴訟技術上極めて困難であること、などが指摘されている。

　なお、学説には、無資力要件を原則として不要とし、ただ債務者に資力があることの事実が立証されたときに限り、債権者代位権の行使が制限されると説くものもある。傾聴に値する。

　これに対し、一部の有力説は、代位権制度の本質を踏まえ、第１に、債務者の資力が十分で債権の満足を危うくするおそれがないのに代位権の行使を許すことは、債務者の財産管理の自由への不当な干渉となること、第２に、登記請求権の問題については、中間省略登記請求権を認めることによって解決できるのであるから、あえて代位権行使の転用による必要もないし、また、賃借権の保全については、占有訴権ないし賃借権に基づく妨害排除請求権によって処理することができるのだから、代位権の転用によるべきではないことを説く。特に後者の点については、それぞれの問題領域において解決することが可能である以上、代位権制度を解釈技術的な擬制方法によって利用することは疑問であるというのである。

債権者代位権制度の本来の姿に徹する有力少数説の説くところも傾聴に値するが、他面、硬直過ぎる嫌いがある。代位権の転用によっても第三者に損失を及ぼすおそれがないなど弊害がないような場合には、これを認めるべきであろう。無資力要件にあまりこだわるべきでない（→Ⅱ1）。

2　権利の不行使

　債権者代位権の要件の第2は、債務者が自らその権利（被代位権利）を行使しないことである（423条）。代位権の行使は、債務者が自ら権利を行使しない場合に限り許される（最判昭28・12・14民集7巻12号1386頁）。債務者が自己の権利を行使するのは当然のことであり、したがって、債務者が自ら権利を行使した後は、その行使が不適当で債権者にとって不利益であっても、債権者はもはや代位権を行使できない。もしこれを許せば、債権者は債務者に対し不当に干渉することになるからである。債務者がその権利につき訴えを提起した場合、訴えの方法が不適当であっても、債権者は代位権を行使できない。

　代位権を行使するにあたって、債務者に対し「その権利を行使せよ」と事前に催告を要するかどうか問題となるが、代位権は、債権者の固有の権利であるから、催告を要しないと考えるべきである。

3　履行期にあること

　債権者代位権の要件の第3は、債権者の債権が原則として履行期にあることである（423条2項本文）。履行期前の代位権の行使は、債務者の自由に干渉することになり、ときには濫用されるおそれがあるからである。この原則に対しては、保存行為につき例外がある（同項ただし書）。

　保存行為については、履行期前であっても代位権を行使できる。保存行為とは、例えば、消滅時効の阻止のための代位権行使（履行期後）、未登記の権利の登記、第三債務者破産の場合の債権の届出など、債務者の権利の現状を維持する行為である。

Ⅳ　債権者代位権の目的となりうる権利

1　目的となりうる権利

　代位行使できる債務者の権利（被代位権利）としては、債務者の一身に専属する権利および差押えを禁じられた権利（423条1項ただし書）を除くほかは、その種類如何を問わない。すなわち、債権・物権的請求権・登記請求権などの請求権であると、取消権・解除権・買戻権などの形成権であるとを問わない。債務者の債権に付従する質権・抵当権などの担保物権も代位権の対象となりうる。

　時効援用権も代位権の目的となりうるか。判例は、債権者は、債務者が無資力の場合に限り、自己の債権を保全するに必要な限度で、債務者に代位して他の債権者に対する債務の消滅時効を援用できるとした（最判昭43・9・26民集22巻9号2002頁）。もっとも、消滅時効の援用はもっぱら援用権者の意思にかかっているから、債権者は、債務者の有する消滅時効の援用権を代位行使できない、という反対説も有力である。

　建物買取請求権は、代位権行使の目的となりうるか。建物賃借人Cがその賃借権を保全するために、家主たる借地人Bが土地賃貸人Aに対して有する建物買取請求権（旧借地4条2項、借地借家13条）を代位行使した事案について、判例は、債権者が債務者の権利を代位行使するには、その権利の行使により債務者が利益を享受し、その利益によって債権者の権利が保全されるという関係が存在することを要するが、建物買取請求権の代位行使によって得られる借地人Bの利益は、建物の代金債権、すなわち金銭債権であるから、賃借権（転借権）の保全には役立たないとして代位行使を否認した（最判昭38・4・23民集17巻3号536頁）。学説には、建物買取請求権の代位行使を認める以外に借家人を救済する方法がないとして、代位行使を認めるべき旨を説くものもある。

　任意保険金請求権は、代位権の目的となりうるか。強制保険だと、例えば交通事故の被害者は保険会社に対して保険金を直接請求できるが（自賠16条）、任意保険の場合にはこのような規定はない。そこで、被害者が加害者の保険金請求権を代位行使できるかが問題となる。

判例は、加害者が強制保険のほか任意保険に加入していた事例におい
て、被害者が加害者の保険会社に対する任意保険金請求権を代位行使す
るためには、債務者の資力が債権を弁済するについて十分でないことを
要し、無資力を要件としている（最判昭49・11・29民集28巻8号1670頁）。任
意保険の場合にも、被害者から保険会社への直接請求を認めることが望
ましい。立法的解決に待つべき問題であるならば、解釈論としては、被
害者保護のために、債権者代位権の行使を認めるべきであろう。その際、
無資力要件をできるだけ緩和すべきである。損害保険会社で取り扱って
いる「自家用自動車総合保険」（任意保険）等では、約款によって、対人
事故・対物事故のいずれについても、保険金につき被害者からの直接請
求を認めている。

　なお、債権者の有する債権が強制執行により実現することができない
もの（破産免責の手続などによって免責された債権等）であるときは、債権者
は、被代位権利を行使することができない（423条3項）。債権者と債務
者との間に強制執行をしない旨の特約があるときも同様である。

2　目的となりえない権利

(1)　一身専属権

　一身専属権は代位権の目的となりえない（423条1項ただし書）。ここで
いう一身専属権とは、その権利を行使するか否かが債務者の意思に委ね
られる権利、すなわち行使上の一身専属権（特定の権利主体だけが行使でき
る権利）であって、譲渡や相続が許されない帰属上の一身専属権（特定の
権利主体だけが享有できる権利）（896条ただし書、親権・扶養請求権など。もっと
も帰属上は一身に専属するが、終身定期金債権のように代位権行使が可能な権利が
ある）と区別される。例えば、Bが兄に対して扶養請求権を有する場合
（877条1項）において、Bの債権者Aが、帰属上の一身専属権であるB
の扶養請求権を代位して兄に対して行使することができないのと同様に、
Bに対して不法行為をしたCに対する行使上の一身専属権であるBの慰
謝料請求権をAはCに対して行使することができない。ただ、行使上の
一身専属権については、Bによる行使があって、金銭債権となっていれ
ば、Aは、これを代位して行使することができる（最判昭58・10・6民集
37巻8号1041頁参照）。

行使上の一身専属権としては、純粋の非財産的権利、例えば婚姻・離婚・縁組取消権などのほか、財産的意義を有する権利であっても、主として人格的利益のために認められる権利である上記の慰謝料請求権のほか、夫婦間の契約取消権、財産分与請求権などがある。

(2)　差押えを禁じられた権利

　例えば、給料債権、年金受給権、恩給請求権なども、代位権の目的となりえない（423条1項ただし書、民執152条、厚年41条1項、恩給11条3項等）。差押えを禁じられた権利は債権者の共同担保をなすものではないからである。代位権は、差押えをするための準備として行使されるのであるから、差押えを禁じられた権利が代位権の目的となりえないことは当然である。

V　債権者代位権行使の方法

1　行使の方法

　債権者は、債務者の代理人としてではなく、自己の名で債務者の権利を行使できる。代位権は裁判上でも裁判外でも行使できる。ただし、裁判上の代位の場合には、裁判所の許可を要する。

　債権者が第三者に対して物の引渡しを請求する場合には、債務者に引き渡すべきことを請求できるのはもちろんであるが、直接自己に引き渡すことも請求できる。判例も、不動産賃借人が賃貸人に代位して、不法占拠者に対して不動産を直接賃借人たる自分に引き渡せと請求した事案について、これを認めている（大判昭7・6・21民集11巻1198頁）。そうでないと、もし債務者が受領しないときは、代位権はその目的を達成できないからである。さらに、民法は、被代位権利が金銭の支払または動産の引渡しを目的とするものであるときに、金銭債権の履行についてもこれを認めている（423条の3前段、なお、同条後段も参照。大判昭10・3・12民集14巻482頁）。ただし、登記請求権を代位行使する場合には、債務者の受領がなくても債務者の名義に移転登記をすることができるから（不登63条・59条7号）、直接、債権者に移転登記を請求できない。

　代位権の行使に対して、相手方（第三債務者）は、債務者自身が権利を

行使する場合とまったく同じ地位に立つ。相手方は債務者に対して有する同時履行の抗弁権（533条）など、すべての抗弁権を債権者に対して行使できるし（423条の4）、また、反対債権をもっているときは相殺をもって債権者に対抗できる。

2　行使の範囲

代位権行使の範囲は、自己の債権保全に必要な限度に限られる。例えば、［事案］の場合のように、100万円の債権を有する債権者Ａは、債務者Ｂの相手方（第三債務者）Ｃに対する200万円の債権を代位行使する場合には、100万円の限度においてのみ許されることになる（423条の2、最判昭44・6・24民集23巻7号1079頁）。もっとも、建物の引渡しのように目的物が不可分である場合には、全部の引渡しを求めることになる。

Ⅵ　債権者代位権行使の効果

かつては、債権者が代位権行使に着手し、これを債務者に通知すると、債務者はそれ以後財産の処分行為は禁じられると解されていた。しかし、債権者代位権は、債務者の責任財産を保全するため、債務者が自ら権利を行使しない場合に限って認められることからすれば、債権者が代位行使に着手した後であっても債務者が自ら権利を行使することは制限されるべきではない。そこで、2017年改正では、債権者が被代位権利を行使した場合であっても、債務者はその権利について取立てその他の処分をすることができ、相手方も債務者に対して履行をすることを妨げないとした（423条の5）。

債権者は、債務者の権利を行使するものであるから、その私法上の効果は直接債務者に帰属し、総債権者のための共同担保となる。したがって、代位権を行使した債権者は、他の債権者に対して優先弁済権をもたず、他の債権者と平等に配当を受けることになる。ただし、金銭債権については、例えば［事案］におけるように、Ｃから金銭の支払を受けそれを受領したＡは、同金員をＢに共同担保として返還する債務を負うとともに、Ｂに対する自己の貸金債権として返還を請求することができるので、同債権を自働債権として相殺することができると解されている。

したがって、実際上Aは、優先弁済権を得ることになる。

　かつては、債権者が代位訴訟を提起して勝訴の判決を得た場合に、この判決の既判力は、訴訟に参加しなかった債務者にも及ぶと解されていたが（大判昭15・3・15民集19巻586頁）、債務者にその訴えの存在を認識させ、その審理に参加する機会を保障する制度は存在しなかった。そこで、2017年改正では、債権者は、債権者代位に係る訴えを提起したときは、遅滞なく、債務者に対し、訴訟告知をしなければならないと定められた（423条の6）。

第12章

詐害行為取消権
——責任財産の保全②

［事案］

　Aは、Bに対して500万円を貸していたところ、その弁済期が近くなった時期にBは、その所有する甲不動産（評価額1000万円）をCに400万円で売却し、その後、同不動産は、CからDに転売された。Aとして、自己の金銭債権の回収を確実に図るために、これら一連の不動産売買について、何らかの法的措置をとることができるか。

Ⅰ　総　説

1　詐害行為取消権の意義

　前章で述べたように、詐害行為取消権は、債権者代位権とともに債務者の責任財産の保全を目的とする制度である。

　債務者が債務超過（無資力）に陥るときは、差押えを免れるために種々術策を弄して、財産の減少や隠匿を図ったり、他に財産を処分したりするのが常である。ときには、債権者に強制執行されるよりましと思って、知人に財産を贈与したりする。このような債務者の行為を、債権者が手をこまねいていたら債務者の責任財産から自己の債権の回収を図ることはおぼつかない。そこで、例えば、［事案］の場合において、債務者Bが唯一の責任財産である甲不動産をCに不当に安く譲渡し債権者を害する行為（詐害行為）をした場合には、債権者Aは自己の債権を保

全するために債務者Bのなした行為（やC・D間の転売行為）を取り消し、その財産の取戻しを図ることが認められなければならない。これが詐害行為取消権（424条）の制度である。

　このようにして、詐害行為取消権は、債務者が行った詐害行為の取消しを裁判所に請求し、かつ逸出した財産を取り戻すことを目的とする権利であると定義される。そして、詐害行為取消権は、破産法上の否認権（破産160条以下）とともに、破産外において債権者の共同担保を維持する制度である。

　詐害行為取消権を［事案］を通してさらに詳しく説明すると、次のとおりである。債権者AがBに対し500万円の貸金債権をもっている場合、BがAを害する意思で、唯一の財産である時価1000万円の甲不動産を悪意のCに400万円で売却し、Cが悪意のDに甲不動産を450万円で転売したとすると、もはやAは財産を失い無資力（債務超過）になったBから債権の回収を図ることができなくなるので、AはBのした詐害行為（売買行為）を取り消してDから甲不動産の取戻しをすることができる。この場合に、Cのことを受益者といい、Dのことを転得者という。転得者Dも悪意（転得の当時、Bがした行為がAを害することを知っていた）のときには、転得者に対してまでも財産の取戻しをすることができる。

2　詐害行為取消権の性質

　詐害行為取消権の性質については、古くから判例・学説の間で争いがある。すなわち、詐害行為取消権の本質的内容を、詐害行為の効力の取消しにあるとみるか、詐害行為によって逸出した責任財産の取戻しにあるとみるか、あるいは両者を合したものであるとみるか、そのいずれに重きを置くかによって詐害行為取消権の法的性質の理解の仕方が異なってくる。大きく次の4つの説があった。

(1)　形成権説

　詐害行為の効力の取消しに重きを置く学説である。これによると、その権利は形成権であり、その取消しの訴えの性質は形成訴訟である。訴えの被告には、取り消されるべき詐害行為の当事者である債務者および受益者がなる。

　この学説からすると、詐害行為取消権が行使された後、債務者Bが受

益者Ｃ（または転得者Ｄ）に対し財産の返還請求をしない場合には、債権者ＡはＢに代位して（債権者代位権）、ＣまたはＤに返還を求めることになる。改めて代位権を行使しなければならないのが、この学説の難点であるとされる。

(2) 請求権説

詐害行為によって逸出した責任財産の取戻しに重きを置く学説である。この説は、財産の返還を本体とし、詐害行為の効力を否認するものではないから、取消しの訴えの性質は給付訴訟である。訴えの被告は、財産の返還を求められる受益者または転得者である。

この学説は、詐害行為の効力を否認するものではないから、債務者Ｂ・受益者Ｃ間および受益者Ｃ・転得者Ｄ間の法律行為の効力は影響を受けない。詐害行為の取消しの側面を無視しているのが、この学説の難点とされる。

(3) 折衷説

詐害行為取消権を取消しと返還請求が一体となったものと考える学説である。つまり、詐害行為を取り消し、逸出した財産の返還を請求する権利とみるのである。訴えの性質は、形成訴訟と給付訴訟とが併合されたものになる。訴えの被告は、受益者または転得者に限られ、どちらを選ぶかは債権者の自由である。判例は、大連判明44・3・24民録17輯117頁以来この折衷説をとり、学説の多くも、この折衷説をとる。2017年改正法は、この立場を採用した（本書も、以下ではこの立場で述べる）。

(4) 責任説

この説は、詐害行為取消権制度が債務者の責任財産の保全にあることに徹し、取消権行使の相手方である受益者または転得者は、その財産を返還しなくてもそのままの所有状態で他人（債務者）の債務につき責任を負えばよいというのである。つまり、受益者または転得者は、他人の債務につき一種の物上保証人の地位に立つようになる。逸出財産の取戻しを必要とせず、責任関係の実現は、債権者が被告の名義になっている財産を直接強制執行していくことになる。この説は、取消権は責任的無効という効果を生ずる一種の形成権であるとし、取消しの訴えは受益者または転得者を被告とする形成の訴えであるという。

Ⅱ　詐害行為取消権の要件

　詐害行為取消権を行使するためには、①債務者が債権者を害する行為（詐害行為）をしたこと、②債務者および受益者・転得者の詐害の認識が必要である（424条1項・424条の5）。①を客観的要件といい、②を主観的要件という。

1　客観的要件

　債権者が詐害行為取消権を行使しうる債務者の「詐害行為」は、その種類を問わないから、契約に限ることなく、債務免除のような単独行為であると、会社設立行為のような合同行為であるとを問わない。事実行為（例えば建物の毀損など）や債務者の不作為の行為（例えば贈与の承諾をしないこと）は含まれないと解されるが、2017年改正では、424条1項の規定において、改正前の「法律行為」から「行為」に改められた。これは、改正前でも「弁済」など厳密には「法律行為」でないものが含まれていたためである。

　なお、債権者は、その債権が強制執行により実現することができないもの（破産免責の手続などによって免責された債権等）であるときは、詐害行為取消請求をすることができない（424条4項）。

　以下では、まず客観的要件に関して述べる。

(1)　債務者の行為が「財産権を目的とするもの」であること

　財産権を目的としない行為はこの要件の中に含まれない（424条2項）。婚姻・縁組・離婚による財産分与（最判昭58・12・19民集37巻10号1532頁）、相続の承認・放棄などはこの例である。例えば、債務者Bが被相続人の遺産の相続を放棄しても、債権者AはBの放棄を詐害行為として取り消すことができない（最判昭49・9・20民集28巻6号1202頁）。ただし、共同相続人の間で成立した遺産分割協議は、詐害行為取消権行使の対象となる（最判平11・6・11民集53巻5号898頁）。また、離婚に伴う財産分与としての金銭給付は、その額が768条3項の規定の趣旨に反して不相当に過大であり、財産分与に仮託された財産処分と認めうる特段の事情があるときは、不相当に過大な部分についてその限度において詐害行為となり、他

方、離婚に伴う慰謝料の支払は、原則として詐害行為とならないが、ただ、配偶者の一方が負担すべき損害賠償債務の額を超えた金額を支払う旨の合意については、同債務額を超えた部分につき詐害行為取消権行使の対象となる（最判平12・3・9民集54巻3号1013頁）。

(2) 虚偽表示との関係

　無資力の債務者が財産処分行為をするのは、実際にはむしろ第三者と通謀して行う場合が多い。したがって、詐害行為が同時に虚偽表示の要件を満たしていることがしばしばある。この場合、通謀虚偽表示は無効であるから（94条）、無効な行為の取消しはありえないとすると、詐害行為取消権を行使することができないことになる。判例も取消権の行使を否認した（大判明41・6・20民録14輯759頁）。このように否定的に解すると、例えば、債権者Aの差押えを免れるために、債務者BがC（受益者）と通謀して所有土地をCに仮装譲渡し、移転登記をした場合、虚偽表示が無効とされても、そのままCの登記名義にしておくことがある。このような場合、債権者はその無効を主張し、さらに債権者代位権や詐害行為取消権を行使して、登記名義を債務者に戻し、自己の債権の保全を図らなければならない。双方の要件を満たし（債務者が無資力で、当事者間に通謀・詐害の意思がある場合）、虚偽表示の無効と詐害行為の取消しが競合するときには、無効が取消しに優先するとみるべきではなく、債権者保護のためには、債権者はいずれかを選択的に行使できると解すべきであろう。前例において、受益者Cからさらに転得者Dに譲渡された場合も同様である。

(3) 詐害行為取消権の対象となる「行為」

(ア) 債権者の債権が詐害行為の前の原因により生じたものであること（424条3項）

　債権者の債権が詐害行為の後に発生したものなら、債権者は、すでに減少している債務者の責任財産を予定して債権を取得したのであるから、もはやその詐害行為を取り消すことができない。［事案］でいうと、債権者Aの貸金債権は、Bの詐害行為より「前に発生している」ことが必要である。ただ、この点につき2017年改正法424条3項は、債権者の債権が詐害行為より「前の原因に基づいて生じたものである場合に限り」詐害行為取消請求をすることができると規定した。これは、［事案］に

おいて、例えば、Aに対し貸金債務を負っているBから委託を受けて保証人となったGが、Bの債務をAに弁済したことにより、Bに対する事後求償権（459条１項）を有するに至った場合において、Bの詐害行為が、たとえGの同求償債権の発生よりも前になされたときでも、GのBに対する求償債権は、詐害行為より「前の原因」である保証委託契約「に基づいて生じたものである」から、Gは、Bの詐害行為を取り消すことができるというのである。

　判例では、AがBに対する債権を取得する前に、Bが所有建物をCに贈与したが、AのBに対する同債権取得後に、BからCに移転登記がなされた場合、Aの詐害行為取消権の行使を否認したものがある（最判昭33・２・21民集12巻２号341頁、最判昭55・１・24民集34巻１号110頁。なお、最判平10・６・12民集52巻４号1121頁は、債権譲渡行為と切り離された確定日付のある債権譲渡の通知は、詐害行為取消権行使の対象とはならないと判示する）。債権者の債権を詐害するのは、責任財産を減少せしめた詐害行為（法律行為）自体であって、登記はその行為の成立に関係がないという考えに基づくのであろう。しかし学説には、BからCへ移転登記があるまでは、AがCの所有権取得を否認することができるのだから（177条）、移転登記の時を詐害行為の時期とみて、上の場合、Aは取消権を行使できるとして判例に反対する説も有力である。

　なお、2017年改正によって、前述のように、424条１項において、「法律行為」が「行為」と改められ、同条３項において、債権者の債権が詐害行為より「前の原因に基づいて生じたものである場合に限り」と定められたことは、対抗要件具備行為が詐害行使取消しの対象となるか否かについて直ちに影響を与えるものではなく、この点は、なお解釈に委ねられる。

(イ)　特定物の引渡しを目的とする債権

　ここにいわゆる債権者は金銭債権者に限るのかどうか、特定物債権者も詐害行為取消権を行使できるかどうか。例えば、BがAに不動産を売却したが、これをAに引渡し・登記をする前に、契約に違反してCにも重ねて譲渡し、引渡し・移転登記を終えた場合、Aは、自己の引渡請求権を詐害されたとして、第２の売買行為を取り消すことができるか。二重売買において先に登記を経た者は他の者に優先する（所有権を取得す

る）という不動産物権変動の理論は、それが詐害行為の要件を備えた場合には、それによって修正されるのかどうかである。

　判例は、当初、取消権者は金銭の給付を目的とする債権を有する者であることを要するから、特定物の引渡を目的とする債権によって取消権を行使することはできない（大連判大7・10・26民録24輯2036頁）と解していたが、後に特定物引渡請求権を有する者も、その目的物を債務者が処分することにより無資力となり、一般財産から金銭で満足を受けることすらできなくなる場合には、右処分行為を詐害行為として取り消すことができる（最大判昭36・7・19民集15巻7号1875頁）として、態度を改めるに至った。特定物債権も履行不能による損害賠償請求権という金銭債権に転じうることを理由に、大審院判例を変更したものであり、学説の支持を得ている。なお、詐害行為取消権は、総債権者の共同担保の保全を目的とするものであるから、取消権者が目的不動産を直接に自己の特定物債権の弁済に充てることはできない（最判昭53・10・5民集32巻7号1332頁）。

(ウ)　担保を伴う債権

　(a)　物的担保（質権・抵当権）を伴う債権の債権者は詐害行為取消権を行使できるか。債権者は、担保物をもって、債権額を弁済するに足らない場合にのみ、詐害行為取消権を行使できる。例えば、AがBに対する貸金債権1000万円の担保として、B所有の土地（時価800万円）につき抵当権を有しているとき、Bが当該抵当土地と他の不動産をCに譲渡したとすると、Aは、抵当土地だけでは全額弁済を受けることができないので、不足分200万円について詐害行為取消権の行使が認められることになり、他の不動産全部の取戻しを請求できる（大判昭7・6・3民集11巻1163頁）。この場合、抵当土地が1100万円だとすると、Aは抵当権の実行によって全額の弁済を受けることができるから、詐害行為取消権を行使することは許されない。

　(b)　人的担保（連帯債務者・保証人など）を伴う債権の債権者は、担保債務者の資力の如何を問わず債権全額について取消権を行使できる（大判昭20・8・30民集24巻60頁）。人的担保を伴う債権にあっては、物的担保と異なり必ず優先弁済が得られるという保障がないからである。

　なお、保証人が詐害行為をして債権者が取消権を行使した場合、保証人は、主債務者に資力があることを証明して（検索の抗弁権〔453条〕）、取

消権の行使を免れることができる。

(4) 債権者を「害する」行為

(ア) 責任財産減少行為

債権者を害するとは、債務者の財産処分行為によってその責任財産が減少し、残りの財産だけでは債権者に完全な弁済をすることができなくなることである。財産減少行為は、積極財産を減少させる処分行為のみでなく、消極財産を増加させる債務負担行為をも含む。要するに、消極財産の総額が積極財産の総額を超えること、いわば債務超過（無資力）になることが、債権者を害することになる。なお、財産の評価にあたっては、債務者の信用やのれんなどの無形財産も評価して積極財産に加えられる。

(イ) 無資力の判断時期

債務者の無資力が判断される時期は、詐害行為の時が標準になる。もっとも、この時に無資力であっても、詐害行為取消権行使の時に資力が回復していれば、取消権の行使を許す必要もあるまい。このようにして、債務者の無資力は、債権者が取消権を行使するとき、正確には事実審（第二審）の口頭弁論終結時をもって標準とされることになる。

(ウ) 担保権設定行為・債務の消滅に関する行為

まず、債務者が一部の既存債権者に対し、抵当権の設定その他担保を供する行為（偏頗行為）は、詐害行為となるか。古くから、判例は、担保を設定するのは、担保権をして担保物につき他の債権者に優先して弁済を受けさせるものであるから、他の債権者の共同担保を減少せしめることになり、詐害行為になるとした（大判明40・9・21民録13輯877頁）。最高裁もこれを踏襲した（最判昭32・11・1民集11巻12号1832頁）。もっとも、最高裁は、無資力の債務者が生計費、子女の教育費を借用するために家財などに譲渡担保を設定した場合（最判昭42・11・9民集21巻9号2323頁）や、更生の道のない債務者が、牛乳小売業継続のため合理的限度を超えない範囲で仕入先に対し店舗などに譲渡担保を設定した場合（最判昭44・12・19民集23巻12号2518頁）には、詐害行為にならないとした。なお、ここにおいて、新規融資と同時に新たに行われる担保権設定行為等は対象とならない。

次に、一債権者に対する債務の弁済等の消滅に関する行為は詐害行為

となるか。判例は、まず弁済については原則として詐害行為とはならないとしているが、債務者が一債権者と通謀して他の債権者を害する意思で弁済したときは、詐害行為になると傍論で認めている（大判大5・11・22民録22輯2281頁）。

2017年改正法は、以上の判例の立場および破産法の規定（同160条以下）等を踏まえて、債務者がした既存の債務についての担保の供与または弁済等の債務の消滅に関する行為は、原則として詐害行為とはならないとした。しかし、次の①②のいずれにも該当する場合に限っては、債権者は、詐害行為取消請求をすることができるとした（424条の3）。

①その行為が、債務者が支払不能の時に行われたものであるか（424条の3第1項1号）、または債務者の義務に属せず、もしくはその時期が債務者の義務に属しない行為であって支払不能になる前30日以内に行われたもの（同条2項1号）であること。ここでの債務者の支払不能とは、債務者が、支払能力を欠くため、その債務のうち弁済期にあるものにつき、一般的かつ継続的に弁済することができない状態をいう（同条1項1号括弧書）。

②上記①の行為が、債務者と受益者とが通謀して他の債権者を害する意図をもって行われたものであること（同条1項2号・2項2号）。

例えば、[事案]のようにAがBに対して500万円の貸金債権がある事情の下で、EもすでにBに対し800万円の貸金債権を有していたところ、Bが、Eにその債務を弁済したり、または、Bの唯一の財産である甲不動産（評価額1000万円）についてEのために抵当権を設定した場合において、Bがこれらの行為によってAの債権が害されることを知っていたとしても、それだけではAの詐害行為取消請求は認められない。(i)Bが、Eの債務の弁済期後に弁済した場合や、Eの債務についての担保供与義務を負っている場面で抵当権設定行為がされた場合は、その行為の時点でBが支払不能（Aの債務の弁済期に弁済不能になる状態）であり（前記①）、かつ、当該行為がBとEとが通謀して他の債権者（A）を害する意図をもってなされたとき（前記②）に限り、詐害行為となる（同条1項）。また、(ii)Bが、Eの債務の弁済期前に弁済した場合や、Eの債務についての担保供与義務を負っていない場面（すでに履行期が到来している既存の債務について抵当権を設定する「非義務行為」の場面）では、当該行為が、Bが支払不

能になる前30日以内にされたものであり（換言すれば、当該行為は、Bが支払不能の状態にない〔例えば、Bには他に300万円の預金があった〕時点でされたが、その後30日以内にBが支払不能の状態になった〔その預金が払い戻された〕とき）（前記①）、かつ、当該抵当権設定行為がBとEとが通謀して他の債権者を害する意図をもってなされたとき（前記②）に限り、詐害行為となる（同条2項）。

　　⑴　代物弁済

　一債権者に対する代物弁済は詐害行為となるか。判例は、当初、相当価格による代物弁済でも、それは本来の給付とは別個の給付であり（債務の本旨に従った履行ではなく）、債権者の一般担保を減少させる限り、詐害行為になるとした（大判大8・7・11民録25輯1305頁）。これに対して、学説は、不相当な価格による代物弁済が詐害行為となることが当然であるにしても（大判昭16・2・10民集20巻79頁）、相当な価格をもってする代物弁済は、共同担保たる債務者の財産に増減なく、しかも代物弁済をしなければ他の同額の財産をもって弁済しなければならないのであるから、これをもって詐害行為とするのは失当である、と批判していた。

　2017年改正法は、代物弁済について、受益者の受けた給付の価額がその行使によって消滅した債務の額より過大であるものについて、424条の詐害行為取消請求の要件に該当するときは、債権者は、424条の3第1項の規定にかかわらず、その消滅の額に相当する部分以外については、詐害行為取消請求をすることができるとした（424条の4）。

　例えば、前記⑷⑴で挙げた事例において、Bが、Eの債務につき甲不動産（評価額1000万円）で代物弁済した場合において、424条の詐害行為取消請求の要件に該当するときは、Aは、424条の3第1項の規定する前記⑷⑴①②の要件が欠けていても、その消滅の額に相当する部分以外（1000万円から800万円を控除した200万円）について、Aは、詐害行為取消請求をすることができる。この場合は、土地は不可分であるから、Aは、土地の一部の返還（現物返還）を求めることはできないので、価額（200万円）の償還を求めることになる（424条の6第1項後段）。

　　⑴　不動産等の売却

　不当な廉価での不動産の売却が詐害行為になることは問題がない。相当価格をもってする不動産の売却は詐害行為となるか。判例は、消費ま

たは隠匿しやすい金銭に代えるのは原則として詐害行為になるとしていた（大判明44・10・3民録17輯538頁）。もっとも、判例は、第三者に対する借金を弁済するために不動産を売却した場合（大判大13・4・25民集3巻157頁）や、有用の資にあてるためにした売却（大判明37・10・21民録10輯1347頁、大判大6・6・7民録23輯932頁）、抵当債権者に弁済するための抵当不動産の売却（最判昭41・5・27民集20巻5号1004頁）などは詐害行為にならないとしたが、その事実は取消しの相手方において主張し、かつ立証すべきものとしている（前掲大判明37・10・21ほか）。ただし、上記の例外に当たる場合でも、判例は、債務者が一債権者と通謀し、その者のみに債権の満足を得させるために不動産を売却し、代金債権とその債権者の債権とを相殺した事例について詐害行為になるとしていた（最判昭39・11・17民集18巻9号1851頁）。

多数説は、相当価格による不動産の売却は、債務者の財産（共同担保）を減少させるものでもなく、これを詐害行為とすることは、かえって債務者が不動産を換価して有利にこれを運用して経済的更生を図ることの妨げになることなどを理由として、常に詐害行為にならないとしていた。

2017年改正法は、不動産・動産を問わず、相当な対価を得てした財産の処分行為は、原則として詐害行為に該当しないとした。［事案］において、Bが甲不動産（評価額1000万円）をCに1000万円で売却しても、Bの責任財産の構成が不動産から金銭に代わるだけであってその減少はないからである。しかし、次の①〜③のいずれにも該当する場合には、当該行為について、詐害行為取消請求をすることができるとした（424条の2）。①その行為が、不動産の金銭への換価その他の当該処分による財産の種類の変更により、債務者において隠匿、無償の供与その他の債権者を害することとなる処分（以下「隠匿等の処分」という）をするおそれを現に生じさせるものであること。②債務者が、その行為の当時、対価として取得した金銭その他の財産について、隠匿等の処分をする意思を有していたこと。③受益者が、その行為の当時、債務者が隠匿等の処分をする意思を有していたことを知っていたこと。

これら①〜③については、詐害行為取消請求をする債権者（上の例でのA）が主張・立証しなければならない。

2　主観的要件

(1)　債務者の詐害意思

　詐害意思というのは、その行為が債権者を害すること、つまり、債務者が財産を他に処分すれば、総債権者の共同担保たる責任財産を減少して弁済資力に不足を来すことを知っていることである。判例は、「債務者がその債権者を害することを知って法律行為をなしたことを要するが、必ずしも害することを意図し若しくは欲してこれをしたことを要しない」と判示して（最判昭35・4・26民集14巻6号1046頁）、この旨を説いている。

　債務者の悪意（424条1項本文）については、債権者が主張・立証責任を負うが、この立証は、債務者の資産状態、処分行為の対価、その相手方などの諸事情から容易になしうるであろう。

(2)　受益者・転得者の悪意

　債務者の詐害行為によって不当に廉価で財産を取得するなど利益を受けた者を受益者といい、受益者からさらにその財産を取得した者を転得者という。これらの者に対して詐害行為取消権を行使するためには受益者・転得者が悪意でなければならない。

　債務者が悪意であっても、受益者が善意であれば詐害行為は成立しない（424条1項ただし書）。この善意の主張・立証責任は、受益者にある。

　取消権者は、債務者・受益者が悪意で転得者が善意の場合には、受益者に対して目的物に代わる利得の返還を請求できる。

　従来の判例は、債務者・転得者が悪意で受益者が善意のときは、取消権者は、転得者に対して財産の返還を請求することができるとしていた（最判昭49・12・12金法743号31頁）。しかし、2017年改正法は、受益者が善意でなく、受益者に対して詐害行為取消請求をすることができる場合（受益者が悪意の場合）に限り、転得の当時、債務者の受益者に対する詐害行為について悪意である転得者に対しても、詐害行為取消請求をすることができるとした（424条の5）。その理由は、判例の立場だと、善意の受益者が転得者から財産の対価として受け取った金員の返還を求められるなど、善意の受益者の取引の安全が害されるおそれ（自己の財産の処分を躊躇するおそれも含む）があるという。

転得者の悪意については、（改正前とは異なり）取消権者が主張・立証責任を負う。なお、受益者の悪意については、転得者の側が受益者の悪意ではないことを主張・立証すべきものと解される。

Ⅲ　詐害行為取消権行使の方法と効果

1　行使の方法

(1)　取消権者

取消権の行使は、債権者が自己の名において（債権者という資格において）行使するのであって、債務者の代理人として行うのではない。また、取消権の行使は、必ず「訴え」によってしなければならない（424条1項）。これは詐害行為取消権が、第三者の利害に重大な影響を及ぼすので裁判所によって慎重に判断される必要があることと、これを他の債権者に公示する必要があることに基づく。

(2)　取消権行使の相手方

取消権行使の相手方（被告）となるのは、財産の返還またはそれに代わる価額の償還を請求される受益者または転得者である（424条の7第1項）。例えば、[事案]のように、債権者A、債務者B、受益者C、転得者Dとし、Bが詐害行為に当たる不動産を処分したとすると、Aは、C（悪意）またはD（悪意）のみを相手方としてB・C間の詐害行為を取り消し、それに基づいて財産の返還またはこれに代わる価額の償還を請求することになる。上の例で、Cが悪意でDが善意の場合には、Aは、Cに対して価額の償還を請求することになる（424条の6第1項）。

債権者は、詐害行為取消請求に係る訴えを提起したときは、遅滞なく、債務者に対し、訴訟告知をしなければならない（424条の7第2項）。

2　取消しの範囲

取消しの範囲は、債務者がした行為の目的が過分であるときは、自己の債権の額の限度においてのみ、その行使の取消しを請求することができる（424条の8第1項）。2017年改正法前の判例は、10万円以上の値打ちがある建物の所有者Aが、その建物に8万円の抵当債権を有するBに、

同建物を代物弁済したことが詐害行為になるかどうか争われた事案について、建物の価格のうち抵当債権額を超える部分についてのみ取消しを許し、逸出財産の取戻しを認めず、価格賠償（価額の償還）だけを認めていた（最大判昭36・7・19民集15巻7号1875頁）が、改正法は、「受益者がその財産の返還をすることが困難であるときは、債権者は、その価額の償還を請求することができる」（424条の6第1項後段）として、同判例の立場を明文化した。

　なお、判例は、詐害行為後に発生した取消権者の債権についての遅延利息について、元本債権が詐害行為よりも前に成立している場合には、詐害行為後に発生した遅延利息も詐害行為取消権によって保全される債権に含まれるものとする（最判昭35・4・26民集14巻6号1046頁、最判平8・2・8判時1563号112頁）。

3　取消しの効果

　詐害行為取消請求を認容する確定判決は、債務者およびすべての債権者に対してもその効力を有する（425条）。受益者または転得者から取り戻された財産は、総債権者のための責任財産となる。債務者から受益者等に不動産の処分がなされ移転登記がなされているときは、それを抹消し、債務者名義に移転することを請求できる。詐害行為取消権を行使した債権者は、優先弁済権をもたないので、取り戻した財産の中から債権の満足を得ようとする場合には、一般債権者として執行手続に従って、これを差し押さえなければならない。

　詐害行為取消請求により受益者または転得者に対して財産の返還を請求する場合において（424条の6第1項前段または2項前段）、その返還の請求が金銭の支払または動産の引渡しを求めるものであるときは、債権者は、受益者に対してその支払または引渡しを、転得者に対してその引渡しを、自己に対してすることを求めることができる。この場合において、受益者または転得者は、債権者に対してその支払または引渡しをしたときは、債務者に対してその支払または引渡しをすることを要しない（424条の9第1項）。

　上の場合において、債権者が自己に対して動産の引渡しを受けたときは、当該動産は、不動産の場合と同様に総債権者のための責任財産とな

る。これに対して、自己に対して金銭の支払を受けたときに、債権者は、その金銭の返還債務と債務者に対する自己の債権とを相殺することができるかどうかが問題となる。2017年改正前の多数説が相殺は禁止されないと解していたこともあり、改正法は、相殺を禁止する規定は設けなかった。

4　取消しの相対効と消滅時効

(1)　関係当事者間の利害の調整

　取消権が行使され、受益者または転得者が目的物の返還またはこれに代わる価格賠償（価額の償還）をした場合に、債務者とこれらの者との間の利害の調整が問題となる。2017年改正法は、前述のように（→3）、詐害行為取消請求を認容する確定判決は、債務者対してもその効力を有するものとし（425条）、例えば、[事案]において、BがCに甲不動産（評価額1000万円）を300万円で売却した場合に、当該財産処分が詐害行為としてAにより取り消されたときは、詐害行為取消請求の認容判決の効力は債務者にも及ぶことから（425条）、Cは、Bに対し、甲不動産を取得するためにした反対給付（300万円）の返還を請求することができるとした（425条の2）。

　また、[事案]において、Bが、100万円の債権を有するEとの間で、Eの債権につき甲不動産（評価額1000万円）を代物弁済した場合に、これが詐害行為取消請求によって取り消され、Eがその土地をBに返還することになったときは、詐害行為取消請求の認容判決の効力は債務者にも及ぶことから（425条）、EのBに対する債権は、代物弁済によっていったんは消滅したが、原状に復することになる（425条の3）。

(2)　取消権の消滅時効

　詐害行為取消請求に係る訴えは、債務者が債権者を害することを知って行為をしたことを知った時から2年を経過したときは、提起することができない。行為の時から10年を経過したときも、同様である（426条）。2017年改正前の規定は、「時効によって消滅する」としていたが（判例として、最判平22・10・19金判1355号16頁）、消滅時効期間であるとすると時効の完成猶予や更新が可能となり法律関係が早期に安定しないため、改正法では、これを出訴期間として定めた。

第13章 多数当事者の債権債務と連帯債権・連帯債務
——多数当事者の債権関係①

Ⅰ　多数当事者の債権・債務——分割・不分割の債権・債務

［事案①］

　ⓐＡ・Ｂ・Ｃの３人は、共同でＤから１台の新車を200万円で買う旨の契約をした。ⓑその１年後に、Ａ・Ｂ・Ｃは、３人で共有するその自動車をＥに120万円で売る旨の契約をした。

(1)　ⓐの場合において、Ａは、単独で、Ｄに対し、自分に自動車を引き渡すよう請求をすることができるか。また、Ａは、Ｄに対して、売買代金200万円全額の支払をしてもよいか。また、ⓑの場合において、Ｅは、Ａに対して、自動車の引渡しを請求して、売買代金120万円全額の支払をしてもよいか。

(2)　ⓐの場合に、(1)におけるＡの請求または弁済は、それらの効力がＢ・Ｃにも及ぶか。また、ⓑの場合に、(1)におけるＥの請求またはＥ弁済は、それらの効力がＢ・Ｃにも及ぶか。

(3)　ⓐおよびⓑの場合において、各関係当事者間の権利の調整はどのようにされるか。

1　3つの基本問題

　［事案①］ⓐでは、Ａ・Ｂ・Ｃの３人が、自動車の引渡請求権をもつとともに、200万円の代金債務を負担することになり、［事案①］ⓑでは、ＥがＡ・Ｂ・Ｃ３人に対して自動車の引渡請求権をもつとともに、120万円の代金債務を負担することになる。この場合、一対一の単数の当事

者間の債権債務関係と異なり、まず第1に、多数の債権者または債務者の各自が、どのように請求し、どのように弁済するかが問題となる（［事案①］⑴の多数当事者間の対外的関係）。第2に、多数の債権者の1人が請求し、多数の債務者の1人が弁済したとき、そのほか時効、相殺、免除などが1人の債権者または1人の債務者について生じた場合に、それらがその他の債権者または債務者にどのような影響を与えるかが問題となる（［事案①］⑵の多数当事者間の対内的関係）。第3に、多数の債権者の1人が弁済を受け、多数の債務者の1人が弁済をした場合に、他の債権者にどのように分与し、また、他の債務者に対しいかに求償すべきかが問題となる（［事案①］⑶の多数当事者間の分与・求償関係）。

2　多数当事者の債権債務関係の類型

　民法は、上の3つの基本的問題に対処するために、多数当事者の債権債務関係について次のように類型化し規定を設けている。

⑴　同一の債務の目的（給付）について数人の債務者がいる場合

㈎　分割債務

　これは、債務の目的が、性質上、過分であり、特別の法令の規定等がなく、各債務者にその目的が分割される債務である。［事案①］における@の場合のA・B・CのDに対する売買代金200万円がこれに該当する。

㈏　連帯債務

　これは、債務の目的が、性質上、過分であり、法令の規定等に基づき各債務者のそれぞれが債権者に対し全部の履行をすべき債務である。連帯債務については、本章のⅡで詳しく述べる。

㈐　不可分債務

　これは、債務の目的が、性質上、不過分の債務である。［事案①］における⑥の場合のA・B・CのEに対する自動車の引渡債務がこれに該当する。

⑵　同一の債権の目的（給付）について数人の債権者がいる場合

㈎　分割債権

　これは、債権の目的が、性質上、過分であり、特別の法令の規定等がなく、各債権者にその目的が分割される債権である。［事案①］におけ

るⓑの場合のＡ・Ｂ・ＣのＥに対する自動車の売買代金債権120万円が
これに該当する。

　⑷　連帯債権

　これは、債権の目的が、性質上、過分であり、法令の規定等に基づき
各債権者のそれぞれが全部の履行を請求することができる債権である。
2017年の民法改正前にも解釈上はその存在が認められていたが、同改正
によりこれに関する規定が新設された（432条〜435条の２）。

　⑺　不可分債権

　これは、債権の目的が、性質上、不過分の債権である。［事案①］に
おけるⓐの場合のＡ・Ｂ・ＣのＤに対する自動車の引渡請求権がこれに
該当する。

⑶　保証債務

　多数当事者の債権債務関係には、上記以外に、主たる債務と同一内容
を有し、主たる債務が履行されない場合、保証人がこれを履行すること
によって主たる債務を担保する保証債務がある。例えば、［事案①］の
ⓑの場合において、Ｅの120万円の売買代金債務を友人や親族のＦが保
証するときのＦの債務がこれに当たる。保証債務については、次章で
詳しく述べる。

3　分割債権債務関係

　上記 **2** ⑴⑺および⑵⑺のように、分割債権・分割債務関係は、複数の
債権者がそれぞれ分割された独立の債権をもち、複数の債務者が分割さ
れた独立の債務を負う場合である。［事案①］における分割債権（→ **2** ⑵
⑺）の場合、すなわちＡ・Ｂ・Ｃの３人で共有する自動車１台をＥに
120万円で売る場合を考えてみると、特約がなければ、Ａ・Ｂ・Ｃ各自が
40万円の代金債権をもつ（Ｅは、Ａ・Ｂ・Ｃの各自に40万円ずつの支払をしなけ
ればならない）。また、［事案①］における分割債務（→ **2** ⑴⑺）の場合、
すなわちＡ・Ｂ・Ｃの３人でＤから200万円で自動車を買う場合には、
Ａ・Ｂ・Ｃがそれぞれ66万6000余円の代金債務を負う（Ｄは、Ａ・Ｂ・Ｃの
各自に66万6000余円の請求をしなければならない）（427条）。共有物を毀損され
た場合、共有者がもつ損害賠償債権は分割債権であり、複数の相続人が
金銭債務を相続した場合には、各相続人は分割債務を負う。

代金債権や代金債務等が各自に分割されて、単数当事者間の債権債務関係と変わらなくなるので、多数当事者の債権債務関係と呼ぶのは必ずしも適切ではないかもしれない。分割債権債務関係は、法律関係の内容が簡明であるというメリットがあるが、他方、当事者の意思ないし取引の実情に沿わないというデメリットもある。したがって、実際には、特約により、前例のA・B・CのEに対する代金債権については、例えばEがAに対して120万円を支払うものとしたり、前例のA・B・CのDに対する代金債務については、A・B・Cがまとめて、またはそのいずれかの者が、Dに対して200万円を支払うものとしている場合が多い。

判例は、A・B・Cの3人で1棟の建物を賃料9万円で賃借している場合に、金銭債務は過分であるから各自が賃料を分割して支払うことになるところ、「賃貸人との関係に於ては、各賃借人は目的物の全部に対する使用収益を為し得るの地位」にあるとして、賃料債務を不可分とみて、賃貸人は賃借人各自に賃料の全額を請求できるものとしている（大判大11・11・24民集1巻670頁）。

4　不可分債権債務関係

［事案①］の⒜および⒝の場合のように、A・B・Cの3人で1台の自動車を買ったり売ったりする場合のように、多数の債権者が性質上不可分の（分割することのできない）給付を目的とする債権をもち、または多数の債務者が性質上不可分の（分割できない）債務を負うことを不可分債権債務関係という。2017年改正前は、不可分給付について、性質上不可分の場合（［事案①］のように共有者が共有の自動車や家屋を売った場合等の引渡債務）と、当事者の意思によって可分の給付を不可分にする場合（複数の買主が代金を分割しないで支払うという特約付き債務）の双方を不可分債権・不可分債務としていたが（旧428条・430条参照）、改正後は、連帯債権・連帯債務との合理的区別を図るため、その目的が性質上不可分の場合のみを不可分債権・不可分債務とした（428条・430条）。

(1)　不可分債権

(ア)　絶対的効力（請求・弁済）

不可分債権にあっては、1人の債権者がすべての債権者のために履行を請求することができ、また、債務者は、すべての債権者のために各債

権者に対して履行することができる（428条・432条）。すなわち、1人の債権者の請求または債務者の履行の効力が全債権者のために生ずる。［事案①］のⓐの場合において、Aは、単独で、Dに対し、A・B・Cのために自己に対して自動車を引き渡すように請求をすることができ、Dは、A・B・CのためにAに自動車を引き渡すことができる。このように、1人がした行為または1人に対してした行為の効力が他の者に及ぶことを絶対的効力（絶対効）といい、原則として連帯債権の規定が準用される（428条）。

(イ) 相対的効力（更改・免除）

不可分債権について、請求または弁済は絶対的効力をもつが、請求と弁済以外の更改（513条）、免除（519条）、混同（520条）については、他の債権者に効力を及ぼさず、連帯債権の規定が準用されない（428条括弧書・433条・435条）。これを相対的効力（相対効）という。例えば、［事案①］のⓐの場合において、1人の債権者Aが債務者Dに対して自動車の引渡債務を免除しても、他の債権者B・Cにはその効力を及ぼさないから、他の債権者B・Cは、それぞれ全部の履行をDに請求することができる（429条前段）。

この場合において、免除した債権者は、その権利を失わなければ分与されるべき利益を債務者に償還しなければならない（429条後段）。この規定の趣旨は、一般に次のように解されている。例えば、［事案①］のⓐにおいて、仮にDの引渡債務が贈与契約に基づくものとし、もっぱらA・B・Cの連帯債権のみが問題となる（A・B・Cには代金支払債務はない）とした場合に、同規定がないと、求償の循環が生ずる。すなわち、①まず、Dから履行を受けたB・Cに対して、Aが利益分与請求（求償）をし、②次に、B・Cから利益の分与を受けたAに対して、Dがその利益の相当額につき不当利得返還請求（求償）をすることになり、このような求償の循環を避けるための規定であるとする。

しかし、①のように、確かにB・Cは、目的物の全部の給付を受けることで、元来Aに分与されるべき利益を取得することにはなるが、B・Cに無断で勝手にDの引渡債務を免除したAが、B・Cに対し利益分与請求権を有するとすることについては疑問である。求償の循環を避けるためというより、むしろ端的に、AがDの債務を免除した以上、A

が、Dに対し、その「免除した債務」に相当する「元来Aに分与されるべき利益」の価額を償還しなければならないと解するべきではなかろうか（ただ、上の贈与の事例においては、Dの意思を考慮した場合に、基本的に償還の必要はないと解される）。

再度、[事案①]の⒜に戻ると、B・Cが、自動車の全部の履行をDに請求した場合に、免除を受けたDは、B・Cに自動車を引き渡さなければならないが、他方、Aは、自動車に対する共有持分は失うが、Dに対する売買代金債務のうちの自己の負担分（A・B・Cの間に特約がないときには3分の1の66万6000余円）のDへの支払は免れないと解される。

この点について、民法は、Aは、「〔A〕がその権利を失わなければ分与されるべき利益」（Aの共有持分権）を、Aの代金負担額（66万6000余円）である価額にてDに「償還しなければならない」（429条後段）と規定したものと解される。

Aの自己の自動車に対する共有持分権は、AのDへの引渡債務の「免除」の意思表示が共有持分を放棄する旨の意思を伴う場合には、その持分はB・Cに帰属する（255条）が、Dへの無償譲渡（贈与）の意思を伴う場合には、その持分はひとまずDに帰属し、その後B・Cからの自動車全部の引渡請求によりB・Cに移転すると解される。これらの場合に、B・Cは、Aの共有持分をそれぞれの持分に応じて取得することになるが、Aが勝手に「免除」したのであり、それによりB・Cが不利益を受けることは不合理であるから、その取得の対価をAに給付する必要はないと解される。また、Aの「免除」により、B・Cに対する目的物全部の引渡しを拒むことができないDが損失を受けるのも不合理である。429条後段の規定は、Aが、元来、「分与されるべき利益」をDに「償還」しなければならないと定めているが、一般的には、上述のように、Aの代金負担額（66万6000余円）である価額を償還すれば足りると解される。

なお、例えば、[事案①]の⒜の場合において、AがDに対して自動車の給付に代えてバイクを給付させる旨の更改契約をDと締結したときも、B・Cは、当該自動車の履行をDに請求することができ（429条前段）、この場合に、Aは、元来B・Cから分与されるべき利益に相当するDに対する売買代金の自己の負担分相当額をDに償還しなければな

らない（同条後段）と解される。

(2) 不可分債務

不可分債務は、目的物が不可分であるため、複数の債務者は、各自それぞれが全部の給付をしなければならない（430条・436条）。［事案①］の⑥の場合において、A・B・Cの3人が自動車をEに対して給付すべき債務を負う場合には、その給付が「性質上不可分」であるため、A・B・CのいずれもがEに給付する義務を負い（その弁済は、絶対的効力を有する）、Eは、3人のうち誰に対しても給付を請求することができる。判例は、共同賃借人の賃借物返還債務（大判大7・3・19民録24輯445頁）、不動産の共同相続人の不動産譲渡債務（大判昭10・11・22裁判例9巻民288頁）などを不可分債務であるとしている。

不可分債務は、目的物（給付）が性質上不可分であるために債務者全員が全部給付義務を負うのに対し、連帯債務は、各債務者間に主観的な共同意思の結びつきがあって全部給付義務を負う点で、両者は異なる。

不可分債務は、連帯債務に類似するために、連帯債務の規定が大幅に準用されるが（各債務者に対する債権者の権利と、債務者間の内部関係）、連帯債務の混同の規定は準用されない（430条括弧書・440条）。

(3) 可分債権または可分債務への変更

［事案①］の⑧の場合において、A・B・CのDに対する自動車の引渡請求権がDの債務不履行によって損害賠償請求権に変わるときのように、不可分債権が可分債権になったときは、A・B・Cの各債権者は、自己が権利を有する部分についてのみ履行を請求することができ、また、［事案①］の⑥の場合において、A・B・CのEに対する自動車の引渡債務がA・B・Cの債務不履行によって損害賠償債務に変わるときのように、不可分債務が可分債務になったときは、A・B・Cの各債務者は、その負担部分についてのみ履行の責任を負う（431条）。

Ⅱ　連帯債権・連帯債務

［事案②］
　⑧A・B・CはDから6000万円でリゾート・マンション1室を買うこ

ととし、当事者間において、6000万円の債務を連帯することを約した。
ⓑただ、その1年後に、同マンションの隣地に別のマンションが建設され眺望が害されることになったため、A・B・Cは、同マンションをEに3000万円で売却することとし、3000万円の代金債権は連帯することを当事者間で約した。

(1) ⓐの場合において、Aは、Dに対していくらの代金支払債務を負うか。また、Dは、Aに対していくらの代金支払請求をすることができるか。ⓑの場合において、Aは、Eに対していくらの代金支払請求をすることができるか。また、Eは、A・B・Cの各売主に対して1000万円の支払をする必要があるか、Aに対して3000万円の支払をすることでもよいか。

(2) ⓐの場合において、CがDから代金支払債務を免除された場合にA・B・Cの代金債務はどうなるか、また、ⓑの場合にEがAから代金支払債務を免除された場合に、A・B・Cの代金債権はどうなるか。

(3) ⓐの場合において、AがDに対して代金全額の支払をした場合、Aは、B・Cに対してどのような請求が可能か。

1　連帯債権

(1)　連帯債権の意義と履行請求・弁済

連帯債権とは、債権の目的が性質上可分なものについて、法令の規定または当事者の意思表示によって、複数の債権者それぞれが全部の履行を請求することが認められる債権であり、各債権者は、すべての債権者のために全部または一部の履行を請求することができ、債務者は、すべての債権者のために各債権者に対して履行をすることができる（432条）。[事案②]のⓑの場合の、A・B・CおよびEの合意による、A・B・Cの3000万円の代金債権がこれに該当し、各債権者A・B・Cは、各自すべての債権者のために3000万円全額またはその一部の額（例えば1000万円）の支払をDに対して請求することができ、債務者Eは、すべての債権者のためにいずれかの債権者に対して全額を弁済してもよいし、合計弁済額が3000万円となるように、各債権者にその一部を弁済してもよい。

(2) 更新・免除

　連帯債権者の1人と債務者との間に更改または免除があったときは、その連帯債権者がその権利を失わなければ分与されるべき利益に係る部分については、他の連帯債権者は、履行を請求することができない（433条）。［事案②］の⑥の場合において、EがAから代金支払債務を免除された場合に、BおよびCは、Aが「その権利を失わなければ分与されるべき利益に係る部分」についてはEに弁済を求めることはできない。ここでの「その権利を失わなければ分与されるべき利益に係る部分」については、A・B・Cの代金債権3000万円のうち、Aに分与されるべき利益（例えばAが当該マンションの住戸につき2分の1の共有持分を有している場合においては1500万円相当の利益、4分の1の共有持分を有している場合においては750万円相当の利益、その他A・B・C間で合意がある場合にはその利益）である。なお、B・Cは、Eから弁済を求めることができなくなった額について、Aに対して求償することができる。

(3) 相　殺

　債務者が連帯債権者の1人に対して債権を有する場合において、その債務者が相殺を援用したときは、その相殺は、他の連帯債権者に対しても、その効力を有する（434条）。［事案②］の⑥の場合において、例えば、EがAに対して貸金債権1000万円を有するところ、Eが、同債権を自働債権としてA・B・Cの3000万円の代金債権との相殺を援用したときは、相殺の効力はB・Cにも及ぶから、A・B・Cは、Eに対して2000万円の履行のみを請求することができる。その後、B・Cは、Aに対して1000万円を求償することになる（ただ、B・Cは、Aから1000万円の返還を受けた上で、各自の利益分与の割合に従って3000万円を分配する手間を避けるため、実際には、この点を織り込んだ額の求償を求めることになろう）。

(4) 混　同

　連帯債権者の1人と債務者との間に混同があったときは、債務者は、弁済したものとみなす（435条）。［事案②］の⑥の場合において、例えば、EがAの唯一の相続人であるときには、Aの3000万円の代金債権を含むAの財産的地位はEに承継され、その債権およびEの3000万円の代金債務が同一人に帰属するから、その債権・債務は混同により消滅し（520条）、したがって、Eが弁済したものとみなされる。その後、B・C

は、3000万円からAの利益分与の割合相当を控除した額について、Aに求償を求めることになる。

(5) 相対的効力の原則

以上の(1)から(4)については、連帯債権者の1人の行為または1人について生じた事由が、他の連帯債権者に対してもその効力が生ずるといった絶対的効力を有するものであったが、それ以外は、連帯債権者の1人の行為または1人について生じた事由は、他の連帯債権者に対してその効力を生じない（相対的効力〔435条の2本文〕）。ただし、他の連帯債権者の1人および債務者が別段の意思を表示したときは、当該他の連帯債権者に対する効力は、その意思に従う（同条ただし書）。

2 連帯債務

(1) 連帯債務の意義・性質・成立
㋐ 意 義

連帯債務とは、債務の目的が性質上可分である場合において、法令の規定または当事者の意思表示によって、数人が連帯して負担する債務をいい、債権者は、その連帯債務者の1人に対し、または同時もしくは順次にすべての連帯債務者に対し、全部または一部の履行を請求することができる（436条）。

すなわち、数人の債務者は、同一内容の給付について各自独立に全部の給付をすべき債務を負い、しかもそのうちの1人が給付をすれば、他の債務者も債務を免れる多数当事者の債権関係である。例えば、［事案②］の⒜のように、債権者Dに対しA・B・Cの3人が売買代金6000万円の連帯債務を負う場合に、A・B・Cの各自が6000万円全額を独立して弁済すべき義務を負い、そのうちの1人のAが6000万円を弁済すれば、B・Cも債務を免れることができる。このように、その連帯債務の機能は、債権の担保ないし債権の効力強化にあり、例えば、当該マンションの購入希望者がA・B・Cのほかにも多数いるような場合に、どうしても同マンションを購入したいA・B・CがDに連帯することを申し出たり、Dが自らの便宜のために連帯することを条件づけることが考えられる。

(イ) 性　質

　連帯債務は単一の債務か、それとも複数の債務かについては、かつてドイツの学説において争われてきた。近時は、複数の債務とみるのが通説である。すなわち、連帯債務は、債務者の数に応じた複数の独立した債務とされる。しかし、連帯債務者の1人が行った弁済が他の債務者の債務を消滅させるだけでなく、債務者の1人について生じたその他の事由（代物弁済・相殺など）も他の債務者に影響を及ぼすとすると、単一の債務だともいえる。それにもかかわらず、複数の債務とされる理由としては、①連帯債務者の1人について生じたその法律行為の無効・取消しが他の債務者に影響を及ぼさないこと（437条）、②連帯債務者の1人に対する債権を切り離して譲渡できること、③各債務者の債務が条件・期限を異にしてもよく、各債務者の債務額や利率に差異があってもよいこと、④そのほか連帯債務の態様が異なってもよいことなどが挙げられている。例えば、別の例において、50万円の債務につき、債権者Cに対してAが50万円、Bが30万円の債務を負い、A・Bが連帯関係に立つことも差し支えない。この場合、Bが30万円弁済したとしても、Aの債務は消滅しないので、連帯した債務は消滅しない。Bは、Aと連帯している限り、自己の債務30万円のほか、残りの連帯分20万円についても「責任」は負わなければならない。

　連帯債務は、給付が可分であっても、それぞれ独立して全部給付義務を負うのであって、給付が不可分のためにやむをえず全部の給付をする不可分債務とは区別される。しかし、不可分債務は連帯債務と似ているため、不可分債務には連帯債務の規定がほぼ準用される（430条）（→Ⅰ4(2)参照）。

(ウ) 成　立

　連帯債務は、当事者の意思表示（多くは契約であるが遺言によっても成立する）または法令の規定によって生ずる。契約による場合、単一の契約によっても、別個独立の複数の契約（Aが債権者Dに対し債務を負担した後、別の契約でB・CがDに対しそれぞれ他の債務者と連帯して債務を負担する場合）によっても成立する。いずれの場合も、各債務者が主観的共同関係にあって、別個独立の債務を負担することに変わりがない。

　法令の規定によって生ずる場合としては、例えば、夫婦間の日常家事

による債務の連帯責任（761条）や共同不法行為責任（719条）がある。会社法の規定（会社54条・430条・580条１項など）に多くみられるが、特別法にも規定が置かれている（地方税法10条の２、国民年金法88条２項・３項、健康保険法58条２項等）。

(2)　連帯債務の効力

(ア)　債権者の履行の請求

　前述のように、連帯債務者に対する債権者の権利として、債権者は、債務者の１人に対して全部または一部の、総債務者に対して同時に、または順次に、全部または一部の履行の請求をすることができる（432条）。例えば、［事案②］の@のように、Dに対してA・B・Cの３人が6000万円の連帯債務を負うとき、Dは、A・B・C全員に対し6000万円を請求することも、Aに対してのみ請求することも、Aに3000万円、Bに2000万円、Cに1000万円を請求することも、Dの任意である。連帯債務は複数の債務であり、それぞれ独立の債務だからである。この履行請求は、裁判上、裁判外を問わず、することができる。債務者の全員または一部の者が破産手続開始決定を受けた場合には、債権者は、各破産財団に対し、全額をもってその配当に加入することができる（破産104条）。

(イ)　絶対的効力

　連帯債務は別個独立の債務であるから、債務者の１人について生じた事由は、他の債務者に効力を及ぼさないはずである。しかし、連帯債務は、債務の弁済という共同目的のために、各債務者が主観的共同関係に立つので、この目的を達成する１人の行為は、他の債務者に効力を及ぼすと考えるのが妥当である。債務者の１人について生じた事由が、他の債務者の債務に効力を及ぼすことを絶対的効力といい、影響を与えないことを相対的効力という。前者の典型は弁済であるが、絶対的効力を有する諸事由は、次のとおりである。

(a)　弁　済

　弁済と同じ効果をもつ代物弁済（482条）、供託（494条）も絶対的効力を有する。［事案②］の@において、Aが6000万円給付する代わりにDとの合意に基づき鑑定額7000万円相当の絵画をもって代物弁済とすると、B・Cも債務を免れる。同様に、Aが6000万円を給付したのに、Dが受領を拒んだとき、Aがそれを供託すると、B・Cも債務を免れる。なお、

弁済に関連して、受領遅滞に絶対的効力を認めるのが通説である。

(b) 更 改

債権者と連帯債務者の1人との間で更改契約がなされると、他の債務者は債務を免れる。更改契約とは、［事案②］の③において、AがDに対し6000万円を給付する代わりに鑑定額7000万円の絵画の給付を約するように、従来の債務を消滅させて新債務を生ぜしめる契約である（513条、上の代物弁済の場合にはそれにより直ちに当該連帯債務を消滅させるが、更改の場合には当該連帯債務を消滅させてAによる新たに絵画給付の契約を締結するものである）。AがDと更改契約を締結したときは、Dの代金債権6000万円は、A・B・Cのすべての連帯債務者の利益のために消滅する（438条）。Aは、B・Cに対しその負担部分に応じて求償することができる（A・B・Cの負担部分が均分である場合には、B・Cそれぞれに2000万円）。

(c) 相 殺

債権者Dに対し反対債権をもっている場合、連帯債務者の1人Aが相殺を援用したときは、その相殺の効力は他の連帯債務者B・Cにも及び（439条1項）、A・B・Cは、相殺された分だけ債務を免れることになる。［事案②］の③において、Aが、Dに対し例えば3000万円の反対債権を有している場合に、同債権をもって相殺を援用したときは、A・B・CのDに対する連帯債務は3000万円となる。

　上の場合に、反対債権をもつ連帯債務者Aが相殺を援用しない間は、その債務者Aの負担部分の限度において、他の債務者B・Cは、債権者Dに対して債務の履行を拒むことができる（439条2項）。［事案②］の③において、A・B・Cの負担部分が平等（各自2000万円）であるときに、B・Cは、Dに対してAの負担部分である2000万円の限度において、債務の履行を拒むことができるから、Aの反対債権額が3000万円であっても、B・CがDに対し履行を拒めるのはAの負担部分である2000万円を限度とするので、なお4000万円の連帯債務は負う（Aの反対債権額が1500万円であるときは、その額が控除された4500万円）。例えばCがDから6000万円の履行を請求された場合に、Cは、Dに4000万円を支払って、Bに対し2000万円を求償することができる（Aの反対債権額が1500万円であるときは、Cは、Dに4500万円支払って、Bに対し2000万円、Aに対して500万円を求償することができる）。他方、AとDの関係については、AのDに対す

る3000万円（上の括弧内の場合は1500万円）の債権と、DのAに対する2000万円の債権はそのままである。すなわち、Aは、自己の債権3000万円（上の括弧内の場合は1500万円）とDの債権2000万円を相殺して、自己の債務を消滅させて1000万円の債権のみ有することとすることができる（上の括弧内の場合はAの500万円の債務のみが残る）。

　なお、2017年改正の前は、ある連帯債務者が相殺しない間は、その連帯債務者の負担部分についてのみ他の連帯債務者が「相殺を援用することができる」（旧436条2項）としていたが、改正法では、他人の債権を相殺に供することまで認めるのは、他人の財産権に対する過剰な介入となるとして、援用を認めず、前述のように、「債権者に対して債務の履行を拒むことができる」（439条2項）とした。

(d)　混　同

　[事案②]の@において、連帯債務者の1人AがDを相続したり、Dから6000万円の本件代金債権を譲り受けたときは、混同（520条）によって弁済したものとみなされる（440条）。したがって、A・B・Cの連帯債務は消滅する。AはB・Cに求償権を行使できる。

(ウ)　相対的効力

　上で述べた(a)弁済、(b)更改（438条）、(c)相殺（439条1項）、(d)混同（440条）の場合を除き、連帯債務者の1人について生じた事由は、他の連帯債務者に対して原則としてその効力を生じない（441条本文）。以下、具体的にみてみよう。

(a)　履行の請求

　2017年改正前は、[事案②]の@において、DがAに対して代金給付の履行を請求するとその効力はB・Cにも及ぶとして、連帯債務者の1人に対する履行の請求を絶対的効力事由としていた（旧434条）。しかし、これを認めると、連帯債務者相互には必ずしも密接な関係があるわけではない（例えば、A・B・Cは、それぞれが、他の者と連帯する意思はあるが、他の者の素性等については知らない場合等もある）にもかかわらず、連帯債務者の1人に履行の請求があると、他の連帯債務者も、履行遅滞に陥ったり、債務につき時効の進行が妨げられることになる。そこで、改正法は、旧434条を削除し、債権者の連帯債務者の1人に対する履行の請求を相対的効力事由とした（441条本文）。したがって、[事案②]の@において、

DがAに対して履行の請求をしても、B・Cに対して履行の請求をしたことにはならない。

(b) 免　除

2017年改正前は、連帯債務者の1人に対して債務の免除をしたときは、その債務者の負担部分について、他の債務者も債務を免れるとしていた（旧437条）。しかし、連帯債務者の1人の債務を免除した債権者は、必ずしも他の連帯債務者についても債務を免除する意思を有しているわけではない。そこで、改正法は、旧437条を削除し、債権者の連帯債務者の1人に対する免除を相対的効力事由とした（441条本文）。したがって、［事案②］の@において、DがAに対して債務を免除しても、B・Cに対して債務を免除したことにはならず、以後は、BとCとで6000万円の連帯債務を負う。

なお、改正前においては、債権者が連帯債務者の1人に対して、債務の一部を免除した場合に、他の債務者にどのような効果を与えるかについて問題とされ、判例は、一部の免除は、全額の免除を受けた場合に比例した割合で他の債務者も債務を免れ、また、免除を受けた者の負担額もそれだけ減少するとしていた（大判昭15・9・21民集19巻1701頁）。学説は諸説存在したが、改正法の下では、B・Cに対して債務を免除したことにはならないから、この問題は生じない。以後は、Aは、一部免除額を控除した残額の債務を負い、BとCは、6000万円の連帯債務を負う。

(c) 時効の完成

［事案②］の@において、DとA・B・Cとの間の各売買契約で各自の代金支払債務の履行につき異なる時期を約した場合には、各代金支払債務の消滅時効の完成の時期は異なる。2017年改正前の旧439条は、連帯債務者の1人についての時効の完成を絶対的効力事由であるとし、その連帯債務者の負担部分については、他の連帯債務者もその義務を免れるとしていたことから、例えば、いち早く自己の債務の消滅時効が完成するAが時効を援用した場合には、Aの負担部分については、B・Cもその限度で債務を免れることになる。しかし、これでは、Dは、A・B・Cのすべての連帯債務者との関係で各債務ごとに消滅時効を阻止する完成猶予の措置（147条1項）をとらなければならず、Aの債務についての措置を講じただけでは、B・Cの債務の全額を保全することはでき

ず、Dにとって負担となる。また、改正法では、前記(a)で述べたように、債権者の履行の請求に相対的効力しか認められないので（441条本文）、消滅時効の完成阻止のためのDの負担は増すことになる。

　そこで、改正法においては、旧439条を削除し、時効の完成を相対的効力事由とした（441条本文）。したがって、いち早く自己の債務の消滅時効が完成したAが時効を援用した場合でも、B・Cの債務にはその効力が及ばない。

(d)　その他の相対的効力事由と相対的効力の原則の例外

　上の(a)〜(c)のほか、連帯債務者の1人の時効についての完成猶予・更新事由（147条・152条等）、連帯債務者の1人の過失・遅滞、連帯債務者1人に対する判決の効力なども相対的効力をもつにすぎない。

　以上のように、(イ)(a)〜(d)を除いて、連帯債務者の1人に生じた事由は他の連帯債務者に効力を生じないとするのが原則であるが（相対的効力の原則〔441条本文〕）、例えば、［事案②］の@において、連帯債務者のうちAとBは兄弟であるが、CはA・Bとは赤の他人であるような場合に、債権者DとAにおいて、Bにその事由（例えばDからBに対する履行の請求）が生ずればAにもその効力が及ぶなどとする別段の意思表示があるときは、その効力をAに及ぼしても、DやAにとって不意打ちとなり不測の損害を受けることはない。したがって、改正法では、相対的効力の原則の例外として、「ただし、債権者及び他の連帯債務者の1人が別段の意思を表示したときは、当該他の連帯債務者に対する効力は、その意思に従う」とした（441条ただし書）。

(3)　連帯債務者相互間の求償関係

(ア)　求償権の成立要件と範囲

　連帯債務者の1人が出捐（弁済のほか、代物弁済、供託、相殺、更改など）して共同の免責を得た場合に、その連帯債務者は、他の連帯債務者に対する求償権を取得する（442条1項）。連帯債務者の1人がその者の負担部分額に達しない弁済をした場合でも、各債務者の負担部分の割合に応じて求償できる。［事案②］の@で、Aが1200万円弁済した場合には、その分A・B・Cが共同の免責を得るから、B・Cに400万円ずつ求償できる（3000万円弁済した場合には、1000万円ずつである）。ただ、Aが7000万円弁済した場合には、A・B・Cが共同の免責を得た額は6000万であるか

ら、B・Cに対しては2000万円ずつしか求償できない（442条1項括弧書）。その場合には、AがDに対して過払分1000万円の返済を求めることになる。

求償できる範囲は、連帯債務者の1人の出捐により共同の免責を得ることができた額および免責を得た日以後の法定利息と、避けることのできなかった費用（弁済費用・訴訟費用・執行費用など）、そのほか損害賠償を包含する（442条2項）。なお、［事案②］の@でAが時価7000万円する絵画をもって代物弁済しても、共同免責額は6000万円であるから、B・Cに2000万円ずつ求償できるだけである。

(イ) 求償権の制限

連帯債務者の1人が、弁済その他共同免責を受けうる出捐をすることは、他の債務者に重大な影響があるので、その事前および事後に他の債務者に通知しなければならず、これを怠った場合には、弁済した債務者は、一定の範囲で求償権が制限され、不利益を受ける（443条）。過失のない債務者を保護するためである。

(a) 事前の通知を怠った場合

連帯債務者の1人が、他の連帯債務者があることを知りながら、共同の免責を得ることを他の連帯債務者に通知しないで弁済し、その他自己の財産をもって共同の免責を得た場合において、他の連帯債務者は、債権者に対抗することができる事由（反対債権の存在、消滅時効の完成、弁済等）を有していたときは、その負担部分について、その事由をもってその免責を得た連帯債務者に対抗することができる（443条1項前段）。この場合において、他の連帯債務者が相殺をもって弁済等をした連帯債務者に対抗したときは、弁済等をした連帯債務者は、債権者に対し、相殺によって消滅すべきであった債務の履行を請求することができる（同項後段）。

［事案②］の@のようにA・B・Cの3人がDに対して平等の負担部分で6000万円の連帯債務を負っている場合、Aが他の債務者B・Cに通知をしないで全額を弁済したときに、例えばBがDに対する1000万円の反対債権をもっていたり、消滅時効を援用できるとすると、Aは、本来、B・Cに対し各2000万円の求償ができるはずであるが、弁済の通知を受けなかったBは、Aからの求償に対し自己の負担部分の範囲で、

Ｄに対する反対債権による相殺や時効の完成による援用ができること
をもって、対抗することができる。つまりＢは、Ａに対し、前者の事
由の場合には1000万円だけＡの求償に応ずればよく、後者の事由の場
合には求償に応じなくてもよい。なお、Ａが事前の通知をして弁済を
する場合であっても、Ｂ・Ｃに対する通知が到達してＢ・Ｃが自己の上
記の対抗事由につきＡに通知するだけの期間は確保されるべきである
から、ＡのＢ・Ｃに対する本来の求償権の行使が認められるためには、
ＡのＢ・Ｃに対する事前の通知から弁済までには一定の期間が必要とさ
れると解さる。

　前例において、Ａは、ＢからＤに対し相殺に供されるべきであった
債務であったためにＢに対し求償できなかった1000万円について、Ｄ
に履行の請求をして償還を受けることができる。後者の事由の場合にお
いて、Ａは、Ｄに対し、相殺の場合に準じて、時効によるＢの債務の
消滅につき「正当な利益を有する者」(145条)としてＢの債務の消滅時
効を援用してＤから2000万円の償還を受けることができるか否かにつ
いては、前記(2)(ウ)(c)で述べたように時効の完成は相対的効力を有するこ
とから(441条本文)、否定されよう。Ｂに対する通知を怠った以上、Ａ
が不利益を受けるのはやむをえず、その責任をＤに転嫁することはで
きない。

　なお、2017年改正前の旧443条１項は、連帯債務者の１人が、①「債
権者から履行の請求を受けたこと」を②「他の連帯債務者に通知しない
で」弁済等をした場合を本制度の前提としていた。しかし、「債権者から
履行の請求を受け」て弁済をする場合に限らず、自発的に弁済をする
場合も包めるのが妥当であると考えられ、また、前例において、Ａが、
Ｂとの関係では連帯債務であることの認識はあるが、Ｃとの関係ではそ
の認識を欠いているときにまでＣに対する通知を課すのは妥当ではな
いと考えられることから、改正法は、①については削除し、②について
は、前述のように「他の連帯債務者があることを知りながら」という文
言を追加した。

(b)　事後の通知を怠った場合

　連帯債務者は、誰でも任意に連帯債務を弁済することができる。それ
によって連帯債務者全員が共同の免責を得るが、自己が認識する他の連

帯債務者に対する事前の通知を怠り、上で述べたように、他の連帯債務者の中に債権者に対抗することができる事由を有する者がいるときには、その者に対する求償は制限される。それでは、連帯債務者の1人が、他の連帯債務者全員に対して事前の通知をした上で弁済をすれば（事前の通知から弁済までの期間については前記(a)参照）、他の連帯債務者に対して求償が制限されることはないのか。連帯債務者間の求償関係については、一応そのようにいえる。ただ、連帯債務者の1人が事前の通知をした上で弁済等をして連帯債務者の全債務を消滅させて共同の免責を得た場合でも、他の連帯債務者も事前の通知をした上で弁済等をした場合には、その相互間の求償は制限されるとしても、どちらの弁済等が有効かという債権者との関係が問題となる。

　民法は、事前の通知をしても、弁済等共同の免責を得た連帯債務者Aは、その後に、自己が認識する他の連帯債務者Bに対して、弁済等をしたことの事後の通知を怠った場合には、自己より先に弁済等がされたことを知らない善意者Bが重ねて弁済等をしたときには（この時点で二重の弁済）、Bは、自己の弁済等を有効なものとみなすことができるとする（443条2項）。「有効であったものとみなすことができる」というのは、当該他の連帯債務者の弁済等が当然に有効なのではなく、その主張があって初めてその弁済が有効となるという意味である。なお、Bも、自己の弁済について事前・事後の通知をしないときは、善意で弁済したAに対抗することはできない（この場合のAとBの優劣については後記(c)参照）。

　複雑な法律関係となるので、［事案②］を使って、もう少し具体的に詳しくみておこう。Aが、B・Cに対し、6000万円の弁済をすることを事前に通知し、その通知が到達（97条1項参照）すれば、通常はB・Cは弁済しないはずである。また、それでもBからDに対し債務全額の弁済の提供がされようとした場合には、通常はDはその弁済を受領しないはずである。しかし、例えば、Bが、Dに対し、Aからの弁済の有無について確認したところ、Aの弁済がない旨の返答を受けた場合に、Bは、履行期が経過していたときなどにおいては、事前・事後の通知をして弁済をすることもありうる（Bの弁済は善意の弁済といえる）。そして、Bの弁済の直後にAが事前の通知どおりに弁済した場合でも、資金繰

りに窮していたDがAからの弁済を受領することもありうる。このような偶然が重なったような場合には、AとBの弁済のうち、どちらを優先させるべきかが問題となる。優先した方は、実際上回収が困難なことも多い不当利得を理由とするDからの返還請求を免れ、実際上回収が容易であることが多い他の連帯債務者に対する求償権を行使することができる。

　このような場合のBの弁済に関し、その弁済の事前の通知の有無については、前記(イ)(a)で述べたとおりの求償の制限に係る443条1項の問題であるが、Bの事後の通知の有無については、同条2項の問題である。Aの弁済がBの弁済より前にされた場合でも、Aの事後の通知がない場合には、事前・事後の通知をしたBは、Aに対し、自らの弁済を有効であると主張して、Aからの求償を拒み、逆にAに対して求償をすることができる。しかし、Bによる事前・事後の弁済の通知もない場合には、A・Bは、相互に、相手方に対し自らの弁済を有効であると主張することはできない（この場合のA・Bの優劣については、後記(c)参照）。

　すなわち、連帯債務者間の求償については事前の通知の前後によりその優劣が決まり、連帯債務者間の弁済等の効力については事後の通知の前後によりその優劣が決まる。なお、前例で、事後の通知をしないで弁済等をしたAは、Bとの関係では劣後するが、Cとの関係では劣後しないので、Cに対してはCの負担部分につき2000万円の求償をすることはできる（相対的効果説、判例として大判昭7・9・30民集11巻2008頁参照）。そして、CがAからの求償に応じた場合には、Bは、Aに対して、自己の弁済等が優先するとしてAの負担部分とCの負担部分をあわせた4000万円の求償をすることができる。他方、CがすでにBからの求償に応じていた場合には、Cは、Aからの求償を拒むことができる。最終的には、Aが、弁済した6000万円の返還をDから受けることになる。

(c)　事前・事後の通知を怠った場合

　前例で、Aが事後の通知をせず、Bも事前の通知をしないで弁済した場合には、443条の適用はなく、一般原則に従って第1の弁済だけが有効となる（最判昭57・12・17民集36巻12号2399頁参照）。

(ウ)　無資力者への求償

　連帯債務者のうち償還する資力のない者があるときは、その償還でき

ない部分は、求償者および他の資力ある債務者が、各自の負担部分に応じてこれを分担する。弁済者だけに償還無資力者の負担部分を負わせるのは不公平だからである（444条1項）。［事案②］のⓐで、Aが6000万円全額を弁済した場合には、AはB・Cに2000万円ずつ求償できるが、もしCが無資力で償還できなければ、その分はA・Bでそれぞれ負担部分に応じて分担する。A・Bの負担割合が3対1である場合には、Aは、自己が4500万を分担するから、Bには1500万円しか求償できない。

上の場合において、求償者Aおよび他の資力ある者Bがいずれも負担部分を有しない（Cのみが負担する）ときには、その償還をすることができない部分は、AおよびBの間で、等しい割合（3000万円ずつ）で分担する（同条2項）。

前記の444条1項・2項の規定にかかわらず、償還を受けることができないことについて求償者Aに過失があるときは、他の連帯債務者Bに対して分担を請求することはできない。Aが負担部分を有していたCに対して求償の時期を失しなければCが無資力となることはなかったであろう場合などが、これに該当する（同条3項）。444条2項と3項は、2017年改正によって新設された規定である。

(エ) 連帯の免除と無資力者の負担部分

連帯の免除とは、債権者が連帯債務者の1人または数人（ないし全員）に対して債務額を負担部分に限って請求し、それ以上請求しないことをいう。連帯の免除には、連帯債務者全員に対して連帯の免除をする場合（絶対的連帯免除）と、1人または数人についてだけする場合（相対的連帯免除）とがある。前者は、それによって連帯債務は分割債務となる。負担部分のない債務者は債務を免れる。後者の場合は、免除を受けた債務者だけが、債務額が自己の負担部分に縮減される。他の債務者は依然として全部給付の義務を負うことになる。

そこで問題となるのは、［事案②］のⓐにおいて、DがBに対して連帯の免除をし、Aが全額弁済し、Cが無資力の場合、Cの3分の1の負担部分2000万円を誰が負担するのか、である。本来はAとBとで分担しなければならないところ、もしBが1000万円分担し自己の負担部分とあわせて3000万円負担するとしたときには、BがDから連帯の免除を受けた意味がなくなってしまう。それゆえ、2017年改正前の旧445条

は、無資力者の負担部分について、免除を得た者に代わって債権者D
が負担すべきものとしていた。

　しかし、2017年改正法は、債権者Dは、自己がBの負担部分を引き
受けることを意図してBの連帯の免除をしたとは限らないなどとして、
同条を削除し廃止した。その結果、連帯の免除を受けたBは、2000万
円の縮減された債務を負担し、A・Cは、6000万円の連帯の意思は変わ
らないとして従来と同額の連帯債務を負う。Aが6000万円弁済した場
合には、Cに2000万円の求償ができ、Bにも2000万円の求償ができる。
ただし、Cが無資力になった場合には、上の(ウ)で述べた444条に従って
処理され、Cの負担部分2000万円は、AとBとで分担するから、Aは、
Bに3000万円を求償することができる。

(オ)　免除・時効の完成と求償権

　前述のように、連帯債務者の1人（例えば［事案②］の③におけるA）に
対する債務の免除および連帯債務者の1人のために完成した時効は相対
的効力を有するところ（→(2)(ウ)(b)(c)、441条）、債権者（［事案②］の③におけ
るD）は、他の連帯債務者（［事案②］の③におけるB・C）に対して、連帯
債務の全部（［事案②］の③における6000万円）の履行を請求できる。この場
合に、例えばBが全額弁済したにもかかわらず、Cにしか求償できな
いとすると、Aは、応分の負担をする意思をもって連帯債務関係に入
ったにもかかわらず、Dの免除の意思または請求の懈怠等による時効
の完成によって、その負担を免れ、他方、BおよびCは、自らの負担
部分を超えて負担を負うことになる。

　そこで、2017年改正は、他の連帯債務者BおよびCは、Aの負担部
分も含めて連帯債務の全部を履行する義務を負うが、これを履行した場
合には、Aに対し、442条1項の求償権を行使することができるとした
(445条)。なお、この求償に応じたAは、特約等がない限り、債権者D
に対して、求償相当額の支払を求めることはできないと解される。

3　不真正連帯債務

(1)　意　義

　BがAから賃借している建物の鍵をかけ忘れたため、Cが不法に侵
入し建物を焼失させた場合、BはAに対し、賃借人として賠償義務を

負わなければならないが、他方、Ｃも不法行為に基づく損害賠償義務を負う。ところで、ＢまたはＣからＡに対し賠償がなされたとき、Ａの他方に対する賠償請求権は消滅する。Ｂ・Ｃともに全部給付義務を負い、Ｂ・Ｃのうちの１人の履行によって他方が義務を免れる点で、連帯債務に類似する。このような場合に、ＢとＣとは不真正連帯に立つという。

不真正連帯債務とは、多数の債務者が同一内容の給付について全部履行すべき義務を負い、しかも、一債務者の履行によって債務を免れるという点では連帯債務と同じであるが、もともと債務者間に緊密な関係がないため、一債務者について生じた事由が他の債務者に影響を及ぼさず、負担部分もなく、当然に求償関係も生じない、「真正の連帯債務」とは異なる多数当事者の債権債務関係をいう。

例えば、使用者の賠償義務と被用者の賠償義務（715条）（大判昭12・6・30民集16巻1285頁、最判昭45・4・21判時595号54頁）、動物の加害行為についての占有者と保管者の賠償義務（718条）、共同不法行為（719条）、受寄物を盗まれた受寄者の債務不履行に基づく賠償義務と窃取者の不法行為に基づく賠償義務などが、その典型である。判例も、不真正連帯債務という表現は用いずに、主体者各自に全額履行責任を認め、連帯債務と同じように扱っている。しかし、債権者を満足させる事由以外の事由は、他の債務者に影響を及ぼさないなど、内容においては、通常の連帯債務と区別している。

(2) 効 力

不真正連帯債務は、連帯債務と同じく客観的に単一目的を有するものであるから、債務者１人について生じたものでも、債権を満足させるもの（弁済・代物弁済・相殺など）は、絶対的効力を有する。これに反し、債権者を満足させる事由以外のものは、すべて相対的効力を有するにとどまる。例えば、被用者に対する賠償請求権が消滅時効にかかっても、使用者の賠償義務には影響しない。

不真正連帯債務者相互間にあっては、主観的関連がないため、負担部分なるものがなく、したがって当然には求償関係が生じない。もっとも、実際には、これら債務者間に存在する契約または法律による特別の法律関係に基づいて、求償関係が生ずる場合が多い。

なお、判例は、被用者の第三者に対する加害行為により、その賠償を

した使用者が、その被用者に対して求償権（715条3項）を行使した事案について、不法行為の発生に関わる諸事情に照らし、信義則上相当と認められる限度において求償できるとした（最判昭51・7・8民集30巻7号689頁）。

第14章 保証債務
——多数当事者の債権関係②

[事案]

　Ａは、Ｄから6000万円でリゾート・マンションの１室を買うこととしたが、6000万円の債務についてはＢが保証することを書面にて約した。また、Ｄの債務についてはＣが保証人となっていた。

(1) ⓐ　Ｄは、保証人Ｂに対してどのような請求が可能か。また、Ｂは、Ｄに対してどのような内容の義務を負うか。

　　ⓑ　ＡがＤの詐欺により本件マンションを買った場合に、Ｂの保証債務はどうなるか。

　　ⓒ　Ｂは、Ａから依頼されて保証人となったが、その際、ＡはＢに対し「自分は本件マンションにつき抵当権を設定しているのでＢに迷惑をかけることはない」との詐術（実際にはＤのための抵当権の設定はなかった）を用いていた。この場合のＡ・Ｂ・Ｄ間の法律関係はどうか。

(2) Ａは、Ｄがなかなかマンションを引き渡さなかったので契約を解除した。Ａは、Ｃに対し、Ｄに支払済みの代金の返還と遅延損害賠償金の支払を請求することができるか。

Ⅰ　総　説

1　保証債務の意義

　ＡがＢに金銭を貸す際、その「借金のかた」として、Ｂまたは第三

者Ｃ（物上保証人）の不動産、有価証券、宝石などの財産（担保物）に抵当権や質権を設定させて債権の弁済を確保しようとする。しかし、Ｂがそれに見合うべき担保物を用意できないときは、債権者は、債務者以外の第三者に債務を負わせて、債務者が弁済しないときにはその第三者から弁済を受けようとする。保証は、このように他人の一般財産（信用）を「借金のかた」にする人的担保制度である。

保証債務とは、例えば、ＡがＢ（主債務者）に100万円を貸す際、その債権を担保するために、ＣをＢの保証人に立てさせ、ＡはＣと保証契約を結び、それによって、もし主債務者Ｂが債務を弁済しない場合には、債権者Ａは、保証人Ｃに対してその支払を請求できるというものであって、主債務を担保する債務である（446条１項、［事案］(1)ⓐ参照）。そして、実際には保証は、単なる保証よりも連帯保証（→Ⅴ）としてされる場合が多く、連帯保証では、債権者は、債務者に請求することなく、直ちに連帯保証人に対し支払を請求することができる。なお、保証契約は、債権者と保証人との間で書面または電磁的記録によってされなければ効力を生じない（446条２項・３項）。保証人が安易に保証契約を締結することを防止する趣旨である。

2　保証債務の性質

保証債務は、主債務の存在を前提とし、主債務が履行されない場合に、代わって履行することによって債権者に主債務が履行されたのと同一の利益を与えるものであるから、主債務に従たる性質をもっている。これを保証債務の付従性という。この付従性は、保証債務を貫く重要な特質である。その結果、次のような付従的な性質を示す。

①　保証債務は、主債務と同一の内容をもつ。それゆえ、保証債務は主債務と同一のものか、別個独立の債務か、見解が分かれているが、別個独立の債務と解するのが通説である。保証債務は、債権者と保証人との契約によって生ずるが、保証債務の性質に反しない限り、主債務とある程度態様を異にすることがありうるし、また、その消滅原因なども別個に生ずることもありうるからである。

②　保証債務は主債務の存在を前提とするから、主債務が無効または取り消されると、保証債務も無効となる（［事案］(1)ⓑ参照）。もっとも、

主債務者が制限行為能力であるために取り消すことができることを、保証契約当時、保証人が知って保証した場合には、後に主債務の不履行または取消しがされても、保証人は主債務者と同一の目的をもつ独立の債務を負担したものと推定される（449条）。

③　主債務の内容に変更が生じたときは、保証債務の内容も変わる。例えば、主債務が損害賠償債務に変わると保証債務もそれに変わる（［事案］(2)参照）。

④　保証債務は従たる債務であるから主債務より重いことはない。主債務が30万円なのに保証債務が50万円ということはない。重いときは主債務の限度に減縮される（448条1項）。そして、主債務の目的または態様が保証契約の締結後に加重されたときであっても、保証人の負担は加重されない（同条2項）。

⑤　主債務が減少すれば保証債務も減少する。もっとも、保証債務は主債務とは別個独立の債務であるから、保証債務についてだけ違約金または損害賠償額の予定を約定することができる（447条2項）。

⑥　主債務が拡大すると保証債務も拡大する。例えば主債務額が30万円から利息を加えて32万円に拡大すると、保証債務も32万円になる（447条1項）。もっとも、④で述べたように、保証契約成立後、債権者と主債務者間の契約で主債務額を拡大しても、保証債務が拡大することはない（448条2項）。

⑦　主債務が移転すればこれに伴って保証債務も移転する（随伴性）。

⑧　保証債務は、主債務に対して原則として補充性を有する。保証人は、主債務者が履行しない場合に初めてその債務を履行することになる（446条1項）。そのため、保証人は催告の抗弁権（452条）と検索の抗弁権（453条）とをもつ。

3　保証債務の成立

保証債務は、債権者と保証人との保証契約によって成立する。通常、主債務者Ｂが保証契約書を自らＣの所に持参して、Ｃに保証人としての署名捺印を依頼する場合が多い。この場合も、保証契約は債権者ＡとＣの間に締結されたものとされる（［事案］(1)ⓒは、当事者の表記は異なるが、ここでのＡ・Ｃ間の保証契約について第三者Ｂが詐欺を働いた場合の96条2項

に関する問題である）。BはAの代理人とみられるのである。保証契約は、無方式の諾成契約であったが、2004年の民法の改正によって、前述のように、「書面でしなければ、その効力を生じない」とされた（446条2項）。しかし、以前より実際には保証契約書が作成されることが多かった。書面上の「引受」「承認」「証人」などの記載文言をどのように解するかは、意思解釈の問題である。なお、前記のように、保証契約がその内容を記録した電磁的記録（電子的方式、磁気的方式その他人の知覚によっては認識することができない方式で作られる記録であって、電子計算機による情報処理の用に供されるものをいう）によってされたときは、書面によってされたものとみなされ、保証契約の効力が生じる（同条3項）。

　保証人は、一般的には行為能力がなければならない。債務者が、法律の規定（法律上一定の者が「相当の担保を供」すべき場合〔576条ただし書・650条2項後段等〕において、その者が保証人を立てたとき）または契約（例えば、金銭消費貸借契約）によって保証人を立てる義務を負う場合には、①保証人が行為能力者であること、②弁済の資力あることが必要である（450条1項）。保証人がこれらの要件を欠くに至ったときは、債権者はこの保証人を自ら指名した場合を除き、債務者に対しこれらの要件を満たす者を、保証人として立てるよう請求できる（同条2項・3項）。債務者がこれらの要件を具備する保証人を立てることができないときは、他の担保を供してこれに代えることができる（451条）。

Ⅱ　保証債務の効力

1　保証債務の範囲

　保証債務の範囲は、特約のない限り、元本のほか、利息・違約金・損害賠償そのほか債務に従たるものを包含する（447条1項）。問題は、保証債務が主債務の契約解除による原状回復義務と損害賠償義務にまで及ぶかである。判例は、当初、売買契約の解除のように、遡及効のある場合、原状回復義務の性質は不当利得返還義務で、本来の債務とは別個独立の債務であるとし、保証債務には及ばないと解していた（大判明36・4・23民録9輯484頁）。他方、賃貸借契約の解除のように遡及効がない場

合、解除後の賃借人の目的物返還義務の不履行による損害賠償債務は保証債務に含まれるとして、賃借人の保証人は、その責任を負うとされた（大判昭13・1・31民集17巻27頁、最判昭30・10・28民集 9 巻11号1748頁）。学説は、前者の遡及効のある契約が解除に基づく原状回復義務についても、保証人の責任を認めるべきことを説いた。保証契約の当事者の意思からすれば、主債務者の債務不履行によって契約が解除された責任についても、保証契約の内容にしていると考えるのが通常であるから、積極的に解すべきであろう。後に判例も、これを認めるに至った（最大判昭40・6・30民集19巻 4 号1143頁〔特定物の売買における売主の保証人の責任〕、最判昭47・3・23民集26巻 2 号274頁〔請負人の前払金返還債務についての保証人の責任〕）。契約解除によって生ずる損害賠償義務は、本来の債務と別個のものではないから、保証人も責任を負うのは当然である。

2　保証人の抗弁権

保証債務は、従たる債務として主債務を補充するものであるから、保証人には、債権者からの請求に対して次のような抗弁権が認められている。

(1)　催告の抗弁権

債権者が主債務者に履行の請求をすることなく、いきなり保証人に保証債務の履行を求めてきたときは、保証人は、まず主債務者に対して催告してくれと請求できる（452条）。これを催告の抗弁権という。

抗弁権を行使すると、債権者の保証人に対する請求は効力を失い、債権者は主債務者に催告した上で、改めて保証人に請求することになる。債権者が、催告の抗弁権の行使を受けたにもかかわらず、主債務者に対する請求を怠っていたために、主債務者から全部の弁済を受けることができなくなったときには、保証人は、債権者が直ちに請求していれば弁済を受けたであろう限度において、その責任を免れる（455条）。主債務者が破産手続開始決定を受けたり、行方不明であるときは、保証人は、この抗弁権を行使できない（452条ただし書）。

(2)　検索の抗弁権

債権者が主債務者に催告した後でも、先に保証人に対して執行してきた場合に、保証人は、主債務者に「弁済をする資力」があり、しかも

「執行が容易」であることを証明して、まず、主債務者の財産について執行すべきことを主張できる（453条）。これを検索の抗弁権という。ここでいう「弁済をする資力」というのは、債務全額を弁済するに足りる資力をいうのではなく、執行容易な若干の財産の意味である（大判昭8・6・13民集12巻1472頁）。執行が容易かどうかは、具体的な事案ごとに判断されるべきであるが、格別な時間と費用を要せずして当該債権を実現することができることであると解されている。一般に、金銭、有価証券などは執行が容易であり、不動産は原則として容易ではないとされる（前掲大判昭8・6・13）。

保証人が検索の抗弁権を行使したときは、債権者は、まず主債務者の財産について強制執行をしないと、保証人に対して再び請求することができない。保証人から検索の抗弁権の行使があったにもかかわらず、債権者が執行を怠ったときに、保証人が免責されうることは、催告の抗弁権の場合と同様である（455条）。なお、連帯保証人は、上の催告および検索の抗弁権をもたない（454条）。

(3) 抗弁援用権と相殺

保証債務は、主債務を担保する従たる債務であるから、保証人は、主債務者がもっている抗弁権を行使できる（457条2項）。例えば、主債務者が債権者に対し同時履行の抗弁権（533条）をもっている場合には、それを行使できるし、また、主債務が時効で消滅したときは、保証人はその消滅時効を援用することができる。もっとも、消滅時効完成後に主債務者が債務の承認をし、それを知った保証人も、保証債務を承認した場合には、保証人は主債務の時効の援用によって責任を免れることは、信義則上許されない（最大判昭41・4・20民集20巻4号702頁、最判昭44・3・20判時557号237頁）。

主債務者が債権者に対して反対債権をもっている場合には、保証人は、その反対債権をもって相殺することができる（457条3項）。例えば、債権者Aに対し60万円の債務を負っている主債務者Bが、Aに対し30万円の反対債権をもっている場合に、Bは相殺権を有しているが、この場合に、保証人Cは、相殺権の行使によってBが債務を免れるべき限度において、Aに対して債務の履行を拒むことができる。したがって、Cは、残り30万円だけを弁済すればよいことになる。これは、連帯債務

（436条）の場合と同様に、当事者間の求償関係を簡略化するために設けられたものである。主債務者のもっている取消権・解除権を保証人が行使できるかについて、2017年改正前の判例は、保証人は120条で規定する取消権者に該当しないとして、その行使を認めなかった（大判昭20・5・21民集24巻9頁）。しかし、学説は、主債務者が取消権をもっている間は、保証人は履行を拒絶できると解していた。2017年改正規定は、取消権・解除権についても相殺権と同様であるとして明文化した（457条3項）（〔事案〕(1)ⓑ参照）。

3　主債務者について生じた事由

　前述したような保証債務の付従性からして、主債務者について生じた事由は、原則として保証人にもその効力を及ぼす。主債務が消滅すれば、保証債務も消滅する。債権者からの主債務者に対する履行の請求、その他、裁判上の請求による時効の完成猶予および更新（147条）は、保証人に対してもその効力が及ぶ（457条1項）。主債務者が債務を承認した場合（152条1項）も、同様である。

　主債務者が死亡しても、その債務は相続人によって承継されるから、保証債務も存続する。問題となるのは、相続人が限定承認（915条・922条）をした場合であるが、限定承認をしても主債務は消滅せず、ただ相続人の債権者に対する責任が相続財産の範囲に制限されるだけであるから、保証債務自体には影響がない。

4　保証人について生じた事由

　保証人について生じた事由は、原則として主債務者に対して効力を及ぼさない。例えば、保証人が債務を承認しても、主債務者について時効の完成猶予および更新の効力は生じない。ただし、弁済・代物弁済・供託・相殺・更改など債務を消滅させるものは、主債務者にも効力を及ぼす。

　なお、連帯保証人について生じた事由も、原則として、主債務者に対しては効力を生じない。ただし、更改（438条）、相殺（439条1項）、混同（440条）については、連帯保証人について生じた事由が主債務者に対して効力が生ずる（458条）。2017年改正前の規定は、履行の請求について

も同様としていたが（旧458条・434条）、主債務者は、連帯保証人に履行の請求があったことを当然には知らないため不測の損害を被るおそれがあることから、改正法では、連帯保証人に対する履行の請求は、主債務者に対してその効力を生じないとした上で、債権者および主債務者が別段の意思表示をしていた場合には、連帯保証人に生じた事由（履行の請求や時効の完成等）の主債務者に対する効力は、その意思に従うものとした（458条において準用する441条）。

5　債権者の保証人に対する情報提供義務

(1)　主債務の履行状況に関する情報提供義務

　保証人は、債務者から委託を受けて保証人となる場合（一般的な場合）と委託を受けないで保証人となる場合（例えば親がわが子の保証人となる場合）とがあるが、前者の場合においては、債権者は、保証人の請求があったときは、保証人に対し、遅滞なく、主たる債務の元本および利息、違約金、損害賠償その他その債務の従たるすべてのものについての不履行の有無ならびにこれらの残額およびそのうち弁済期が到来しているものの額に関する情報を提供しなければならない（458条の2）。この義務は、特に債務者から委託を受けて保証人となった者を保護するために、2017年改正によって新たに設けられたものである。債権者がこの義務の履行を怠ったことによって、保証人が損害を被った場合には、保証人は、債権者に対して、生じた損害の賠償を請求することができる（415条）。

(2)　主債務の期限の利益喪失時における情報提供義務

　主債務者が支払を遅延すると、日々発生する遅延損害金の負担が保証人についても増大していく。特に、主債務が分割債務である場合において1回でもその債務の履行を遅滞したときには期限の利益を喪失する旨が債権者と主債務者との間で約されていたときに、保証人が当該期限の利益の喪失を知ることができれば、多額の遅延損害金の発生を防ぐことが可能となる。そこで、2017年改正では、保証人を保護するために、個人の保証人について、①主債務者が期限の利益を喪失した場合には、債権者は、保証人がその利益の喪失を知った時から2カ月以内にその旨を保証人に通知（かつ到達）しなければならず、その通知をしなかったと

きは、保証人に対して、期限の利益を喪失した時から通知を現にするまでに生じた遅延損害金を請求することができないとの規定を新設した（458条の3第1項・2項）。保証人が法人である場合には、個人である場合とは異なり、直ちに生活の破綻となるわけではないこと等から、その対象とはならない（同条3項）。なお、債権者は、期限の利益を喪失しなかったとしても生ずるべき遅延損害金については、保証人にその履行を請求することができる（458条の3第2項括弧書）。

III　保証人の求償権

1　求償権の意義

　保証人が主債務者に代わって債権者に弁済した場合には、保証人は主債務者に求償していくことができる。保証人は、主債務者（親戚や知人など）から依頼されてなるのが通常であるが、それはあくまで主債務者と保証人との内部関係の問題にとどまり、前述したように、保証契約は、債権者と保証人との間の契約であるから、ときには親がわが子のために保証人となるなど債務者に頼まれずに保証人となる場合もありうる。

　そこで、主債務者から依頼されて保証人となった場合には、保証人の求償権は、委任事務処理のための費用の償還請求（649条・650条参照）に準じ、頼まれないで保証人となった場合には、法律上義務なくして他人の事務を管理した費用──事務管理の費用償還請求（702条参照）──に準ずるように思われるが、民法は、求償権に関する特別の規定を設けて、委任や事務管理の規定は準用しないものの、その内容はそれらに準じている。

2　委託を受けた保証人の求償権

　(1)　求償権を行使しうるのは、保証人の出捐行為（債務の消滅行為）により主債務者が免責を得た場合であり、主債務者が免責を得た額である（459条1項）。保証人は、委任における受任者に類似する。求償権の範囲は、連帯債務と同じであって、弁済額のほか、免責のあった日以後の法定利息および避けることのできなかった費用、その他損害賠償に及ぶ

（同条2項）。

　二重払いや主債務者の抗弁権行使を無駄にするのを避けるため、保証人は、弁済をする前か弁済をした後にそのことを主債務者に通知しなければならない。この事前または事後の通知を怠ると、連帯債務の場合と同じように、求償権の制限を受けることがある（463条1項）。すなわち、主債務者は債権者に対してもっていた抗弁権をもって保証人に対抗できるし、主債務者が二重弁済をした場合には主債務者の弁済が有効とみなされる。

　なお、民法は、主債務者がその委託によって保証人となった者に対し弁済の通知を怠った場合、保証人が善意で弁済をすれば、保証人は自己の弁済を有効とみなしうるとした（463条2項）。

　(2)　委託を受けた保証人は、例外として、次の場合には弁済その他の免責行為の前に求償することができる。この事前求償権は、先の委任事務処理費用の前払請求権の性質をもっている。

　①　主債務者が破産手続開始決定を受け、かつ債権者がその財団の配当に加入しないとき（460条1号）。この場合、保証人は求償権をもって財団の配当に加入することができる。

　②　債務が弁済期にあるとき（同条2号）。主債務者が遅滞に陥るときは、保証人はそれによって遅延損害金など不利益を被ることがあり、そのため事前に求償を得て、早急に債権者に対し弁済をして免責を得る必要があるからである。なお、ここでの弁済期とは、保証契約成立時に定まっていた主債務者の弁済期をいう。したがって、この弁済期到来後に、債権者が主債務者に期限を猶予しても、保証人はこれと関係なく求償できる（同号ただし書）。保証人は、当初の弁済期における主債務者の資力を考慮して保証契約を結ぶものだからである。

　③　保証人が過失なくして債権者に弁済すべき裁判の言渡しを受けたとき（同条3号）。

　(3)　上の①〜③の場合を除き、保証人が主債務の弁済期前であるのに債務の消滅行為をすることは、主債務者には期限の利益があることから、主債務者の委託の趣旨に反するともいえる。そこで、2017年改正では、459条の2の規定を新設して、委託を受けた保証人が主債務者の弁済期前に債務の消滅行為をした場合について、次の①〜③のような定めをした。

①　保証人は、委託を受けない保証人が債務の消滅行為をした場合と同様に（462条1項参照）、主債務者がその当時利益を受けた限度においてのみ求償権を有する（459条の2第1項前段）。なお、この場合において、主債務者が債務の消滅行為の日以前に相殺の原因を有していたと主張するときは、保証人は、債権者に対し、その相殺によって消滅すべきであった債務の履行を請求することができる（同項後段）。

②　保証人が求償可能な法定利息は、主債務の弁済期以後のものに、費用その他の損害賠償も弁済期以後に債務消滅行為をしても避けることができなかったものに、それぞれ限られる（同条2項）。

③　保証人が、主債務の弁済期前に債務の消滅行為をしたとしても、主債務の弁済期以後でなければ、求償権を行使することができない（同条3項）。

(4)　主債務者が上の保証人の事前の求償に応じたとしても、保証人が確実に債権者に対して弁済してくれるかどうかはわからない。主債務者のこのような不安を除去するために、民法は、主債務者は、保証人が債権者に弁済しない間は、保証人に担保を提供させ、または自分を免責させるよう請求することができるとした（461条1項）。さらに、主債務者は、求償に応じることなく、保証人に支払うべき金額を供託したり、これに相当する担保を供し、または債権者と掛け合って保証人に免責させ、求償権を消滅させることができるとした（同条2項）。

(5)　債務者の委託を受けてその者の債務を担保するため抵当権を設定した者（物上保証人）は、被担保債権の弁済期が到来したとしても、債務者に対しあらかじめ求償権を行使することはできない（最判平2・12・18民集44巻9号1686頁）。物上保証人が委託を受けたのは抵当権設定行為にとどまり、債権者に対して弁済する義務はなく、抵当権設定後は、委託事務処理費用を生ずる余地がないからである。物上保証人には、372条の規定によって351条の規定が準用されるが、事前求償権はない。

3　委託を受けない保証人の求償権

委託を受けない保証人も、自己の出捐により債務を消滅させたときは、主債務者に求償することができる。保証人が弁済につき主債務者への事前もしくは事後の通知を怠ったとき求償権の制限を受けることは、委託

を受けた保証人の場合と同じである。委託を受けずに他人の債務を弁済したのだから、委託を受けない保証人が求償できる範囲は、事務管理の場合の範囲に当たる。民法は、これを次の2つの場合に区別している。

(1) 主債務者の意思に反しない場合

委託を受けないが、保証人となったことが主債務者の意思に反しない場合には、保証人の出捐行為の当時、主債務者が利益を受けた限度で求償することができる（462条1項・459条の2第1項）。例えば、保証人Cが30万円を債権者Aに給付し、主債務者Bが30万円免責されたときは、求償できるのは30万円であって、給付後の利息や損害賠償は請求できない。

(2) 主債務者の意思に反する場合

保証人となったことが主債務者の意思に反する場合には、求償の当時、主債務者が現に利益を受ける限度で求償しうるにとどまる（462条2項）。例えば、保証人Cが30万円をAに弁済し、Bが免責を得た後、BがAに10万円の反対債権を取得し、次いでCがBに対し30万円を求償しても、BはAに対する10万円の反対債権をもってCの求償権と相殺することができる。Bは10万円を相殺してCに20万円を給付すればよい。その結果、BのAに対する10万円の債権は、Cに移転し（同項後段）、CはAに10万円を請求できることになる。

(3) 求償権の行使

なお、459条の2第3項の規定（→2(3)③参照）は、上の(1)および(2)の場合に、保証人が主たる債務の弁済期前に債務の消滅行為をしたときにおける求償権の行使について準用される（462条3項）。

4 主債務者が複数の場合

主債務者が数人いる場合の保証人の求償権については、次のように考えられる。

(1) 全員のために保証人となった場合

保証人が主債務者全員のために保証した場合、保証債務は、主債務が分割債務のときは求償権も分割債務となり、主債務が不可分債務、連帯債務のときには、求償権も各主債務者について不可分債務、連帯債務となる。例えば、債権者Aに対し、債務総額60万円につき、主債務者B・

Ｃがそれぞれ30万円ずつの債務を負担している場合、保証人Ｄが60万円弁済すれば、Ｄは、Ｂ・Ｃに対しそれぞれ30万円求償することができる。前例で、Ｂ・Ｃが連帯債務を負っているとすると、Ｄが60万円弁済すれば、Ｄは、Ｂ・Ｃに対しそれぞれ全額を請求できることになる。

(2) 主債務者の１人のために保証人となった場合

①　主債務が分割債務ならば、主債務者の負担部分についてのみ求償権を行使できる。

②　主債務が不可分債務または連帯債務である場合には、保証人は、保証された主債務者に対して全額を求償し、さらに、その債務者から他の債務者に対して負担部分を求償することになるはずであるが、民法はこの２度の手間を省き、保証人は、保証しなかった他の主債務者に対しても、直接にその負担部分だけ求償できるとした（464条）。例えば、主債務者ＢがＣとともにＡに対して60万円の連帯債務を負い（Ｂ・Ｃの負担部分平等）、Ｂの保証人Ｄが60万円弁済すると、Ｄは、Ｂに対して全額を求償できるのはもちろんのこと、Ｃに対してもその負担部分30万円を求償できる。もっとも、この例でＣの負担部分がゼロであると、Ｃに求償できない。

なお、保証人は、主債務者に対して求償権を取得したときは、求償権につき債権者に代位する（弁済による代位）（499条以下）。

Ⅳ　共同保証

1　共同保証の意義

共同保証とは、１個の主債務について、保証人が数人ある場合をいう。数人の保証人が１つの契約で共同保証人となる場合はもちろんのこと、各保証人が別の契約で保証人となった場合も、共同保証として取り扱われる。共同保証には、数人の保証人が、①通常の保証人である場合、②連帯保証人である場合、③保証人相互間に全額弁済すべき旨の特約（分別の利益を放棄する特約）のある場合（保証連帯）の３種がある。

2 分別の利益

普通の各共同保証人は、主債務を各自平等に分割した割合（負担部分）についてだけ保証する（456条・427条）。これを保証人の分別の利益という。例えば、BがAに対し60万円の債務を負い、C・Dが共同保証した場合、C・Dは、それぞれ30万円だけAに弁済すればよい。C・DはBに対し30万円ずつ求償できる。もし共同保証人の1人が自己の負担部分を超える額を弁済した場合には、他の保証人に対する関係では事務管理となり、あたかも委託を受けない保証人が弁済したときと類似するので、462条が準用される（465条2項）。

しかし、C・Dの共同保証が連帯保証や保証連帯の場合、および主債務が不可分なときは、分別の利益はない。その結果、共同保証人の1人が、全額または自己の負担部分を超える額を弁済したときは、主債務者に対して求償できるのはもちろんであるが、他の共同保証人に対しても求償権を行使できる。連帯債務者の1人の弁済と似ているので、連帯債務の規定（442条〜444条）も準用される（465条1項）。

V 連帯保証

連帯保証とは、保証人が主債務者と連帯して保証債務を負うことである（454条・458条）。連帯保証も保証であるから、保証債務と同じく付従性を有するが、補充性を欠く点に特色がある。連帯保証が、連帯債務や保証債務と異なるのは、次の諸点である。

① 連帯保証は、保証債務における補充性を欠くから、催告の抗弁権や検索の抗弁権は認められない（454条）。

② 連帯保証人が数人いても、保証人が数人いる共同保証の場合と異なるから、分別の利益をもたない（456条参照）。

③ 民法は、連帯保証人は主債務者と連帯関係に立つので、主債務者または連帯保証人について生じた事由の効力については、前記Ⅱ4で述べたように、更改（438条）、相殺（439条1項）、混同（440条）および連帯債務についての相対的効力の原則（441条）の各規定を準用している（458条）。

ただし、連帯保証債務も主債務に従たる債務（付従性）であるから、主債務者について生じた事由の効力は、連帯保証人にも及ぶことになる。例えば、主債務者に対する請求のほか時効の完成猶予・更新（債務の承認・強制執行）も、連帯保証人にその効力が及ぶのである（457条1項。旧規定の下での判例として大判大9・10・23民録26輯1582頁）。また、判例には、主債務者が債権者の支払請求に対し、金員の支払のために振り出された手形の返還との引換給付の抗弁権を有する場合には、連帯保証人も、債権者の金員支払請求に対し、自己宛てに手形を交付すべき旨の引換給付の抗弁を主張できるとしたものがある（最判昭40・9・21民集19巻6号1542頁）。

　④　連帯保証人には債務の負担部分がないから、主債務者が弁済しても、連帯債務とは異なり、連帯保証人に求償することはできない。

VI　根保証

1　根保証の意義

　売掛取引や当座貸越契約（後述）のような継続的契約から将来発生する不特定の主債務を保証することを、根保証または継続的保証という。一口でいうと、「将来の債務の保証」である。保証債務それ自体は、主債務が将来発生して初めて生ずることになるが、それに先立ってあらかじめ保証契約を結んでおく場合である。根保証として、通常、信用保証、身元保証、賃借人の債務の保証などが挙げられている（身元保証については、VIIを参照）。

　ここで当座貸越とは、当座勘定取引契約に付随して貸越しをする銀行の与信取引である。当座勘定取引契約とは、銀行の取引先Aが取引銀行Bに金銭を預け入れ（当座預金）、AがB銀行を支払人として振り出す小切手またはB銀行を支払場所として振り出す手形等の支払を委託する契約のことをいう。

2　信用保証

　信用保証の概念は必ずしも明確ではないが、一般に、銀行と商人との

間の当座貸越契約、手形割引契約、卸商と小売商との間の売掛取引のように、継続的契約において債務の増減が予定されるものの保証という意味に解されている。継続的契約でも、被用者の債務や賃借人の保証のように、主債務に増減のないものはここにいう信用保証ではない。

信用保証においては、被保証債務の範囲、保証の限度額、保証の期間を定めるのが普通であるが、その定めがなくても保証契約は有効と解されている。定めがない場合、保証人の責任が不当に重くならないか、その保護が十分配慮されなければならない。その問題点を指摘しておく。

(1) 被保証債務の範囲

債権者と債務者との間に発生する一切の債務を保証するという保証契約（包括根保証）は有効と解されている。保証人の責任を加重しないかという懸念が生ずるが、この点については、その限度額、保証期間の側面から保護を図ればよいであろう。

(2) 保証期間

保証期間の定めがない場合、保証人は、相当期間の経過後は保証契約を将来に向かって解除することができると解されている（大判大14・10・28民集4巻656頁）。そこで、相当の期間とはどのくらいかが問題となる。判例では、手形割引契約の保証につき2年半を相当の期間としたもの（大判昭7・12・17民集11巻2334頁）、債務者の資産状態が著しく悪化したときはすでに相当の期間を経過したか否かを問わず、保証人は直ちに解約できるとしたもの（大判昭9・2・27民集13巻215頁）などがあるが、結局、具体的事情に照らし、債務者の資産状態、保証の対象となる取引、保証責任の軽重等を考慮して決定されることになろう。

(3) 保証限度額

限度額が保証契約で定まっている場合には、保証人は、その限度まで責任を負う。限度額が定められていない場合には、保証人は無限責任を負うことになるが、これは保証人にとって酷なので、責任額に合理的制限が加えられなければならない。判例も、限度額を定めた当座貸越契約の債務の保証人が、限度額を超えた額についても保証した事案について、責任額の範囲は、取引の通念に照らして相当であると認められる範囲の債務に限られるべき旨を説いている（大判大15・12・2民集5巻769頁）。

⑷ 保証債務の相続

　相続開始前に発生した具体的保証債務を、保証人の相続人が相続することはいうまでもない。問題なのは、将来保証すべき債務（基本的保証債務）についてである。つまり、主債務が確定する以前の保証債務が相続されるかどうかである。判例は、限度額および保証期間の定めのない信用保証について相続を否定している（最判昭37・11・9民集16巻11号2270頁）。その理由として、信用保証は、責任の範囲は広汎にして相互の人的信用を基礎にし、当事者その人に終始するものだからであるとする。他方、限度額を定めているときは、保証人の一身に専属しないことを理由に、相続を認めているし（大判昭10・3・22法学4巻1441頁）、賃貸借の保証についてもこれを認めている（大判昭9・1・30民集13巻103頁）。

3　個人根保証契約

　元来、根保証（信用保証）に関する民法の規定がなかったことから、特に「商工ローン」による融資において問題が生じた。そこでは、商工ローン金融業者が利息制限法の制限利率を超える高利で中小事業者に融資をする際に、保証人を立てることを要求し、その保証人との間では根保証契約が締結されたが、現実には、主たる債務者による返済が困難となり、責任の内容（契約時に予定していた債務が拡大しうること）を十分に認識せずに契約をした保証人に対して厳しく返済を迫る（「目玉や腎臓を売って返済せよ」などと言って強要することもあったという）場合も少なくなかった。このようなことを背景に、一方では、貸金業規制法（その後の改正で「貸金業法」）の改正による是正（1999年）が図られたが、他方では、2004年の民法改正（主としては現代語化）において、「貸金等根保証契約」に関する制度が新設された（第4款「保証債務」の中に、第2目として、465条の2から465条の5までの4カ条の規定が追加された）。その骨子は、貸金等の根保証契約について、①極度額の定めのない契約を無効とすること、②保証期間を制限すること、③一定の元本確定事由を設けることである。そして、さらに2017年改正により、第2目を「貸金等根保証契約」から後述のように根保証契約の対象を拡張して「個人根保証契約」と改め、また、新たに第3目として「事業に係る債務についての保証契約の特則」を新設して、465条の6から465条の10までの5カ条の規定を追加した。以下

では、まず、個人根保証契約の規定を概観し、次の**4**で事業に係る債務についての保証契約の特則規定を概観する。

2017年改正前は、「貸金等」の根保証契約についてのみ極度額を定めなければならないとされていたが（旧465条の2第1項・2項）、貸金等以外の根保証契約についても、例えば、不動産の賃借人の債務についての根保証契約において、賃借人が賃借不動産において自殺した場合等の損害賠償債務など個人である保証人が予想を超える過大な責任を負うおそれがある。そこで、改正規定は、極度額に関する規律の対象を個人根保証契約一般に拡大し、書面または電磁的記録で極度額を定めなければならないとした（465条の2）。

(1) 要件と効果

保証人が、①法人ではなく（自然人であり）、②その保証契約が、「一定の範囲に属する不特定の債務を主たる債務とする」ものである場合（個人根保証契約）には、保証人は、その保証契約に係るすべての債務額について、極度額を限度として、その履行の責任を負う（465条の2第1項）。極度額を定めないときは、当該保証契約は無効となる（同条2項）。極度額の定めは、書面（または電磁的記録）でしなければならない（同条3項）。

極度額とは、具体的な金額を定めなければならず、それは、①主たる債務の元本、②主たる債務に関する利息、違約金、損害賠償その他主たる債務に従たるすべてのもの、および、保証債務について約定された違約金または損害賠償の額の、全部の金額を含むものでなければならない（465条の2第1項）。保証人は、これが書面によって明示されることにより、自己の責任の範囲を明確に認識することができる。

(2) 保証期間の制限（元本確定期日）

2017年の改正規定は、個人貸金等根保証契約についてのみ、次に述べるように、改正前の元本確定期日に関する規律を維持したが、それ以外の個人根保証契約については、このような規律を設けなかった。その理由は、例えば、前例のような一般的に相当な期間の継続が予定される賃貸借契約に伴う個人保証の場合において、賃貸人として5年を超えて賃貸借契約が存続したときに、保証がないまま賃貸をすることにもなりかねず、他方で、個人根保証一般に極度額が定められているから（465条の2第2項）、元本確定期日に関する規律を一般に拡大しなくても、保証人

に過大な責任を負わせる事態を最低限回避することができると法務省立法担当者により説明されている（筒井健夫＝村松秀樹編著『一問一答 民法（債権関係）改正』〔2018年、商事法務〕137頁）。

特に貸金等根保証契約においては、その保証人が期間の限定なしに責任を負うは、保証人にとって望ましいことではないことから、民法は次のような規定を設ける。

①　元本の確定すべき期日（元本確定期日）は、貸金等根保証契約の締結日から5年以内でなければならない。5年を経過する日より後の日を元本確定期日とした場合は、その定めは無効である（465条の3第1項）。

②　元本確定期日の定めがない場合には、貸金等根保証契約の締結日から3年を経過する日を元本確定期日とする。上で元本確定期日の定めが無効となる場合も、同様である（同条2項）。

③　変更後の元本確定期日は、「変更をした日」から5年以内でなければならず、それを超える日の変更は無効である（同条3項本文）。例えば、最初の元本確定期日が2020年4月1日である場合に、これを同日、変更して保証期間を更新するときは、2025年4月1日までの範囲内としなければならない。ただ、これを1カ月前の2020年3月1日に変更したときには、「変更をした日」から起算すると、2025年3月1日までの範囲内としなければならないことになるため、民法は、「ただし、元本確定期日の前2箇月以内に元本確定期日の変更をする場合において、変更後の元本確定期日が変更前の元本確定期日から5年以内の日となるときは、この限りでない」とした（同項ただし書）。したがって、上のようなときは、「変更前の元本確定期日から5年以内の日」である2025年4月1日までの範囲内の日であればよい。他方、「元本確定期日の前2箇月以内」ではない2020年1月10日に変更したときは、変更後の元本確定期日は、2025年1月10日までの範囲内の日としなければならない。

元本確定期日の定めおよびその変更は、原則として、書面（または電磁的記録）でしなければ効力を生じない（465条の3第4項。なお、同項括弧書に例外規定がある）。

(3) 元本確定事由

2017年改正前において、民法は、貸金等根保証契約の主たる債務の元本は、①債権者が、主たる債務者または保証人の財産について強制執行

または担保権の実行を申し立てたとき（旧465条の4第1項1号。ただし、強制執行または担保権の実行の手続の開始があったときに限る）、②主たる債務者または保証人が破産手続開始の決定を受けたとき（同条2号）、または、③主たる債務者または保証人が死亡したとき（同条3号）、に確定すると定めていた。改正後においても、この点は維持された（465条の4第2項）。ただし、個人保証契約一般においては、①の事由のうち主債務者の財産について強制執行等の申立てがあったこと、および②の事由のうち主債務者が破産手続開始決定を受けたことについては、元本確定事由から除外された（同条1項）。その理由は、例えば、不動産の賃借人の債務について個人根保証契約がされている場合に、上の2つの事由（賃借人たる主債務者の財産についての強制執行や主債務者の破産手続開始決定）によって元本が確定してしまうと、賃貸借契約は主債務者たる賃借人の破産等によって終了しないため、賃貸人は、以後は保証がないまま賃貸借を継続させなければならないという状況を強いられることになるからである（前掲一問一答138頁）。

(4) 法人が保証人となる場合の特則

　債権者Aの主債務者Bに対する貸金について、保証機関である法人Cが保証し、CのBに対する求償権を個人Dが保証する場合において、A・C間の根保証契約が不明確かつ包括的であるときには、求償権の保証人Dにとっては上記と同様な問題が生じる。そこで、2017年改正前の民法は、保証人が法人である根保証契約であって、その主たる債務の範囲に貸金等債務が含まれるものにおいて、①旧465条の2第1項に規定する極度額の定めがないとき、②元本確定期日の定めがないとき、または、③元本確定期日の定めもしくはその変更が旧465条の3第1項・3項により無効とされるときは、前記の法人CのBに対する求償権をDが保証する保証契約（それ自体は根保証契約ではない）も無効とされるとしていた（旧465条の5）。

　2017年改正後の民法は、貸金等根保証契約については上記の規定を維持した上で（465条の5第2項）、貸金等根保証契約以外の根保証契約一般について、保証人が法人である根保証契約において、前記①のように465条の2第1項に規定する極度額の定めがないときは、その根保証契約に基づいて発生する求償債務を個人が保証する保証契約が締結された

場合にも、その保証契約は、その効力を生じないとした（465条の5第1項・3項）。

4　事業に係る債務についての保証契約の特則

(1)　保証人の保証意思の確認制度

　上の**3**で述べた個人根保証契約に関する規定（465条の2〜465条の5）は、根保証契約に係る保証人について、保証人等（465条の5に規定する求償を受ける者を含む）の責任が過大となるおそれがあることから、根保証契約において極度額を定めなければその効力を生じないとすること（465条の2第2項）などによって保証人の利益を保護するものであった。ただ、個人の保証人は、根保証契約ではない一般の保証契約においても、リスクを十分に自覚しないまま個人的情義等から安易に保証人となってしまい、その結果、保証債務の履行のために生活の破綻に追い込まれることが現実に起こりうる。

　そこで、2017年改正では、保証債務（第5款）の規定の中に、「事業に係る債務についての保証契約の特則」（第3目）の項目を新設して（465条の6〜465条の10）、公的機関である公証人が保証人となろうとする者の保証の意思を事前に確認してその責任を自覚させ、この意思確認の手続を経ないでして保証契約は無効とする（465条の6）などとした。個人の保証人を保護するためであるから、保証人が法人である場合には、これらの規定は適用されない（465条の6第3項・465条の8第2項・465条の10第3項）。

　その対象となるのは、①事業のために負担した貸金等債務（金銭の貸渡しまたは手形の割引を受けることによって負担する債務。465条の3第1項参照）を主債務とする通常の保証契約（根保証契約以外のもの）、②主債務の範囲に事業のために負担する貸金等債務が含まれる根保証契約（以上①・②465条の6）、ならびに、③以上の①または②の各保証契約の求償権に係る債務を主債務とする通常の保証契約および主債務の範囲にこれらの各保証契約の求償権に係る債務が含まれる根保証契約（465条の8）である。

(2)　保証意思宣明公正証書の作成と保証の効力

　上記(1)①〜③については、その契約の締結に先立ち、その締結の日前1カ月以内に作成された公正証書で保証人になろうとする者が保証債務

を履行する意思を表示していなければ、その各契約の効力を生じない（465条の6第1項）。

　そのための公正証書の作成の手続については、465条の6第2項および465条の7に規定されているが、その作成のためには、保証人になろうとする者本人が直接公証人に対して作成の嘱託をしなければならず、代理人によって嘱託することはできない。なお、債務者が保証人を立てる義務を負う場合において、制限行為能力者を保証人とすることはできない（450条1項1号）。

　この保証意思宣明公正証書は、保証意思を確認するものであり、後日される保証契約の内容を確認するものではない。したがって、この証書が債務名義となることはなく、執行認諾文言を付することはできない。

　公証人が保証人になろうとする者の保証意思を確認するにあたっては、保証人になろうとする者が主債務者の資力を認識しているのかどうかを確認する必要がある。そのため、民法は、主債務者が、事業のために負担する債務について個人に対して保証の委託をする場合には、保証人になろうとする者に対し、主債務者の財産および収支の状況等に関する情報を提供しなければならないとしている（465条の10第1項）。公証人が保証人になろうとする者の保証意思を確認する際には、この情報提供義務に基づいて提供された情報を確認し、保証人になろうとする者がその情報を踏まえて保証人になろうとしていることを確認することになる。

　主債務者が情報提供義務を怠ったことにより、保証人が主債務者の資力を誤認して保証契約を締結した場合には、保証人は、保証契約の相手方である債権者が情報提供義務違反につき知り、または知ることができたときには、保証契約を取り消すことができる（465条の10第2項）。

(3)　保証意思宣明公正証書の作成の適用除外

　民法は、保証人となろうとする者が主債務者の事業や資産の状況を把握することができ、保証のリスクを十分に認識できる立場にある次の者については、保証意思宣明公正証書の作成は不要であるとしている（465条の9）。主債務者が法人である場合においては、主債務者の理事、取締役、執行役またはこれらに準ずる者（同条1号）、主債務者が個人である場合においては、主債務者の共同事業者、または主債務者が行う事業に現に従事している主債務者の配偶者（同条3号）がこれに該当する。

Ⅶ　身元保証

　古くからわが国では、雇用契約に付随して被用者に身元保証人ないし身元引受人を立てることが行われている。身元保証は、被用者が債務不履行や不法行為により使用者に損害賠償債務を負うに至った場合に、これを保証するものであり、身元引受は、被用者が病気その他の事由によって労務に耐えられなくなった場合などに、身元引受人がその身柄を引き受けたり、治療費などを負担する責任を負うものである。「保証」とはいうものの、一種の損害担保契約である。

　身元保証人は重い責任を負わされるのだが、日常生活では、それを知らずに、親族間において、また、例えば教師が教え子の就職に際し、その懇請と情誼に基づいて気軽に保証人を引き受けるような場合が多い。そして、後になって予期しなかった重い責任を負わされ、大きな損失を受けることが少なくない。このため、判例では身元保証人の責任の軽減に努め、やがて1933（昭和8）年に「身元保証ニ関スル法律」（法律42号。以下「身元保証法」という）が制定され、次の①〜⑤のような規定を設けている。身元保証法によると、身元保証と身元引受を一括して身元保証と呼び、身元保証人の責任は被用者の行為による損害賠償責任とされる。

　①　保証期間

　期間を定めなかったときは、契約成立の日から3年間である。ただし、商工業見習者の身元保証は5年とする（同法1条）。期間を定めても5年を超えることができない（同法2条）。

　②　通知義務

　使用者は、被用者に不適任・不誠実な事跡があって身元保証人に責任を生ずるおそれがあるとき、および被用者の任務や任地が変更したため、身元保証人の責任を加重したり、その監督を困難にしたときは、遅滞なく身元保証人に通知しなければならない（同法3条）。

　③　契約解除権

　身元保証人は、上記②の通知を受けたとき、および同法3条の事実を知ったときは契約を解除することができる（同法4条）。

④　責任の軽減

　裁判所が、身元保証人の責任の有無およびその金額を定めるには、被用者の監督に関する使用者の過失の有無、その他一切の事情を考慮して決定すべきものとされる（同法5条）。なお、身元保証は、身元保証人と被用者との強い人的信頼関係を基礎にしているから、相続されない（大判昭18・9・10民集22巻948頁）

⑤　本法に反する特約で、身元保証人に不利なものはすべて無効である（同法6条）。

第15章 | 債権譲渡および債務引受

I 総 説

［事案①］

　Ａは、Ｂに対して90万円の貸金債権を有していたところ、Ｂからの弁済に代えて、ＢのＣに対する100万円の売掛代金債権の譲渡を受けることとした。

⑴　Ｂ・Ａ間の譲渡は有効か。

⑵　Ｂ・Ｃ間の同代金債権につき譲渡禁止特約が付いていた場合はどうか。

⑶　ＢのＣに対する債権が預金債権のときはどうか。

1　債権譲渡の意義

　［事案①］のように、ＢがＣに対し１年後を弁済期とする100万円の売掛代金債権をもっている場合に、Ｂが半年後になって事業の経営が思わしくなくなってＡから弁済期にある貸金債務90万円の回収に迫られときに、ＣのＢに対する債務の弁済期は到来していないから、Ｂは、Ｃに対し100万円の返済を請求して、その返済金によってＡに弁済することはできない。このようなときに、ＢがＢのＣに対する100万円の債権をＡに譲り渡すことができると、Ｂは、Ａに対し、弁済したのと同様の効果を得ることができる。譲受人Ａも、Ｃが期限に確実に弁済して

くれると10万円得することになる。債権譲渡は、このように、Aの立場にある者にとっての債権の回収と、Bの立場にある者にとっての債権の流動化を図るために、極めて有効な制度である。

　ローマ法では、債権は、債権者と債務者間の人と人との鎖のような結びつきであり、債権とその主体とは不可分なものと考えられていたので、債権者が変更することは債権の同一性を失うとされ、債権譲渡は認められなかった。しかし、近代法の下においては、投下資本の回収を図り、資本の流動化を促進するために、債権譲渡は広く認められている。ことに金銭その他の代替物の給付を目的とする債権については、これを証券に化体させることにより、この傾向にますます拍車をかける。すなわち、債権が、手形・小切手・船荷証券・貨物引換証・社債券等の証券的債権として、転々として取引界に流通している事実はこれを物語る。わが民法もこれを受けて、譲渡自由の原則を掲げるとともに（466条1項）、466条以下に債権譲渡の諸規定を設けている。

2　債権譲渡の目的となる債権

(1)　債権者が特定されている債権

　債権譲渡の目的となる債権は、債権者が特定している債権であり、証券的債権でないものをいう（本来、譲渡が予定されていて債権者が不特定である証券的債権については、後記Ⅴの「有価証券」で扱う）。［事案①］のAのBに対する貸金債権やBのCに対する売掛代金債権のほか請負代金債権など通常の一般債権のことである。なお、債権者が特定されていれば、譲渡の対象となる債権は必ずしもその金額等が固定していなくても、例えば、「○年○月○日から2年間のAからBに対する金銭の貸付けに係る金銭債権」や「○年○月○日から○年○月○日までの間のBのCに対するすべての売買に係る売掛代金債権」というように、その期間や範囲等が特定されていれば、その金額等が集合的・流動的なものであってもよい。

　2017年改正前には、債権者が特定されている（「債権者が指名されている」）ということで、「指名債権」（旧467条1項等）といわれていたが、それは、民法に、債権者が指名されていない「証券的債権」に関する規定（旧469条等）が存在しており、それと区別するためであった。同改正で

は、「証券的債権」に関する規定が削除されたことから（改正法ではそれに代えて「有価証券」に関する規定が設けられた）、その区別の必要はなくなり、「債権」（467条1項等）に改められた。

(2) 将来債権の譲渡

　［事案①］でBのCに対する売掛代金債権は、それがBからAに譲渡された時にすでに債権は発生していたが、例えば、毎年一定量のBの製造物をCが50万円で買い受ける旨の契約を長年継続的に行っている事情の下で、Bが、来年と再来年の契約によって発生する売掛代金債権を、すでに弁済期が到来したAからの90万円の貸金債務（借金）の返済に充てるために、もしくは第三者から90万円の新たな融資を受ける際の担保の目的のために譲渡したり、または、同売掛代金債権を第三者に90万円で売買することによって譲渡する場合のように、Bは、Aなどの第三者に将来債権を譲渡するができる（最判昭53・12・15判時916号25頁、最判平11・1・29民集53巻1号151頁等参照）。2017年改正法は、従来は規定を欠いていたこの点について、「債権の譲渡は、その意思表示の時に債権が現に発生していることを要しない」（466条の6第1項）とし、そして、「債権が譲渡された場合において、その意思表示の時に債権が現に発生していないときは、譲受人は、発生した債権を当然に取得する」（同条2項）と定めた。したがって、Aなどの第三者たる将来債権の譲受人は、来年または再来年の契約によって当該債権が発生すると同時に当然にそれを取得する。

3　債権譲渡の性質

(1) 譲渡債権の同一性

　債権譲渡は、債権の内容（同一性）を変えないで、債権を移転することを目的とする契約である。前例でいうと、BがCに対して有する100万円の売掛代金債権を、内容を変えることなくAに譲渡するのが債権譲渡である。内容を変えないというのは、B・C間の売買契約で約定された代金額、期限、賠償額の予定などを、そのままAに移転するということである。

(2) 債権譲渡の法的性質

　債権譲渡は、譲渡人（旧債権者）と譲受人（新債権者）との合意によっ

て成立する諾成・不要式の契約である。債権譲渡は、契約によってなされるので、債権が法律上当然に移転する場合（422条・499条）、裁判所の命令により移転する場合（転付命令〔→Ⅲ5〕、民執159条1項）、または遺言（960条）によって移転する場合などは、いずれも債権譲渡ではない。

　債権譲渡は、債権自体の移転を目的とする契約（債権譲渡契約）であり、これを移転すべき債務を発生させる契約、例えば債権の売買や贈与などの原因となるべき行為とは理論上区別される。その意味で、債権譲渡は処分行為あるいは準物権行為であるといわれている。あたかも不動産の売買契約と、その履行としての不動産所有権の移転行為が、それぞれ債権行為と物権行為とに峻別されているのと同じように、債権の売買契約とその履行としての債権の移転行為とは区別されうるのである。

　しかし、債権譲渡行為（債権譲渡契約）が、原因行為としての債権契約と同じく諾成・不要式の契約であることから、実際上両者が一体化され、1つの行為によることが多く、売買、贈与などの原因行為と債権の移転を目的とする債権譲渡行為とが同一になったものとみて、それぞれの効果も同時に生ずることになる。この問題については物権変動論におけると同じ議論が成り立つ。

4　取立てのためにする債権譲渡

　債権者Bが債務者Cに対する債権を自ら取り立てることを嫌って、取立てのためにAに債権を譲渡する場合がある。これを取立てのためにする債権譲渡という。BがAに代理権を授与して債権の取立てをさせるのと異なり、A自らが債権者として催告をし、取り立てるところに特色がある。このような取立てのためにする債権譲渡には、次のような2つの型がある。1つは信託的債権譲渡であり、他は取立権能の授与である。

(1)　信託的譲渡

　先の設例のような場合において、BのCに対する債権を信託的にAに譲渡し、ただ、譲受人Aは、取立目的の範囲内においてのみ債権を行使しうるにとどまる場合である。Bは処分権だけでなく債権を行使する権能を失う。その結果、Aは、対内的に、Bに対しては取立目的の範囲内においてのみ債権を行使すべき義務を負うが、対外的には、債権者

として債権を行使できる。したがって、AがCに対し債務免除の意思表示をしても有効で、Cは債務を免れるし、また、AがDにその債権を譲渡すると、譲渡行為も有効となる。

(2) 取立権能の授与

Bが取立権能だけをAに授与することを目的とする場合である。Aは取立ての範囲内でCに対し債権者として権利を行使できるし、訴えも提起できる。その結果、債権自体の帰属には変化はなく、Bは処分権能を失わない。BはCに対し、履行の請求も、債務の免除もすることができる。

(3) 両者の区別

このように両者の性質は異なるが、実際にそのいずれであるか、B・A間の意思が不明の場合が多い。このような場合、判例では、取立権能を授与したものと推定したものがあるが（大判大15・7・20民集5巻636頁）、それでは譲受人Aからさらに債権を譲り受けた第三者が不測の損害を被るおそれがある。学説は、債権者Bから債務者Cに対し、特に取立権能だけを与える旨の通知があったとき、債務者が取立権能だけについて承諾をしたときを除いては、信託的譲渡があったものとみている。

II 債権譲渡の自由とその制限

1 債権譲渡の自由の原則

債権の譲渡は自由である（466条1項本文）。［事案①］の場合に、BがCに対してもっている金銭債権について、Bは、Aとの約定があれば、Cの承諾なしに、Aに譲渡できる（B・C間で同債権について譲渡を禁止する旨の特約があるときに、Bが債務不履行責任〔損害賠償責任〕を負うかどうかについては後述する）。譲渡されると、その債権は、同一性を維持しながらAに移転する。その債権に付着している抗弁権（同時履行の抗弁権など）も、付従している権利（利息債権など）もすべて移転する。

2 債権譲渡が許されない場合

債権譲渡自由の原則の例外として、債権者と債務者との間での譲渡制

限の意思表示の有無にかかわらず、次の場合には当然に債権譲渡が許されない。

(1) 債権の性質上、譲渡が許されない場合（466条1項ただし書）

例えば、特定の人を教育し報酬を受ける権利（例、大学等で教育を授ける権利、家庭教師をする権利）のように、債権者の変更により給付内容に変更を生ずる債権は譲渡できないし、賃借人の賃借権のように、債権者の変更により権利行使に著しい差異を生ずる債権も譲渡できない（612条1項）。もっとも、譲渡が許されないのは、債務者の利益を保護するためであるから、債務者の承諾があれば譲渡できる。また、当座貸越契約における借主の権利も、借主の信用が重視されるため譲渡できないし、交互計算契約（商529条）に組み入れられている債権のように、特定の債権者との間で決済されるべき特別の事情ある債権も譲渡できない（交互計算契約とは、商人間または商人・非商人間で平常取引をする場合に、一定の期間内の取引から生ずる債権債務の総額につき相殺をなし、その残額を支払うことを約する契約をいう）。

(2) 法律上譲渡が禁止されている場合

法律で譲渡が禁止されている債権、例えば扶養請求権（881条）、年金や健康保険の社会保険の受給権（厚生年金保険法41条1項、健康保険法61条等）、労働基準法で定める災害補償請求権（労基83条2項）などは、債権者の生活保障等のために債権者のみに行使させるべき債権であるから、譲渡を認めると債権者の生活破綻につながる可能性が高い。そのため、たとえ債権者本人が希望したとしても許されない（本人が希望する場合にこれを認めることは、実際上、例えば悪質な高利の貸金業者から安易に金員を借り受けてしまうことになりかねない）。

Ⅲ　債権譲渡制限の意思表示

1　債権譲渡制限の意思表示

債権者と債務者との間で債権の譲渡を禁止し、または制限する特約等を「債権譲渡制限特約」といい、実際には、後述する銀行預金の場合をはじめこのような特約が少なからず付されている。第三者への譲渡を一

切禁止する特約のほか、特定の第三者や特定の事由がある場合にのみ譲渡を認める場合がある。また、「特約」だけでなく、債務者のする遺贈のような単独の意思表示（単独行為）で債権が発生する場合において、譲渡を制限することもあることから、2017年改正法では「譲渡制限の意思表示」とした。

　また、同改正前においては、譲渡禁止特約等は、物権的効力を有し第三者との関係でも無効であると一般に解されていたが（最判昭49・4・26民集28巻3号540頁、最判昭52・3・17民集31巻2号308頁等参照）、改正法は、このことが中小企業等が自己の債権を譲渡して資金調達を行うことを妨げる要因となっているといった社会経済的背景を踏まえて、従来の判例等の解釈を改め、譲渡制限の意思表示をしたときであっても、債権譲渡の効力は妨げられないとした（446条2項）。

2　譲渡制限付き債権の譲渡と第三者の善意・悪意等

　それでは、［事案①］において、Bの売買代金債権についてB・C間で譲渡禁止特約が付されていた場合について考えてみよう。このような特約があっても、Bが同債権をAに譲渡すれば、その効力が生じAが同債権の債権者となるから、後述のようにBがAに譲渡した旨をCに通知などすれば、Aは、Cに対して、その履行を請求することができる。この場合に、Cは、Aからの請求を拒むことはできず、Bは債権者ではなくなるので、Bへの弁済を抗弁とすることはできない。ただ、他方で、CがBとの間で譲渡禁止特約をする目的は、弁済の相手方をBに固定して見知らぬ第三者への弁済を阻止することであるところ、このようなCの期待も一定程度保護される必要がある。そこで、民法は、2017年改正で債務者の保護のために次の2つの制度を設けた。

(1)　第三者の善意・悪意と重過失の有無

　1つは、債務者Cは、譲渡制限の意思表示がされたことを知り、または重大な過失によって知らなかった悪意・重過失の譲受人Aその他の第三者に対しては、Cがその点を主張・立証して、その債務の履行を拒むことができ、かつ、譲渡人Bに対する弁済その他の債務を消滅させる事由（例えばCの当該債務とCのBに対する債権との相殺等）をもって真の債権者である第三者Aに対抗することができる（466条3項）。Cは、

「第三者に対抗することができる」ということであるので、自己の判断で、真の債権者Aに弁済することはもちろん可能である。

(2) 譲渡制限付き債権の譲渡と債務者の供託

もう1つは、債務者の供託の制度である（466条の2）。債務者Cは、譲渡禁止特約付きの債権につきBからAに譲渡した旨の通知等があれば、譲受人Aが常に債権者であり、債権者を確知することができるから、Aに弁済をすれば足りる。Aが悪意・重過失である場合には、Bにも弁済することができるにすぎない（特に、Cの当該債務とCのBに対する債権を相殺するときには、Cにとってこの方が簡便である）。しかし、弁済の相手方を固定するために譲渡制限特約を付したCの保護の観点からは、Cが、Aが悪意・重過失であったか否かについての判断をすることなく、常に供託を可能とすることが望ましい。

そこで、債務者Cは、譲渡制限付き債権が譲渡されたときは、その債権の全額に相当する金銭を債務の履行地の供託所に供託することができるとした（466条の2第1項）。供託をしたCは、遅滞なく、譲渡人Bおよび譲受人Aに供託の通知をしなければならない（同条2項）。そして、Bは、すでに債権者の地位を喪失しているから、Cが供託した金銭につき還付を請求することができるのは、Aに限られる（同条3項）。

3　譲渡制限付き債権の譲渡についての譲渡人の債務不履行責任の認否

譲渡制限付き債権が債権者BからAに譲渡された場合の、A・C間の関係については、上で述べたとおりであるが、それでは、この場合に、Cは、Bに対して、債務不履行を理由に、B・C間の契約の解除や損害賠償請求をすることができるか。この点につき、2017年改正法の法務省立法担当者は、譲渡制限特約を付することにより弁済の相手方を固定しようというCの期待については、上述のように、Cは、Aが悪意・重過失の場合には、Aからの弁済の請求を拒んでBに弁済すればよいのであり、他方、Aが善意・無重過失の場合でも、供託することによって債務を免れることができるから、譲渡制限付き債権がBからAに譲渡されたとしても、特段の事情のない限り、債務不履行とはならず、したがって、Bが契約を解除されたり、損害賠償責任を負うことはないと

説いている。そして、むしろＣからの契約の解除は、権利濫用等に当たりうるとも述べる（筒井健夫＝村松秀樹編著『一問一答 民法（債権関係）改正』〔2018年、商事法務〕164頁～165頁）。

4　譲受人の保護

前記**2**(1)のように、債務者Ｃは、譲渡制限の意思表示がされたことを知り、または重大な過失によって知らなかった悪意・重過失の譲受人Ａに対しては、その債務の履行を拒むことができるが（466条3項）、そのままＣがＢに対しても履行しない場合がありうる。そのような場合には、Ａは、Ｂを介して債権の回収を図ることができなくなるため、Ａは、相当の期間を定めてＢへの履行の催告をし、その期間内に履行がないときは、Ａは、直接Ｃに対して支払を求め、強制執行等を行うことができる（同条4項）。

また、譲渡制限特約が付いたＢのＣに対する債権がＢからＡに譲渡された場合に、悪意・重過失のＡは、ＣがＢに対して弁済した金銭をＢから受領することによって債権を回収することになるが、Ｂについて破産手続が開始した場合には、Ｂから債権を回収することができなくなるリスクがある。そこで、譲渡人Ｂについて破産手続の開始の決定があった場合には、その前に債権全額を譲り受け、第三者対抗要件（467条2項）を具備した譲受人Ａは、悪意・重過失であっても、債務者Ｃにその金銭債権の全額に相当する金銭を供託することを請求できるとした（466条の3）。この請求後にＣがＢにした弁済は、Ａに対抗することができない（468条2項・1項）。Ａは、ＢのＣに対する債権については、Ｂから譲渡を受けた時点において債権者となっており（466条2項）、対抗要件を具備しているのであるから（467条2項）、破産手続開始決定後においても、Ｂの財産について他の債権者よりも優先するのである。

5　譲渡制限付き債権に対する強制執行

ＢのＣに対する譲渡制限付き債権に対し、Ｂの債権者Ｄによる強制執行がなされた場合に、その差押債権者Ｄが転付命令（転付命令とは、差し押さえられた債権が金銭債権で、かつ券面額をもつ場合に、当該債権の支払に代えて差押債権者に移転すべしという、執行裁判所の命令のことである〔民執159条・

160条〕）を得たときは、実質的にBからDへの債権譲渡があったのと同じ効力が生じ、Dが債権者となる（466条2項）。ただ、この場合において、第三債務者Cが、悪意・重過失のDに対しては履行を拒絶するなどDに対抗することができる（同条3項参照）となると、差押えの実効性は失われ強制執行できない財産を作出することを許容することになる。

　したがって、2017年改正法以前においても、判例（最判昭45・4・10民集24巻4号240頁）・学説は、転付命令の場合は、差押債権者の善意・悪意等にかかわらず、その債権譲渡を有効と解していた。2017年改正法は、466条3項の規定は、譲渡制限付き債権に対する強制執行をした差押債権者には適用しないとしてこの点を明確化した（466条の4第1項）。

　ただし、上の例で、BのCに対する譲渡制限付き債権を譲り受けたAが悪意・重過失である場合において、譲受人Aの債権者であるDが、Aの当該債権に対して強制執行をしたときは、債務者Cは、その債務の履行を拒むことができ、かつ、譲渡人Bに対する弁済その他の債務を消滅させる事由をもって差押債権者Dに対抗することができる。Dは、Aが当該債権を譲り受けるにあたり悪意・重過失であることも想定できるため、DにA以上の権利を与えるのは行き過ぎであるし、この場合には、CがBとの合意によって執行不能の財産を作出したとはいえないからである。

6　預貯金債権の場合

　預貯金債権には、譲渡制限特約が付されているのが通常である。預貯金債権が自由に譲渡されると、金融機関としては、預貯金者の変更に伴い、証書の書換え、印鑑の届出など事務手続が煩雑になるばかりでなく、払戻しの際の本人確認や預貯金額が時々刻々と変動しうる中にあっての払戻額の特定など円滑な業務執行が困難となる。また、預貯金債権と貸付債権との相殺を前提として貸付けが行われているため、債権譲渡によって相殺ができなくなる。他方で、預貯金債権は簡易に資金化することができ、中小企業等がその債権の譲渡により資金を調達するといった必要性は乏しい。

　そこで、民法は、譲渡制限特約が付された預貯金債権が悪意・重過失の譲受人等（このような特約の存在は一般に知られているから、譲受人等は通常

は悪意・重過失であるとされよう）に譲渡された場合には、債務者（金融機関）は、その譲受人等に対抗することができるとし（466条の5第1項）、特約により禁止された譲渡がされたときには、譲渡は無効となるとした。なお、この規定は、譲渡制限特約が付された預貯金債権に対する強制執行をした差押債権者に対しては、その者が悪意・重過失であっても、従来の判例（前掲最判昭45・4・10）に従い、適用されない（同条2項）。

　譲渡制限特約が付されている、預貯金債権とそれ以外の債権（冒頭の［事案①］のような「一般債権」）との違いは、「一般債権」の場合には、債権譲渡が有効であるので真の債権者は譲受人であるが（466条2項）、ただ、譲受人が悪意・重過失のときには、債務者が、譲受人から債務の履行の請求を拒むことができ、かつ、すでに譲渡人に弁済したときなどには有効な弁済となる（同条3項）。これに対して、預貯金債権の場合には、466条2項の規定の適用を否定して（「第466条第2項の規定にかかわらず」）、債権譲渡を無効とし真の債権者を譲渡人（預貯金債権の名義人）とした（譲渡制限特約の物権的効果）上で、債務者は、譲受人が悪意・重過失のときには、このことを対抗できるとした（466条の5）。譲受人が善意・無重過失のときには、対抗できないが、前述のように実際には預貯金債権について善意・無重過失との認定がされる場合はごく稀であろう。いずれの場合も特約の存在および譲受人の悪意・重過失の主張・立証責任は、債務者が負う（譲受人からの請求に対して、「一般債権」の場合には「権利者に対する履行拒絶の抗弁」、預貯金債権の場合には、「無権利者〔に対する履行拒絶〕の抗弁」）。一般的には、「一般債権」の場合と比べて、預貯金債権の場合にはその主張・立証は容易であろう。

Ⅳ　債権譲渡の対抗要件

［事案②］
　Aは、Bに対して90万円の貸金債権を有していたところ、Bからの弁済に代えて、BのCに対する100万円の売掛代金債権の譲渡を受けることとした。

(1) この場合に、Aは、Cに対して100万円の弁済を自分にするように請求するためには、どうすればよいか。

(2) また、Bが、Dに対しても、Cに対する上記売掛代金債権を重ねて譲渡したときは、どのような法律関係になるか。

1 債務者に対する対抗要件

(1) 債務者対抗要件

［事案②］のように、BがCに対してもつ100万円の売掛代金債権をAに譲渡するのは、もっぱらB・A間の譲渡契約によってなされ、債務者Cはこれに干渉できない。債権譲渡契約により譲受人Aは新債権者になったのだから、Cに対し100万円の履行を求めることができる。ただ、債権譲渡後にはAが新債権者であるものの（466条1項・2項）、Cとしては、Aから新債権者であると告げられその請求に応じてAに弁済することについては危険が伴い、また、特にすでにBに弁済をしていたときには、二重払いのおそれがある。

このような事情において、民法は、二重弁済の危険を避けて債務者Cを保護するために、譲受人Aの権利行使について一定の対抗要件を具備しないと債務者Cに対抗することができないとした。すなわち、債権譲渡は、譲渡人Bが債務者Cに対し譲渡した旨を通知するか、あるいは債務者Cがこれを承諾しないと、譲受人Aは、Cに対し譲渡を対抗できないとした（467条1項）。

BからAへ債権譲渡（将来債権の譲渡を含む）がなされても、通知または承諾がない間は、たとえCが債権譲渡の事実を単に知っていたとしても、AはCに対して債権の譲受けを主張できず、Aが履行の請求をしてもCはこれを拒むことができる。対抗要件として通知または承諾のどちらか1つがあればよく、両者を備えなければならないという趣旨ではない。また、通知または承諾については方式を要しない。

(2) 通　知

(ｱ)　通知とは、債権譲渡があったという事実を知らせる行為で、観念の通知たる性質をもつ。したがって、通知が、代理人によってなしうる

こと、到達によって効力が生ずることなどについて、意思表示に関する規定が類推適用される。通知は、譲渡と同時でなくてもよい。譲渡後にされると、その時から対抗力が生じる。譲渡前にあらかじめ通知をしても無効である。

(イ)　債権譲渡の通知は、必ず譲渡人から債務者に対してしなければならない。譲渡人の代理人によっても通知をすることができる。通知は、債務者に到達することによってその効力が生ずる。譲受人からの通知には対抗力が生じない。譲受人からの通知では、真実性を欠く場合があるからである。譲受人が譲渡人を代位して（423条）通知をしても、それは無効である（大判昭5・10・10民集9巻948頁）。譲渡人が通知をしないときは、譲受人は「BはCに通知せよ」という判決を得て（414条1項）、通知に代えるほかないであろう。

(ウ)　債権譲渡の通知は、債務者が多数いる場合には、債務の性質によって決まる。例えば、保証債務付きの債務譲渡がなされる場合、その通知は、譲渡人から主たる債務者に対してのみなされればよい（大判明39・3・3民録12輯435頁）。保証人への譲渡通知は対抗要件とはなりえない（大判昭9・3・29民集13巻328頁）。連帯債務の場合は全員に通知をしなければならない。連帯保証の場合は、主債務者だけに通知をすればよい。

(エ)　債権者B・債務者Cの間で、将来、Bが債権を譲渡するについて通知または承諾を要しないという特約がなされている場合、その特約は有効であろうか。判例は、旧467条1項（現行規定もほぼ同じ）は強行法規であるから、このような特約は無効であるとする（大判大10・2・9民録27輯244頁）。

(3)　承　諾

承諾とは、債務者が債権譲渡があったという事実を承認する旨を表明することである。債権譲渡は、債権者が債務者の承諾なしにできるので、ここでの承諾は、「債権譲渡を承諾する」ことではない（ただ、債権譲渡を承諾した場合には、ここでの「債務者対抗要件としての承諾」にもなる）。これも通知と同じく意思表示ではなく、観念の通知である。意思表示に関する規定が準用される。

承諾は、債務者のみならず、代理人による承諾も、使者による承諾も、有効とされる。承諾の相手方は、譲渡人・譲受人のいずれでもよい。承

諾は、通知と異なり、譲渡前になしてもよい。

　債権譲渡がなされても、通知または承諾がないときには、前例の譲受人Ａは債務者Ｃに対し、債権譲渡の効力を主張できない。Ｃは、Ｂ・Ａ間で債権譲渡があったことを知っていても、承認する旨の表明をしない限り、弁済を拒絶することができる（ただし、現に弁済があった場合には、承認の表明をしたものと解される）。なお、通知または承諾がない場合には、ＡがＣに対し弁済の請求をしても、当該債権の消滅時効の完成が猶予（147条1項）されることはない。

(4)　将来債権の譲渡の場合

　前述（→Ⅱ2(2)）のように将来債権も譲渡できるところ、その譲渡前にＢ・Ｃ間で譲渡制限特約を締結することは当然にできるが（466条3項により、善意・無重過失の譲受人Ａは、対抗要件を具備すれば、発生した債権につきＣに対して履行の請求等をすることができる）、将来債権の譲渡後は、譲渡された債権の発生した時点で当然に真の債権者がＡとなるが（466条の6第2項）、将来債権の譲渡後に対抗要件が具備されれば、Ｃはそのことを認識できるので、Ｂ・Ｃ間で譲渡制限特約を締結することはできない（事実上、同特約が締結されても、Ａは、同特約の存在につき常に善意であるので、Ｃは同特約をＡに対抗することはできない〔後掲466条の6第3項参照〕）。

　他方、ＢからＡへ将来債権の譲渡がなされても、対抗要件が具備される前においては、Ｃは、Ｂ・Ａ間の譲渡および譲渡債権の発生により当然に真の債権者がＡとなる旨を一般的には認識しえない。そこで、債権譲渡後、対抗要件具備前に譲渡制限特約が付された場合（将来債権を譲渡したＢは、一般的にはすでに譲渡し債権発生後はＡが債権者となる債権につき自らの提案で譲渡制限特約を付すことはないであろうが、Ｃからの提案に応じて同特約を付すことはありえよう）には、Ｃに譲渡制限特約の効力をＡに対抗させるのが適切である。

　2017年改正法は、譲受人Ａが、譲渡人ＢからＡへの将来債権の譲渡後、債務者対抗要件を具備する時までにＢ・Ｃ間で譲渡制限特約が付された場合において、Ａは、譲渡時には譲渡制限特約については知るよしもないが、たとえ、譲渡後、債務者対抗要件を具備する時までの間にＢ・Ｃ間の譲渡制限特約につき知らなかったときでも、そのことを知っていたものとみなして、債務者Ｃは、466条3項の規定（預金債権の場合

にあっては466条の5第1項の規定）を適用して、常に同特約の存在を前提に
Aに対して履行を拒絶することなどができるとした（466条の6第3項）。

(5)　債権譲渡における債務者の抗弁

(ア)　対抗要件具備時までに譲渡人に対して生じた理由

　債権譲渡の対抗要件が具備された場合に、債務者Cは、それまでに
譲渡人Bに対抗できた事由（Bに対する弁済、供託、相殺、無効、取消し、解
除、同時履行の抗弁など）をもって譲受人Aに対抗できる（468条1項）。し
かし、CがこのこのCがこの事由をAに対抗しうるためには、それらが「対抗要件
具備時までに譲渡人に対して生じた」ものでなければならない。そこで、
取消し、解除、相殺等については、対抗要件具備時までにそれらの事由
が現に発生していなければならないか、それとも、それらの抗弁事由の
発生の基礎が存在していればよいかが問題となる。2017年改正前の学説
は、後者によっていたが、改正後も同様であると考える。すなわち、解
除についていえば、債権が譲渡され、対抗要件が具備された場合、解除
原因（債務不履行）そのものは、対抗要件具備後に生じても、解除をもっ
て譲受人に対抗できるということである。対抗要件具備時に、譲渡人B
に対する抗弁事由が必ずしも発生していることを必要とせず、抗弁事由
発生の基礎（解除原因等発生可能状態）が対抗要件具備時に存在すればよい
のである。例えば、BからAに譲渡された債権が、未完成仕事部分に
関するBの請負報酬債権であった場合、注文者Cがもつ債務不履行を
理由とする契約解除の抗弁は、譲渡通知等の対抗要件具備後であっても、
Aに主張・対抗できる。

　なお、上で述べたように、債務者は、対抗要件具備時までに「譲渡人
に対して生じた事由」をもって譲受人に対抗できるが（468条1項）、B・
C間で仮装売買がなされ、Bがその虚偽表示に基づく債権を、Cに通知
してAに譲渡した場合、Cは、これを「譲渡人に対して生じた事由」
として譲受人Aに対抗できるかが、94条2項との関係で問題となる。
かつて判例は、当初、旧468条2項は、94条2項の特則であるとして、
譲受人の善意・悪意を問わず、譲受人に対抗できるとしたが（大判明38・
6・6民録11輯881頁）、その後、判例は見解を改めた。すなわち、94条2
項を適用すると、債務者は虚偽表示の無効をもって善意の譲受人に対抗
できないから、善意者に対する関係では、虚偽表示はいわゆる「譲渡人

に対して生じた事由」に該当しないとし、善意の譲受人には対抗できないとした（大判大 3・11・20民録20輯963頁）。

(イ) 債権譲渡における相殺権

債権譲渡と相殺については、対抗要件具備時にすでに相殺適状にあることを要するか、それとも将来の相殺の可能性で足りるのか。譲渡債権（受働債権）と反対債権（自働債権）の弁済期との関係で、いかなる範囲まで対抗力が認められるかが問題となる。2017年改正法前の判例では、例えば債権譲渡通知前に債務者 C が譲渡人 B に対し相殺適状にある売掛代金債権をもっている場合には、C は譲受人 A に対してその債権をもって相殺することができるが（最判昭32・7・19民集11巻 7 号1297頁）、C が債権譲渡通知後に B に対して反対債権を取得した場合には、C は A に対して相殺をもって対抗できないとしていた（大判昭 9・9・10民集13巻1636頁）。

問題となるのは、債権譲渡通知前にもっている債務者 C の反対債権が、通知後に弁済期が到来して相殺適状になる場合において、その債権をもって C が譲受人 A に対して相殺をすることができるかどうかである。判例は幾多の変遷をみせたが、最判昭50・12・8 民集29巻11号1864頁は、債権譲渡があったときに、債務者が譲渡人に対し反対債権をもっていれば、たとえ反対債権（自働債権）の弁済期が、譲渡債権（受働債権）の弁済期より後で、しかも債権譲渡の通知のあった時より後に到来するものであっても、反対債権および譲渡債権の弁済期が到来したときには、反対債権による相殺を主張できるとしていた（本判例では、小法廷の定員 5 人のうち多数意見 3 、反対意見 2 に分かれていた）。

2017年改正法は、以上の判例を踏襲して、「債務者は、対抗要件具備時より前に取得した譲渡人に対する債権による相殺をもって譲受人に対抗することができる」（469条 1 項）とした。したがって、それぞれの債権の弁済期の先後は問われない。

さらに、その上で、譲受人が債務者対抗要件を具備した時点よりも後に債務者が取得した債権についても、①対抗要件具備時より前の原因に基づいて生じた債権か、②そのほか譲受人の取得した債権の発生原因である契約に基づいて生じた債権のいずれかである場合には、その債権による相殺が可能であるとした（469条 2 項）。①の債権としては、例えば、

債務者対抗要件具備時より前に締結されていた賃貸借契約に基づき債務者対抗要件具備時より後に発生した賃料債権がこれに当たり、②の債権としては、例えば、将来発生する売買代金債権を譲渡する合意がされ、債務者対抗要件が具備された後に当該売買代金債権を発生させる売買契約が締結された場合において、その後、その売買契約を原因として発生した損害賠償債権（契約不適合を原因とする564条による415条の損害賠償請求権等）がこれに当たる。

(6) 異議をとどめない承諾をした場合

2017年改正前においては、債務者が異議をとどめない承諾をしたときは、譲渡人に対抗することができた事由があっても、これをもって譲受人に対抗することができないとされていた（旧468条1項本文）。例えば、[事案②]において、CがBに対し50万円の貸金債権をもっていた場合に、BからAへの債権譲渡を異議を述べずに（50万円の反対債権のある事実を告げずに）承諾すると、Aからの100万円の請求に対し50万円の反対債権をもって相殺することができなくなる。また、同事例で債権譲渡後にCが100万円の一部の弁済をしていても、その旨を告げずに当該債権譲渡につき異議をとどめないで承諾すると、Aに対して100万円全額支払わなければならない。

判例は、異議をとどめない承諾によって債務者の抗弁を対抗できなくなる（抗弁の切断）のは、譲受人が善意・無過失の場合に限られるとしていたが（最判平27・6・1民集69巻4号672頁）、それでも、債務者Cにとっては、Aからの通知に対して、上の例において、相殺の可能性があるのに、または一部は弁済しているのに、その点を明示しないまま「わかりました」と回答して債権譲渡を認識した旨の通知をしてしまうと、これらの抗弁を放棄する意思がないにもかかわらず、抗弁が切断されるという不合理な結果を招いてしまう。そこで、改正法では、異議をとどめない承諾の制度を廃止した（468条参照）。したがって、債務者が譲受人または譲渡人から債権譲渡の通知を受けて「承諾」の通知をしただけでは、それに加えて抗弁を放棄する旨の意思表示をしない限りは、抗弁が切断され抗弁事由を譲受人に対抗できなくなることはない。

2 債務者以外の第三者に対する対抗要件

⑴ 確定日付ある証書

　不動産・動産の物権変動における第三者に対する対抗要件は、登記（177条）または引渡し（178条）であるが、これと同様に、譲受人が債権譲渡を債務者以外の第三者に対抗するためには、先の通知または承諾が確定日付ある証書によってなされなければならない（467条2項）。［事案②］において、Bが、Cに対してもっている100万円の債権をAに譲渡し、さらにその債権をDに二重譲渡した場合に、第1の譲受人Aが自分に債権が帰属することを第2の譲受人Dに主張できるためには、Cに対する通知または承諾が必要であるが、その通知または承諾は確定日付ある証書によらなければならない。債務者Cに対する対抗要件の場合と違って、このような厳格な要件が要求されるのは、二重に譲り受けたDがB・Cと共謀し、Dへの譲渡がAへの譲渡よりも先になされたような証書（日付をAに対する譲渡以前に遡って記入した書面）が作成されると、これによってAの利益が害されるので、この弊害を防ぐために、A・D間の優劣を決めるにあたって、日付を遡らせることのできない確定日付ある証書によるべきとしたのである。確定日付ある証書とは何かについては、民法施行法5条の定めるところによるが、通常、簡易には内容証明郵便、または公証役場で作成される公正証書によって行われている。

⑵ 債権の二重譲渡と優劣の基準

　債権の二重譲渡は、実際には、企業が倒産状態に陥ると、その企業がもっている同一債権（特に優良債権）が二重・三重に譲渡されたときに起きる問題であり、また、同一債権につき譲渡と差押えが競合することがしばしば起きる。債権の二重譲渡について、その優劣の決定基準が問題となる。

　⑦　Bが、Cに対してもっている債権をAに譲渡し、確定日付ある証書による通知・承諾をしない間に（単なる通知・承諾によった場合）、Dが、Bより二重に譲り受けて、確定日付ある証書による通知（承諾）をした場合（または、債務者が差押債権者から当該債権の差押え・転付命令の送達を受けた場合）には、AはDに対抗できず、債務者CはDに弁済すべきこ

とになる（大連判大 8・3・28民録25輯441頁）。この場合、C が B に弁済したとしても、これをもって受領権者としての外観を有する者への弁済（478条）ということはできない。こう解さないと、債権譲渡の対抗要件の規定によって D のみが債権者とされる趣旨が破られるからである（大判昭 7・5・24民集11巻1021頁）。なお、判例では、C の B に対する弁済ではなく、C が優先譲受人ではなく、劣後譲受人に対して弁済した場合について、C が優先譲受人の債権譲受行為または対抗要件に瑕疵があるためその効力を生じないと誤信してもやむをえない事情があるときなど、劣後譲受人を真の債権者であると信ずるにつき相当な理由があるときには、478条の規定の適用がある旨説かれている（最判昭61・4・11民集40巻 3 号558頁〔本事案では、弁済者に過失ありとして478条による免責を否定した〕）。

　(イ)　二重譲渡のいずれも確定日付ある証書によらず、単なる通知（承諾）によった場合には、再度いずれかの譲渡につき確定日付ある通知（承諾）がなされた方が優先すると解すべきである。古い判例では、第 1 の譲受人が真実の債権者となるとしたものがあるが（大判大 8・8・25民録25輯1513頁）、学説では、譲受人双方とも優先を主張できず、債務者はいずれに対しても弁済を拒絶できるとともに、いずれか一方に弁済すれば責任を免れるという説が有力である。

　(ウ)　二重譲渡があって、ともに確定日付ある証書による通知によってなされた場合、その優劣の基準は、通知書の日付の先後か（通知・承諾に付された確定日付の先後、確定日付説）、それとも通知書の到達日時の先後によるべきか（到達時説）問題となる。判例は通知到達時説をとる（最判昭49・3・7民集28巻 2 号174頁）。すなわち、債権が二重に譲渡された場合、譲受人相互間の優劣は、確定日付ある通知が債務者に到達した日時または確定日付ある債務者の承諾の日時の先後によって決すべきであるというのである。その結果、二重譲渡のいずれも確定日付ある通知によった場合には、その到達の先後によって優劣が決定されることになる。同じく、債権の譲受人と同一債権に対し差押命令および転付命令を得た者との優劣の基準は、譲受人の対抗要件具備時と差押命令の第三債務者に対する送達時の先後によって決定すべきであるという（最判昭58・10・4 判時1095号95頁）。

　学説もこれを支持するものが多い。通知到達時説の理由とするところ

は、①467条1項は、債務者の「認識（通知）と表示（承諾）」を債権譲渡の公示方法としている。すなわち、債権を譲り受けようとする第三者AないしDは、債務者Cに対し債権譲渡および通知の有無を確かめること（いわばCを情報センターとすること）を根幹にしている。また、同条2項は、譲渡人Bが債務者Cと通謀して譲渡の通知の日時を遡らせる行為をなし、第三者の権利を害するに至ることを可及的に防止する趣旨である。このような対抗要件制度の構造に鑑みると、通知の到達の日時が重要な意味をもつ。②通知は、債権譲渡があったという事実を知らせる観念の通知であり、これには意思表示に関する規定が類推適用され、通知は到達によって効力が生ずるから（97条1項）、通知の対抗力も通知到達の時から生ずる。③確定日付説では、通知に供する書面に確定日付さえ得ておけば、いかに遅れて通知しても、債権が弁済等により消滅しないうちに債務者に到達する限り、到達が先んじていても確定日付が遅れている二重譲受人等の第三者に優先することになり、取引の安全を害すること、などである。

(3) 確定日付ある通知の同時到達

　通知到達時説がとられた結果、二重譲渡のいずれも確定日付のある通知書が同時に債務者に到達した場合、各譲受人間の法律関係はどうなるのかが問題となる。また、各譲受人は債務者に対し譲受債権の請求をなしうるであろうか。確定日付説では、確定日付の早い譲受人（Aとしよう）が他の譲受人（D）に優先することになる。すなわち、Aは、Dへの債権の帰属を否認し、Cに対し債権の取得を主張しうることになる。

　これに対し、判例のとる通知到達時説によると、A・D各譲受人は、互いに他の譲受人に対して自己のみが優先的譲受債権者であると主張することができない。各譲受人は、互いに他の譲受人に対抗できないが、1個の債権につき、債務者によって否認されることのない地位を取得している。したがって、各譲受人A・D間および債務者Cに対する法律関係は、連帯債権と類似の関係が成り立つ。AおよびDは、Cに対し債務の全額を請求できる。その結果、いずれか一方が譲受債権について満足を得たときは、他方に対し平等の割合で分配をする義務を負うことになる。

　判例も、指名債権が二重に譲渡され、確定日付ある各譲渡通知が同時

に第三債務者に到達した事案について、「各譲受人は、第三債務者に対しそれぞれの譲受債権についてその全額の弁済を請求することができ、譲受人の1人から弁済の請求を受けた第三債務者は、他の譲受人に対する弁済その他の債務消滅事由がない限り、単に同順位の譲受人が他に存在することを理由として弁済の責めを免れることはできない」（最判昭55・1・11民集34巻1号42頁）と判示している。

　問題となるのは、同時到達の場合、例えばBのCに対する100万円の債権について、100万円の債権譲渡と60万円の差押えが競合したときに、単純に100万円を10対6で按分するのか、それとも60万円のみが二重譲渡の形で競合しているとみて、平等に30万円ずつ分け、それを超える40万円は差押えが優先するとして差押債権者に渡されるのかである。原則として前者の計算方法によるべきであろう。

　なお、到達先後不明の場合は、同時到達の場合と同様お互いに優先しないと解すべきである。判例は、債権譲渡と差押えの通知が競合しその到達の先後が不明の事案について、同時に到達したものとして取り扱うのが相当であるとした（最判平5・3・30判時1462号85頁）。そして、同判決は、この場合に第三債務者が債権額に相当する金額を供託したときは、差押債権者と債権譲受人は、被差押債権額と譲受債権額に応じて供託金額を按分した額の供託金還付請求権をそれぞれ分割取得するとした。

(4)　いわゆる「第三者の範囲」

　確定日付ある証書による通知・承諾がなければ対抗できない「第三者」とは、債務者以外の者を無制限にいうのではない。判例は、177条の物権変動におけると同様に、制限説をとり、当初、第三者とは通知の欠缺を主張するに正当の利益を有する者（大判大2・3・8民録19輯120頁）という基準を示していたが、その後、譲渡された債権そのものについて法律上利益を有する者と解している（大判大4・3・27民録21輯444頁）。最も典型例としては、二重譲受人を挙げることができるが（大判昭7・6・28民集11巻1247頁）、そのほか、当該債権の差押債権者（大判大8・11・6民録25輯1972頁）、債権上の質権者（大判大8・8・25民録25輯1513頁）などがある。

　以下では、上に述べた「第三者」に該当しない者とした判例として、3つを挙げておこう。

　①主債務者Cの保証人Dは、主債務について生じた効力は保証債務

にも及ぶから、ここにいう第三者に該当しない（大判大元・12・27民録18輯1114頁）。その結果、主たる債務者Ｃに対する通知または承諾があれば、確定日付ある証書によらなくても、譲受人Ａは保証人Ｄに対抗できる。いずれにしても、譲受人Ａは、第三者に該当しない者に対しては、通知・承諾が確定日付ある証書によらなくても、譲受債権を対抗できる。

②ＢのＣに対する抵当権付債権を譲り受け抵当権の移転登記を得たＡは、その抵当不動産をＣから譲り受けたＤに対して対抗できる。Ｄは第三者に該当しない（大判昭7・11・24新聞3496号17頁）。

③ＢのＣに対する債権をＡが譲り受け、ＣのＡに対する債権と相殺した場合に、その後にＣのＡに対する債権（受働債権）を差し押さえたＣの債権者Ｄは、Ａに対する第三者に該当しない。Ｄは、Ｂ・Ａ間の債権譲渡について、その通知・承諾が確定日付ある証書によらないことを理由に、Ａのした相殺の無効を主張することはできない（大判昭8・4・18民録12巻689頁）。

3 対抗要件の特例──動産・債権譲渡対抗要件特例法

(1) 特例法の制定

今日、企業間の取引においては、債権を譲渡することで資金を調達する必要があるが、そこにおいては、多数の債権が包括的に譲渡されることも多いために、民法による、債権譲渡についての債務者以外の第三者に対する対抗要件を備えるとなると、1人1人の債務者すべてに対し確定日付のある証書による通知等が必要となり、円滑な債権譲渡が困難となる。通常、債権譲渡を受けようとする者は、第三者対抗要件のない債権の譲渡には応じない。そこで、1998（平成10）年に債権譲渡対抗要件特例法が制定され、同法に基づく「登記」を対抗要件とすることによって、この要請に応ずることにした。しかし、その後、同法では、債務者（第三債務者）の記載が登記における必須的記載事項であったために、証券化などの譲渡で第三債務者が不特定・未発生の場合にはその記載ができず不都合が生ずることから改正が望まれていた。他方、産業界からは、集合動産の譲渡担保について登記を対抗要件とする強い要望があった。そこで、2004（平成16）年に、債権譲渡対抗要件特例法の改正により、動産と債権の譲渡について「登記」をもって対抗要件とする旨の統一的

制度として整備がなされ、その名称も動産・債権譲渡対抗要件特例法（正式には「動産及び債権の譲渡の対抗要件に関する民法の特例等に関する法律」。以下「特例法」という）となった。同法により、第三債務者が不特定・未発生の場合における上記の問題も解決された。

(2) 対抗要件としての登記

(ｱ) 譲渡の登記

　特例法の適用があるのは、「法人」が債権（金銭の支払を目的とするもの）を譲渡し、または譲渡担保に供する場合であり、この場合には、債権譲渡登記ファイルに登記された「譲渡の登記」をもって対抗要件とすることができる（特例法1条・4条）。債権の譲受人は法人である必要はない。債権は、すでに発生している債権でも、将来発生する債権でもよい。この登記がされたときは、債務者（第三債務者）以外の第三者については、民法467条2項の「確定日付のある証書による通知」とみなし、登記の日付をもって確定日付とする（特例法4条1項）。このように譲渡人は、債務者に対し民法467条1項で定める通知等をしなくても、特例法に基づく登記のみをすれば、第三者に対しては債権の譲渡を対抗することができる。

(ｲ) 登記事項証明書の交付

　しかし、上記の登記だけでは、債務者は、自己の債務が第三者に譲渡（およびその旨の登記）がなされたことを知悉できない可能性がある。そこで、譲渡人もしくは譲受人が、当該債権の債務者に、登記事項証明書（特例法11条2項）を交付して通知し、または、債務者が承諾したときに、債務者に対して対抗力が生ずるとした（特例法4条2項）。

　登記の存続期間は、原則として、債務者のすべてが特定している場合は50年、それ以外の場合は10年を超えることができない。ただ、当該期間を超えて存続期間を定める特別の事由がある場合は、この限りでない（特例法8条3項。なお、同条4項に転譲渡の場合に関する例外規定がある）。

(ｳ) 登記事項

　債権譲渡登記ファイルに登記される事項は、①譲渡人の商号等、②譲受人の氏名等、③登記番号、④債権譲渡登記の登記原因およびその日付、⑤譲渡債権（既発債権のみを譲渡する場合に限る）の総額、⑥譲渡債権を特定するために必要な法務省令で定める事項、⑦債権譲渡登記の存続期間

である（特例法8条2項）。以上のすべてが記録された書面を「登記事項証明書」といい（特例法11条2項）、⑥を除いた書面を「登記事項概要証明書」という（同条1項）。後者は、誰でもその交付を請求することができるが、前者については、債権の譲渡人、譲受人、債権の差押債権者その他の利害関係人、または、譲渡人の使用者のみがその交付を請求することができる（同条1項・2項）。

㈍　第三債務者が不特定の場合

通常の集合債権譲渡担保においては第三債務者は特定しているが、例えば、賃貸ビルを建築する際に、そこから将来的に生じる賃料債権を担保として当該ビルの建築資金を獲得しようとする場合には、債務者（第三債務者）を特定することは、事実上困難である。そこで、改正動産・債権譲渡登記規則（令和元年法務省令47号）では、債権の債務者が特定していないときは、債権の発生原因および債権発生時における債権者の氏名等を登記事項とした（同9条1項3号）。

Ⅴ　有価証券

これまでみてきた債権は、債権譲渡の目的となる債権について債権者（［事案②］においてはB）が特定している債権であるが、それとは別に、もともと債権の譲渡が予定され、したがって、債権者は不特定の者であり、それが証券に化体されている債権がある。2017年改正前の民法では、証券的債権として、指図債権、無記名債権、記名式所持人払債権の3種について規定されていたが（旧469条～473条）、現実にはほとんど活用されていないといわれていた。そして、民法の規定は、債権と証券とを分離して、債権の面から規定しているのに対し、他方で、商法の諸規定は、債権と証券とを一体とみて、債権が化体した証券の面から規定していたため、規定が不統一であると批判されており、立法論として、有価証券理論による統一立法の制定が待たれていた。このような背景の下、2017年改正法は、旧規定をすべて削除した上で、その実質的な内容は基本的に維持して、商法等と一体的な有価証券に関する規定を民法の第3編第1章「総則」の第7節「有価証券」（520条の2～520条の20）において新設した。ただ、有価証券に関しては、手形法や小切手法等の特別法がある

場合には、そちらの規定が優先して適用される。

　民法が定める有価証券は、記名証券としての①指図証券、②記名式所持人払証券、③その他の記名式証券の３つ、と④無記名証券である。

1　指図証券

　指図証券とは、証券上指名された者またはその者が証券上の記載によって指名した者（その者がさらに指名した者も含む）を権利者とする有価証券であり、手形、小切手、貨物引換証、倉庫証券、船荷証券などがこれである。

　改正前は、指図証券の譲渡は意思表示のみによって効力を生じ、証券の裏書・交付は債務者その他の第三者に対する対抗要件であるとしており（旧469条）、商法上の指図証券が裏書・交付が譲渡の成立要件とされていたのとは異なる

規定を置いていたが、これは証券的債権の本質に反するため、改正法は、指図証券の譲渡は、その証券に譲渡の裏書をして譲受人に交付しなければ、その効力が生じないとした（520条の２）。その他、民法は、指図証券の流通を保障し、取引の安全を保護するために、次のような諸規定等を置いている。

　①指図証券の所持人が裏書の連続によりその権利を証明するときは、その所持人は、証券上の権利を適法に有するものと推定する（520条の４）。したがって、所持人は、この推定が覆されない限り、債務者に履行を請求でき、債務者は所持人に弁済すれば債務が消滅する。②何らかの事由により指図証券の占有を失った者がある場合において、その所持人が裏書の連続によりその権利を証明するときは、その所持人は、悪意・重過失によって当該証券を取得したものでない限り、その証券を善意取得し、返還の義務を負わない（520条の５）。③指図証券の債務者は、その証券に記載された事項およびその証券の性質から当然に生ずる結果を除き、その証券の譲渡前に債権者に対抗することができた事由をもって善意の譲受人に対抗することができない（520条の６）。④指図証券の債務者は、当該証券の所持人およびその署名・押印の真偽を調査する権利を有するが、義務を負わないとされている（520条の10本文）。調査をしないために、真実の債権者でない者に弁済しても、債務者に悪意または

重大な過失がない限り、その弁済は有効とされる（同条ただし書）。

2　記名式所持人払証券

　記名式所持人払証券とは、債権者を指名する記載がされ、さらにその所持人に弁済をすべき旨が付記されている有価証券をいい（520条の13括弧書）、指図証券とは異なり裏書を要しない点から無記名証券の変型といわれ、記名式持参人払小切手（小切手5条2項）がこの典型である。これについても、指図証券と同様に、その証券の交付をしなければ、譲渡の効力を生じない（520条の13）。

　記名式所持人払証券の所持人に関しては、指図証券についての前記①〜④に準じた規定が設けられている（520条の14〔①〕・520条の15〔②〕、520条の16〔③〕・520条の18〔④〕）。

3　その他の記名式証券

　その他の記名式証券とは、債権者を指名する記載がされている証券であって、上記の指図証券および記名式所持人払証券以外のもの、すなわち、証券上指名された者が債権者であり、その者が証券上の記載によって指名した者や証券の所持人を権利者としないものであり、裏書禁止小切手等がこれに当たる。この証券は、債権と同様の方式によって譲渡または質入れをすることができる（520条の19第1項）。したがって、この証券に債権者として指名する記載がされている者は、債権の譲渡の方式（466条・467条等）により証券に記載された債権を第三者に譲渡することができ、その効力が生ずる。

4　無記名証券

　無記名証券とは、証券上特定の権利者を指名する記載がされておらず、その所持人が権利者としての資格を有する有価証券であり、無記名式小切手のほか社債、商品券、観覧券等がこれに該当する。

　2017年改正前は、無記名債権は動産とみなされる（旧86条3項）と規定されていたが、改正法は、記名式所持人払証券の規定を無記名証券について準用すると規定したことから（520条の20）、86条3項は削除された。無記名証券の交付により譲渡の効力が生じ、その証券の所持人に関して

は、前記①〜④に準じた効力が生ずる。

5　免責証券

　民法に規定はないが、上記以外の証券として、記名式所持人払証券や
無記名証券の場合と同様に所持人が権利者と推定されるものとして免責
証券がある。ただ、この証券は、その流通性を目的とするのではなく、
債務者が真実の債権者を調査・確認することが困難なことから、債務者
の責任を軽減しようとすることを目的とするものである。手荷物引換証、
携帯品預り証、下足札、ロッカー・キーなどがこれに当たる。また、今
日では、同様の機能を設定暗証番号や取得バーコード等が担っている場
合も多くみられる。債務者は、その証券等の所持人・提示者に弁済すれ
ば、有効な弁済になる。

Ⅵ　債務引受および契約上の地位の譲渡

［事案③］

(1)　Ａは、Ｂから100万円の借金をしているが、弁済期が近づいても返
　済の目途が立たないので、姉のＣに頼んでその債務を引き受けても
　らうことにした。

　　ⓐ　この場合にＢの承諾は必要か。

　　ⓑ　また、以後のＡ・Ｂ・Ｃ間の法律関係はどのようになるか。

(2)　Ａは、ＢにＡの所有する家屋を賃貸しているが、ＡがＣに同家屋
　を売却するにあたり、Ｂの承諾が必要か。

1　債務引受の意義

　債務引受とは、債務者（［事案③］のＡ）が負担する債務（貸金債務）と
同一内容の債務を契約（Ａ・Ｃ間の契約、またはＢ・Ｃ間の契約）によって第
三者（Ｃ）が負担する制度である。債務者が債権者に対してもっていた

抗弁権（同時履行の抗弁権等）も、従たる債務（利息債務）も第三者に移転する。第三者（C）が債務を負担した後も元の債務者（A）が引き続き同債務を負担する「併存的債務引受」と、第三者（C）が債務を負担した後は元の債務者（A）はその債務を免れる「免責的債務引受」とがある。2017年改正前の民法には、債務引受に関する規定はなかったが、判例・学説はこれを契約自由の原則から認めていた。2017年改正法は、それまでの判例・通説を踏まえて、これら2つの債務引受の規定を第3編第1章「総則」の第5節「債務の引受け」として新設した（470条〜472条の4）。

債務引受は、実際には、担保物が譲り渡されるときに、譲受人が被担保債務を引き受ける場合や、営業ないし企業が一括譲渡されるときに、譲受人が債務を引き受ける場合などに行われる。債権譲渡は、債権者の変更による債権関係の変動であるが、債務引受は、債務者の変更による債権関係の変動であるといえる。債務引受は、新債務者の資力如何によっては、債権者の利害に重大な影響を及ぼすことになるため、債権譲渡の場合には債務者の意思を無視することができるのとは異なり、債務引受においては債権者の意思を無視することはできない。

2　併存的債務引受

(1)　要　件

併存的債務引受は、重畳的債務引受ともいう。これは、債務者Aも債務者としての地位にとどまり——債務を免れることなく——、引受人Cが、Aと並んで連帯して新たに同一内容の債務を負う契約である（470条1項）。併存的債務引受は、連帯債務や保証債務と同じく、実質的には、他人の債務を担保する作用を営む。

併存的債務引受は、債権者、債務者、引受人の三面契約だけではなく、債権者Bと引受人Cとの契約によりなしうるが、この場合、保証債務のそれと同じく、債務者Aの意思に反してもなすことができる（470条2項）。

債務者Aと引受人Cとの間で債務引受契約をなすことができるか。改正前の学説は、債権者Bに引受人Cに対する権利を取得させる契約であるから、「第三者（B）のためにする契約」（債権者Bの受益の意思表示〔改正法537条3項参照〕が必要）として有効と考えていた（改正法470条4項参

照）。古い判例は無効としていたが（大判明42・2・17民録15輯111頁）、後に学説を受け入れ、これを有効とするに至った（大判大6・11・1民録23輯1715頁）。改正法は、このような学説・判例を明文化した上で、債権者Bが引受人Cに対して承諾をした時に、併存的債務引受の効力を生ずるとした（470条3項）。

(2) 効果

引受人Cは、債務者Aと連帯（不真正連帯と解される）して、新たに同一内容の債務を負うが、併存的債務引受の効力発生時に債務者Aが主張することができた抗弁をもって債権者Bに対抗することができ（471条1項）、さらに、AがBに対して取消権または解除権を有する場合には、Cは、これらの権利の行使によってAがその債務を免れるべき限度において、Bに対して債務の履行を拒むことができる（同条2項）。

3　免責的債務引受

(1) 要件

免責的債務引受とは、債務者Aの債務との同一性を維持しつつ、その債務を引受人Cに移転する契約をいう。債務者Aは、その地位を離脱し、債務を免れる（472条1項）。Aの債務をCが肩代わりするわけであるから、Cに資力が十分ある場合には、Bにとって債権の保全、担保力の強化に役立つ。逆に、CにAよりも資力がない場合には、担保力が減じ、債権者に不測の損害を与えることになる。したがって、免責的債務引受においては、Bの意思（承諾）を絶対に無視することができない。

免責的債務引受契約は、債権者、債務者、引受人の3者の三面契約でなしうるが、債務者Aに一方的に利益を与えるから、債権者Bと引受人Cとの契約ですることができ、この場合には、BがAに対してその契約をした旨を通知した時に、その効力が生ずる（472条2項）。

債務者Aと引受人Cとの間の契約でもなしうるか。改正法は、従来の通説に従い、債権者Bが引受人Cとなるべき者に対して承認をすることによってすることができるとした（472条3項）。実際の取引では、A・C間で免責的債務引受契約がなされた後、Bの承認を求めることが多いという事情を配慮しての規定であり、Bの承認を停止条件として契

約の効力が生ずるということになろう。

(2) 効　果

免責的債務引受において、引受人Cは、債務者Aが債権者Bに対して負担していた債務と同一内容の債務を負担するが、併存的債務引受の場合と同様に、その効力発生時にAが主張することができた抗弁をもってBに対抗することができ（472条の2第1項）、さらに、AがBに対して取消権または解除権を有するときには、Cは、免責的債務引受がなければこれらの権利の行使によってAがその債務を免れるべき限度において、Bに対して債務の履行を拒むことができる（同条2項）。

改正法は、判例（大判明36・10・3民録9輯1046頁）を踏まえて、引受人Cは、当然には債務者Aに対して求償権を取得しないとし（472条の3）、求償権を発生させるためには、別途、A・C間でその旨の合意が必要である。

免責的債務引受があった場合に、債権者Bは、債務者Aの債務の担保として設定された担保権（物上保証）および保証について、引受人Cが負担する債務に移転することができる（472条の4第1項本文・3項）が、その移転は、あらかじめまたは同時にCに対してする意思表示によってしなければならない（同条2項・3項）。ただ、CがもともとAの債務につき担保権を設定または保証していた場合には、BによるCに対する上記の意思表示で足りるが、物上保証人または保証人がC以外の者である場合には、その承諾を得なければならない（同条1項ただし書・3項）。債務引受が物上保証人や保証人の意思とは無関係に成立する反面、担保権の設定や保証契約は、旧債務者と物上保証人・保証人との個人的な信頼関係を基礎に結ばれるものであるから、物上保証人・保証人の意思を無視することができないためである。上記の承諾のうち、保証人の承諾は、保証契約の書面性（446条2項・3項）から、書面または電磁的記録によってしなければならない（472条の4第4項・5項）。

4　履行引受

AがBに対して債務を負っている場合に、BはCとの契約で債務の履行をCに引き受けてもらうことができる。これを履行引受といい、債務引受と似ているが、履行引受は、引受人Cが、債権者Bに対して

債務を負うことなく、債務者Aに対してその債務を履行すべき義務を負う点で債務引受とは異なる。したがって、債権者Bは引受人Cに対しては履行の請求をすることができない。

　引受人Cは、債務者Aに対し、その債務を代わって履行すべき義務を負っているのだから、Cが債権者Bに弁済しないときには、Aに対して債務不履行責任を負うことになる（大判明40・12・24民録13輯1229頁）。

5　契約上の地位の譲渡

⑴　意　義

　例えば、A・B間で土地の売買契約が締結されると、買主Aは売主Bに対し、土地引渡請求権をもつと同時に、他方、代金支払債務を負うことになる。この事情の下において、契約履行前に、Aが他に転居するなど土地が不要になった場合に、Cにこの土地を売却するとともに、売買代金をCに支払ってもらい、Aの買主としての地位をCが引き継ぐことが行われている。

　また、［事案③］⑵において、AがBに賃貸している家屋をCに譲渡するとともに、賃貸人たる地位を移転する場合もある。このように、買主の地位、賃貸人の地位（権利義務の一切）の承継を目的とする契約を、契約上の地位の譲渡（ないし引受け）という。

　「契約上の地位の譲渡」という概念を認めるのは、次のような理由に基づく。前例で、AがCに譲渡した買主の地位を分析すると、主として土地引渡請求権と代金支払債務である。そうだとすると、Cへの土地引渡請求権の承継は債権譲渡であり、代金引受債務の承継は債務引受ということになるが、しかし、買主としての地位には、このほか、解除権・取消権・抗弁権・その他付随的義務などが含まれており、これらの債権・債務は、債権譲渡・債務引受によって当然に移転するものではない。それゆえ契約関係における地位の全体が、包括的に承継されることが要請される。これが契約上の地位の譲渡の問題である。

　また、［事案③］⑵で、Bが家賃不払でAが契約解除権を行使していた場合、賃貸人の地位がCに譲渡されると、契約解除権も移転することになる。

⑵　要　件

契約上の地位の譲渡人Ａ・譲受人Ｃ・相手方Ｂの３者による三面契約でできることについては問題はない。

㋐　売買の場合

当事者は、通常、契約上の地位の譲渡人Ａと譲受人Ｃとの間の契約で行われるが、前述したように、債権譲渡と債務引受とが含まれるから、それには契約の相手方Ｂの承諾を得なければならない。判例も、売買契約における買主の地位の移転は売主の同意を要するとし（大判大14・12・15民集４巻710頁）、請負契約上の地位の譲渡にも相手方の承諾を要するという（最判昭30・9・29民集９巻10号1472頁）。

㋑　賃貸借の場合

賃貸人の地位の譲渡については、2017年改正法の前において、学説は、賃貸人の地位が賃借目的物の所有権の移転に伴い譲受人に一括移転されても、賃貸人が賃借人に対して負う主な債務は修繕義務ぐらいで、賃借人に不利益を及ぼすことは少ないから、その承認は不要であるとしていた。判例も学説を支持し、「賃貸借の目的となっている土地の所有者が、その所有権とともに賃貸人たる地位を他に譲渡する場合には、賃貸人の義務の移転を伴うからといって、特段の事情のないかぎり、賃借人の承諾を必要としない」（最判昭46・4・23民集25巻３号388頁）と判示していた。ただ、これに関連して、判例は、賃貸借の目的物の所有権とともに賃貸人の地位が移転された場合であるから、譲受人は所有権移転登記がなければ、賃貸人の地位の取得を賃借人に対抗できないとした（最判昭49・3・19民集28巻２号325頁）。

改正法は、これらの判例・通説を踏まえて、不動産の譲渡人が賃貸人Ａであるときは、その賃貸人たる地位は、賃借人Ｂの承諾を要しないで、譲渡人Ａと譲受人Ｃとの合意により、譲受人Ｃに移転させることができるとし（605条の3）、この場合に、賃借権の対抗要件（605条による賃借権の登記、借地借家法10条の借地上建物の登記、同法31条の借家たる建物の引渡し等）が備わっているときにおける賃貸人たる地位の移転は、不動産の所有権移転登記をしなければ、賃借人Ｂに対抗することができないとした（605条の3・605条の2第3項）。

第16章 弁 済

I 弁済の意義と性質

1 弁済の意義

　弁済とは、借金を返済するとか売買の目的物を引き渡すというように、債務者が給付の内容を実現することによって、債権者に満足を与える行為をいう。弁済によって、債権は、その目的を達し、消滅する（473条）。2017年改正前には、当然のこととして規定を欠いていたが、同改正により明文化された。弁済は、金銭の支払、労務の提供、品物の引渡しといった積極的な行為（作為）によっても、また、一定の価格以上で商品を売らないという消極的な行為（不作為）によってもなされる。

　弁済とほぼ同意義の言葉として「債務の履行」という言葉が使用されている。前者は、履行による債権債務の消滅という側面からみた用語であり、後者は、債権債務の内容の実現という行為の側面から捉えた用語である。

　なお、弁済によって債権は消滅するが、民法は、債権特有の消滅原因として、弁済（473条以下）のほか、代物弁済（482条）、供託（494条以下）、相殺（505条以下）、更改（513条以下）、免除（519条）、混同（520条）について定めている。

2 弁済の性質

　弁済は、債権の内容を実現する行為であり、債務者の債務の本旨に従った給付行為によってなされる。給付行為は弁済に欠くことができないものであるが、給付行為＝弁済というように解すべきではなく、弁済と

弁済のためになすべき給付行為とは区別される。

　この給付行為と弁済との関係をめぐって、かつて、弁済には、その給付行為を弁済のためにするという債務者の弁済意思が必要かどうか争われた。例えば、BがAから50万円の借金をしている場合、Bが借金の弁済として50万円支払えば、Aの貸金債権は消滅する。この事例において、BがAの子供の結婚のご祝儀として50万円贈ったのであれば、これは贈与であって借金の支払とならず、債権は消滅しないことになる。そこで、給付行為が弁済となるためには、上に述べたように、弁済者が給付行為をこの債務の弁済のためにするという意思が必要ではないかが問題となる。

　(1)　当初は、弁済には、常に弁済者の意思が必要だとする法律行為説があった。しかし、弁済のためにする給付行為には、法律行為のこともあるし、事実行為のこともある。例えば、弁護士が訴訟行為をするという委任を受けた場合、給付行為として訴訟行為を行うことは法律行為であるし、A・B間でBがCに対する債権を免除するという契約が締結された場合、給付行為としてBがCに債務免除の意思表示をすることも法律行為（単独行為）である。他方、一定の競業をしないという不作為債務の弁済の場合や、建物を建てるという債務、人の肖像を描くという債務に基づく弁済などは、事実行為であって、弁済のためにする意思を必要としない。法律行為説では、意思表示を要しない事実行為による弁済をうまく説明できない。

　(2)　折衷説は、給付行為が法律行為であるときは、弁済もまた法律行為であり、給付行為が事実行為であるときは、弁済もまた事実行為であるという。この学説は、弁済自体と弁済の手段たる給付行為を混同するものであって、基本的な点で欠陥をもつ。

　(3)　準法律行為説が今日の通説であり、古くから判例もこれに従っているとみてよい（大判大9・6・2民録26輯839頁）。この説によると、弁済には常に弁済意思を必要とせず、弁済のためにする給付行為は、事実行為であることもあり、法律行為の場合でも、契約とは別に、相手方のない単独行為（例えば、BがAから一定の給付を受ける反対給付として、Bが財団法人を設立する行為など）や、先の第三者に対する債務の免除の場合のように、弁済の意思がなくても行われることもありうるのだから、単に客

観的に債務の内容に適した給付行為があればよく、したがって、弁済は法律行為そのものでなく、法律行為に準じてみるべき準法律行為であるというのである。

　思うに、この給付は借金の支払であるというように、弁済意思があれば、原則としてこれに従い、弁済意思がなくても、客観的に債務の本旨に従い債権の内容を実現させる給付行為がなされれば、弁済がなされたものとして、弁済の効力を認めるべきであろう。

Ⅱ　弁済の提供

1　弁済の提供の意義

　債務者が弁済するにあたって、債権者の協力を要する場合と、協力を要しない場合とがあるが、多くの債務は債権者の協力を必要とする。例えば、単純な借金の弁済にしても、債権者が受領しない限り履行は完成しないし、注文者の提供する材料に請負人が加工する債務にしても、注文者が材料を渡してくれない限り、請負人は債務を履行できない。不動産売買における移転登記も、売主・買主双方の協力を必要とする（不登60条）。他方、債権者の協力を要しない場合としては、日照や観望を妨げるような建物を建てない債務とか、土地や建物を明け渡す債務などを挙げることができるが、これらは債務者1人の行為で実現できるものである。

　債権者の協力を要する場合には、その協力がなければ弁済が完成しないのだから、弁済者としては、弁済に必要な準備をして債権者に協力を求めることになる。これを弁済の提供という。

　ところで、弁済の提供がなされたにもかかわらず、債権者の協力が得られない場合には、弁済は完成しないことになる。その結果、債務者は、債務不履行責任を負わされる危険がある。誠実な債務者が責任を負い、不誠実な債権者が責任を免れるということは妥当ではない。そこで、民法は、誠実な債務者を保護するために、その弁済提供の効果として、債務者はその提供の時から履行を履行しないことによって生ずべき責任を免れるとした（492条。なお、受領不能・受領拒絶との関係について413条）。こ

れによって、債務者は債務不履行に基づく損害賠償・遅延損害金などの請求を受けることはない。

　民法は、弁済の提供を現実（事実上）の提供と口頭（言語上）の提供とに分けているが、前者をもって原則としている（493条）。

2　弁済の提供の基準

　上で述べた弁済提供の効果が生ずるためには、給付行為が債務の本旨に従ったものでなければならない。どの程度の給付行為があれば債務の本旨に従ったものということができるかは、給付の目的物・時期・場所などを考慮して、取引慣行や信義則によって判断するほかはないが、民法は、補充規定をもってこれについての基準を示している。

(1)　給付の目的物

(ア)　特定物の引渡し

　債権の目的が特定物である場合において、契約その他の債権の発生原因および取引上の社会通念に照らしてその引渡しをすべき時の品質を定めることができないときは、弁済をする者は、その引渡しをする時の現状のままで引き渡せばよい（483条）。例えば、引渡しの時までに未曾有の暴風雨で建物の屋根が毀損しても、この点について契約上特別の定めがない限り、そのままの状態で引き渡せばよい（弁済者の過失によって毀損した場合には、債権者は損害賠償を請求できる）。給付の目的物が特定しているときは、他の物（代物）をもってこれに代えることができないからである。

(イ)　他人の物の引渡し

　弁済者が他人の物を引き渡したときは、弁済の効力は生じない。しかし、民法は、弁済を受領した債権者を保護するために、弁済者はさらに有効な弁済をしない限り、その物を取り戻すことができないとした（475条）。

　債権者が受領した他人の物を、善意で消費したり譲渡したときは、その弁済は有効となり債権は消滅する（476条前段）。もっとも、これは、債権者と弁済者の間の法律関係を規律したものであって、物の真実の所有者の地位に影響を与えるものではない。その物の真の所有者は、債権者に対し、その物が消費されていない場合には所有権に基づく返還請求、

消費または譲渡された場合には不当利得返還請求、さらに消費または譲渡に債権者の過失がある場合には不法行為に基づく損害賠償請求ができる。債権者がこれに応じたときには、その債権者は弁済者に対して求償することができる（476条後段）。このことを端的にいうと、債権者が他人の物を受け取ったときは、さらに有効な弁済があるまでその物を手元に置いておくことができるが、真の所有者からの請求には対抗できないということである。

　なお、他人の物が動産であって、債権者が即時取得（192条）によって所有権を取得したときには、真の所有者からの返還に応ずる必要はない（大判昭13・11・12民集17巻2205頁）。

(ウ)　譲渡能力のない者の引渡し

　2017年改正前においては、未成年者・成年被後見人・被保佐人など譲渡能力のない所有者が、弁済として物を引き渡した場合、その給付行為が取り消されたときは、さらに有効な弁済をしなければ所有者はその物を返還請求することができないと規定されていた（旧476条）。ここでの「更に有効な弁済をしなければ」というのは、制限行為能力者が能力の補充を受けて瑕疵のない給付をしなければならないという意味であり、また、ここでいう取消しとは、給付行為の取消しであって、給付の原因たる法律行為自体の取消しではない。例えば、未成年者Aが売買契約を結び、その目的物を給付したとき、その物の給付について取り消すということであり、売買契約自体の取消しではないから、未成年者側は、原因たる売買契約自体を取り消せば、その物の返還を請求することができた。

　ただ、制限行為能力者の保護のためには、給付行為（弁済）の取消しのみによって、給付した物の取戻しを認めるのが妥当であることから、改正法により旧476条は削除された。

(2)　給付の場所

　弁済すべき場所は、当事者の意思で定められていれば、その場所による。黙示の意思表示を認めるについては、慣習や信義則を考慮すべきである。判例では、大豆粕の引渡場所を「深川渡し」という慣習によると約定した場合には、弁済をすべき履行場所について具体的な明示をしなくても、売主が弁済の準備・受領の催告などすれば、弁済の提供があっ

たといえるとした（大判大14・12・3民集4巻685頁〔深川渡し事件〕）。

弁済すべき場所が定められていない場合には、次の基準による。

①　特定物の引渡しを目的とする場合は、債権発生当時その物が存在した場所で引き渡さなければならない（484条1項前段）。ただし、この債務が履行不能により損害賠償債務に変わったときには、次の基準に従う。

②　特定物の引渡し以外の場合は、債権者の現在の住所が弁済および提供の場所となる（同項後段）。いわゆる持参債務の原則が適用されるのである。債権者の現在の住所とは、債務の弁済をするときにおける債権者の住所をいい、債権成立の時または履行期における住所ではない。持参債務の原則は、金銭債務や種類債務に最も多く適用されるのであるが、①のような例外のあることに注意すべきであろう。

なお、弁済前に債権者が住所を変更したときも、その新住所が弁済地となる。そのため弁済費用が増加したときは、その増加費用は債権者が負担することになる（485条ただし書）。

(3)　給付の時期・時間

給付をするべき時期は、当事者の意思表示または法律の規定（573条・591条・597条・617条・663条など）によって定まる。なお、法令または慣習により取引時間の定めがあるときは、その取引時間内に限り、弁済をし、または弁済を請求することができる（484条2項）。

(4)　給付の費用

弁済のための給付の費用は、当事者間の特約がなければ債務者が負担する（485条本文）。ただし、債権者が住所を移転したり債権譲渡などによって弁済の場所を変更したために、弁済の費用が増加したときは、その増加額は債権者の負担となる（同条ただし書）。

3　弁済の提供の方法

民法は、弁済提供の方法・程度について、前述したように、現実の提供と口頭の提供とに分けて規定している（493条）。

(1)　現実の提供

債務者の給付を債権者が受領さえすれば履行が完了できる場合である。すなわち、債務者において、債権者が給付を受領する以外に何もしなくてもよい程度に提供することである。その提供の程度は、当事者間の約

定、取引慣行、信義則に従って判断されることになる。以下にいくつか
の事例を挙げる。

　(ｱ)　金銭債務の場合には、債務者は支払うべき金銭を履行場所に持参
していつでも支払いうる準備をしなければならない（大判昭5・4・7民
集9巻327頁）。金銭を面前で呈示する必要はなく、債権者の住所に持参
して受領を催告すればよい（最判昭23・12・14民集2巻13号438頁）。原則と
して全額を提供しなければならないが、提供した金額が少額不足するよ
うな場合でも、弁済の提供としては信義則上有効とされる（大判大9・
12・18民録26輯1947頁、最判昭35・12・15民集14巻14号3060頁）。

　今日における金銭の支払方法は、その多くが債権者の預貯金口座に対
する振込みによるが、2017年改正前は、振込みによる弁済の効力発生時
期に関する規定を欠いていた。改正法は、この方法による弁済は、債務
者が振込みをした時ではなく、債権者がその預貯金債権の債務者（銀行
等）に対してその振込みに係る金額の払戻しを請求する権利を取得した
時（通常は振込みのあった時）に、その効力を生ずるものとした（477条）。

　(ｲ)　判例は、郵便為替または郵便小為替の送付、郵便振替貯金払出証
書の送付等は現実の提供となるとする（大判大8・7・15民録25輯1331頁）。
これに対し、預金証書、貯金通帳の交付は、これらが金銭の支払手段で
はないので提供にはならない。しかし、債権者が異議なく受領すれば有
効な弁済となる。また、小切手による提供は、不渡りのおそれがあるか
ら、特約、慣習のない限り、現実の提供とはならないとする（最判昭35・
11・22民集14巻13号2827頁）。ただし、銀行の自己宛小切手（最判昭37・9・
21民集16巻9号2041頁）、銀行の支払保証小切手は、支払の確実性が高いか
ら現実の提供とみてよい。

　(ｳ)　その他、判例は、不動産登記所で売買代金を支払うべき場合に、
売主が期日に登記手続をするために出頭したときに現実の提供があった
とする（大判大7・8・14民録24輯1650頁）。また、債務者が賃料を債権者の
代理人たる弁護士の事務所に持参したが、弁護士が不在であっても提供
の効果が生ずるとし（最判昭39・10・23民集18巻8号1773頁）、さらに、債務
者自身が持参しなくても、目的物の転買人が同道し金銭を持参しても提
供の効果が生ずるとする（前掲大判昭5・4・7）。

(2) 口頭の提供

　弁済の提供は、本来、現実にされるべきであるが、債権者があらかじ
め受領を拒んだり、債務の履行につき債権者の協力を要するのにそれが
得られない場合には、やむをえないものとして第2次的に口頭の提供
（言語上の提供）で足りる（493条ただし書）。債権者があらかじめ受領を拒
絶しているときとは、例えば家主が正当な理由なくして借家契約を解除
し、借家人が家賃を持参しても解除を理由にこれを拒絶しているような
場合である。債務の履行につき債権者の行為を要するときとは、例えば、
債権者が債務者の住所で取り立てるという取立債務において、債権者が
取立てに来ない場合である。これらの場合には、債務者は現実の提供を
するのに必要な準備をしたことを債権者に通知してその受領を催告すれ
ば足りる。前者の受領拒絶の場合に口頭の提供で足りるとしているのは、
債権者があらかじめ受領拒絶しているのに債務者に履行せよというのは
公平に反するからであり、後者の場合のそれは、債権者の協力がなけれ
ば弁済できないからである。

(ア) 受領拒絶の場合

　債権者の受領拒絶は黙示でもよい。債権者が相当の理由なくして受領
期日を延期したり、債権者が権利なくして契約の解除をしたり、反対の
給付を履行しないなどは受領拒絶となる。なお、注意すべきことは、
413条1項の受領遅滞の要件の1つである受領拒絶、494条1項の供託の
要件の1つである受領拒絶については、493条でいう「あらかじめ」の
文言がないということである。「あらかじめ」の受領拒絶は、受領遅滞
の要件とはならない（「あらかじめ」の受領拒絶が供託原因となるかについて、
学説・判例は分かれている）。

(イ) 債権者の行為を必要とする場合

　これに該当する債務としては、先に述べた取立債務のほか、債権者の
指定する場所や期日において履行する債務、登記債務などがある。

(ウ) 口頭の提供の方法

　口頭の提供の方法は、弁済の準備をしたことを通知し、その受領を催
告することによる。弁済の準備とは、例えば、銀行から現金を引き出し
て手元に置く場合はもちろん、銀行と融資契約をしておくなど（大判大
7・12・4民録24輯2288頁）、債権者にいつでも現実に支払いうる程度に資

金を調達できる方法を講じておくことである。なお、弁済準備の立証責任は、債務者にある（大判大11・5・2新聞1995号8頁）。

債権者の受領拒絶の意思が明白な場合には、催告する必要はないと解されている。判例も、賃料支払に関する事案であるが、「債権者が契約そのものの存在を否定する等弁済を受領しない意思が明確と認められる場合においては、債務者が形式的に弁済の準備をし且つその旨を通知することを必要とするがごときは全く無意義であって、法はかかる無意義を要求しているものと解することはできない」（最大判昭32・6・5民集11巻6号915頁〔肥後橋ビル貸室事件〕）と判示し、抽象的でおおまかな理論ではあるが、不要説をとっている。その結果、債権者があらかじめ受領を拒み、債務者が言語上の提供をしても、これを受領しないことが明白な場合には、債務者は口頭の提供をしなくても、履行遅滞の責めを負わないことになる。妥当である。債権者の受領拒絶の意思が明らかなときに、債務者に口頭の提供を要求するのは過酷だからである。

その後の判例も、最大判昭32・6・5の不要説を踏襲したが、最判昭45・8・20民集24巻9号1243頁は、従来の抽象的でおおまかな判断基準を避け、「賃貸人が現実に提供された賃料の受領を拒絶したときは、特段の事情がないかぎり、その後において提供されるべき賃料についても、受領拒絶の意思を明確にしたものと解すべきであ」ると判示し、その具体的判断基準を明確にした。賃貸人がある月の賃料を受領拒絶すれば、それにより爾後の賃料についての受領拒絶の意思は明確になったというのである。

もっとも、これに対し、受領拒絶の意思があらかじめ明らかであっても、債権者が将来翻意し、受領する意思をもつようになるかもしれないから、最小限、口頭の提供が必要だという必要説も説かれている。

前述の最大判昭32・6・5から最判昭45・8・20に至るまでの事案は賃料支払に関するものであるが、この問題は、その当否はともかく、最大判昭32・6・5のように抽象的な一般法理で説くのは疑問であり、最判昭45・8・20にみられる賃貸借の枠内で具体的な判断基準に基づき処理されるべきであるだろう。

4　弁済の提供の効果

　債務者は、弁済の提供の時から、債務を履行しないことによって生ずる責任を免れる（492条）。ただし、債務が消滅することはなく、債務は残存する。「責任を免れる」とは、債務者が、遅滞に基づく損害賠償、遅延損害金ないし違約金の支払を免れるということである。債権者は、履行遅滞を理由に契約解除権を行使することはできず、また、担保権も実行できない。目的物が金銭であるときは、約定利息はその発生を止める。

　そして、債権者は、同時履行の抗弁権（533条）を失い、債務者は、目的物を供託して債務を免れる（494条1項）。

　なお、受領遅滞の効果と弁済の提供の効果の違いについては、第8章（受領遅滞）をみよ。

第17章 　弁済受領者と弁済の充当等

I　弁済受領者

1　弁済受領者の意義

　弁済者は誰に対して弁済しなければならないか。つまり、誰に対してした弁済が有効な弁済となり、弁済者は責任を免れることができるのかという問題である。弁済を有効に受領できる者を、弁済受領権者（必ずしも正確な表現ではないが、「弁済受領者」ということもあり、以下でもこの表現を用いることもある）という。弁済受領権者は、原則として、債権者であり、弁済受領権者以外の者に対する弁済によっては効力は生じない。ただ、弁済受領権者が、弁済受領権者以外の者に対する弁済によって利益を受けた場合（例えば、弁済受領権者が、実際に弁済を受領した弁済受領権者以外の者から弁済金の一部を受領した場合）には、利益を受けた限度においてのみ、弁済の効力を有する（479条）。

　しかし、ときには債権者であっても、弁済受領の権限をもたない場合があるし、他方、弁済受領権限をもたない者に対する弁済が有効とされる場合がある。

(1)　受領権限をもたない債権者

(ア)　Bの債権者Aが、BのC（第三債務者）に対する債権を差し押さえた場合、Bは弁済受領権限を失い、BはCからの弁済を受領することができない（481条1項）。例えば、Bに対し100万円の貸金債権をもつAが、BのC銀行に対する預金債権100万円を差し押さえた場合、Bは、C銀行から預金の払戻し（弁済）を受けることができなくなる。この場合、もしCがBに弁済したときは、差押債権者Aはそれによって受けた損害

の限度で、直接Cに対し弁済を請求することができる。二重弁済を強いられることになったCは、Bに対し、先に弁済したものを不当利得として返還請求することができる（同条2項）。

（イ）　前例で、Cの債権者Bが破産手続開始決定を受けた場合、Bの財産は破産管財人の管理に服するので（破産78条1項）、Bは受領権限を失い、Cは破産管財人に対して弁済しなければならない（ただし、破産50条参照）。Bの債権者Aは、破産財団の配当に加入し、弁済を受けることになる。

（ウ）　BがCに対してもつ債権をAに質入れした場合、C（第三債務者）がその通知を受けまたはこれに承諾を与えたときは、CがBに対してした弁済は、これをもって質権者Aに対抗することができない（364条）。質権者Aは、Cに対し債権を直接に取り立てることができる（366条1項）。

(2)　受領権限をもつ者

債権者以外の者で弁済受領権限をもつ者として、債権者の代理人、取立受任者のほか、債権質権者（366条）、破産管財人（破産78条1項）、差押債権者（民執155条）、債権者代位権の行使者（423条）などがある。

Ⅱ　表見受領権者への弁済

本来、弁済受領権限のない者への弁済は無効なはずであるが、弁済者にとっては、受領者に受領権限があるかどうかを判断することが困難な場合があるため、民法は、受領権限がなくても、外観上あたかも受領権者のごとき外観を呈する者に対してした弁済を有効としている。その者を真実の権利者だと信じて弁済をした弁済者を保護しようというのである。表見代理における相手方の保護と、思想的基盤（外観主義）を同じくするものである。これには、次の3つがある。

1　受領権者としての外観を有する者に対する弁済

(1)　受領権者としての外観を有する者

第1に、「受領権者としての外観を有する者」に対する弁済がある（478条）。2017年改正前の規定では、「債権の準占有者」としていたが、

同改正により、わかりやすい用語に改められた。例えば、Aが、知人B からBの海外滞在期間中に預かっていた預金通帳と印鑑を使って、Bに 無断で、C銀行から払戻しを受けた場合に、「受領権者（債権者及び法令 の規定又は当事者の意思表示によって弁済を受領する権限を付与された第三者をい う。……）」以外の第三者に当たるAが、預金通帳と印鑑（届出印）を窓 口に提示したときには、通常は、「取引上の社会通念に照らして受領権 者としての外観を有するもの」であるといえるから、弁済者Cが、善意 かつ無過失であるときは、弁済の効力が生ずる。

　旧規定の下において、「債権の準占有者」とは、判例では「社会一般 の取引観念に照して真実債権を有するものと思料するに足る外観を備ふ る」者（大判昭2・6・22民集6巻408頁）というように表現されており、学 説も、真実の債権者ではないが、取引観念上、債権者らしい外観を有す る者と理解されていた。改正法は、このような判例・学説に基づいて上 記のような用語とした。旧規定の「債権の準占有者」とされた者には、 相続権がないのに、戸籍上、相続人と記載されている表見相続人（大判 昭15・5・29民集19巻903頁）、債権譲渡が無効な場合の譲受人（大判昭7・ 12・7民録24輯2310頁）、他人の預金通帳と印鑑を所持する者（大判昭16・ 6・20民集20巻921頁）などがある。いずれにせよ、弁済に関するこの制度 は、外観法理に基づき、受領権限を有しない者が債権者らしく装って弁 済を受けた場合に、それを信頼した弁済者を保護しようとするものであ る。

　なお、旧規定にいう「債権の準占有者」の範囲については広く解され ており、判例は、銀行が無記名定期預金の表見預金者を真実の預金者と 誤信し、その者に貸付をし、貸金債権をもってこの預金債務と相殺した ときは、本条の類推適用があるとした（最判昭48・3・27民集27巻2号376 頁）。

　善意・無過失の債務者（前例のC銀行）の、受領権者としての外観を有 する者（前例のA）に対する弁済が有効とされると、真実の債権者（前例 のB）の債権は消滅する。真実の債権者Bは、受領権者としての外観を 有する者Aに対して、その利得を不当利得として返還請求できるし、ま た、不法行為として損害賠償を請求していくことになる。

　なお、債権の二重譲渡における劣後譲受人（467条2項の対抗要件を後れ

て具備した譲受人）に対する弁済についても、478条の規定の適用がある（最判昭61・4・11民集40巻3号558頁）。ただ、同判決は、この場合には、劣後譲受人を真の債権者と信ずるにつき過失がないことが必要であり、そのためには、優先譲受人の債権譲受行為または対抗要件に瑕疵があるためその効力を生じないと誤信してもやむをえない事情があるなど、劣後譲受人を真の債権者であると信ずるにつき相当な理由があることを要するとする。

(2) 銀行等の実務

以上に関連する銀行等の実務界での2、3の事例について説明しておこう。

(ア) 預金者が銀行に対して紛失届を出した後に、銀行担当者の不注意によって、紛失した通帳・印鑑による払戻しに応じた場合、銀行はもはや善意・無過失とはいえないから、預金者は預金の払戻しを請求できる。銀行は二重払いを余儀なくされることになる。預金通帳と印鑑を紛失した場合には、他人に預金を引き出される危険があるので、直ちに銀行に紛失届を出し、預金の払戻しをストップしてもらう必要がある。このような手続を当該口座に「事故コード」を設定するといっている。

(イ) 銀行は、預金通帳と届出印の押された払戻請求書が2つ揃っていれば、預金の払戻請求に応ずることになる。銀行は、払戻請求書に使用された印影と銀行に届け出た印鑑とが同一であることを確認して、預金の払戻しをする。届出印の印影と払戻請求書に押印された印影とを、相当の注意をもって照合し、相違がないものと認めて銀行が払戻しをしたときは、たとえ偽造等の事故によるものであっても、そのために生じた損害について銀行は責任を負わない。その旨が預金規定（普通預金規定・定期預金規定等）に定められている。免責約款といわれるものである。

もっとも、銀行は他人の財産を預かることを業とする以上、預かった財産を間違いなく預金者に返すべき義務を負い、その業務を行う銀行員は、一般人より高い水準の注意義務が課せられている。この注意義務を怠った場合には過失があるとされ、免責されない。例えば、印鑑照合について注意が不十分だった場合——紛失届や盗難届を受けていながら、誤って支払ったとき——銀行は免責されない。

(ウ) 銀行等のキャッシュカードが盗まれるなどにより、銀行の現金自

動支払機（ＡＴＭ）から預金の支払がなされた場合、銀行は、暗証番号の管理が不十分であったなど、特段の事情のない限り、責任を負わないとされていた（最判平5・7・19金法1369号6頁）。しかし、この点については、2005（平成17）年に預貯金者保護法が制定されることによって預貯金者の保護が図られることになった（後述4）。

2　詐称代理人に対する弁済

　表見受領権者の第2として、詐称代理人に対する弁済がある。478条の受領権者としての外観を有する者は、自ら債権者だと言って受領する者に限られるのか、それとも債権者の代理人ないし使者だと言って受領する者（詐称代理人）でもよいのか問題となる。

　(1)　旧規定下の判例は、当初、「債権の準占有者」とは、「自己の為めに債権を行使する者即ち自ら債権者なりと称して債権を行使する者」を意味するから、本人の代理人と詐称して弁済を受領した者は、債権の準占有者にはならないとしていた（大判昭10・8・8民集14巻1541頁——勲章年金証書と印を盗み本人の代理人と称して年金を受領した事例である）。しかし、最高裁は態度を改め、詐称代理人も債権の準占有者に該当するとした（最判昭37・8・21民集16巻9号1809頁）。

　(2)　学説は分かれているが、旧規定下の通説は、準占有（205条）にも代理占有関係の成立を否定すべき理由がない以上、債権の準占有にも代理占有（181条）の成立を認めるべきことを説き、しかも、本人を詐称するか、本人の代理人と詐称するかで弁済者の保護を区別すべき理由がないことに鑑み、表見受領権者の中には、債権者の代理人と詐称して債権を行使する者も含まれると解している。この説からすると、詐称代理人は債権の準占有代理人であり、債権者は債権の代理準占有者となる。それゆえ、準占有代理人の取得した法律効果は代理準占有者にも及ぶことになる。こうして、詐称代理人に対する弁済を債権の準占有者への弁済とみるのである。弁済受領者が債権者本人であると偽って弁済を受ける場合と、債権者の代理人であると偽って弁済を受ける場合とで、効果を区別するべきではないという考えに基づくのであろう。

　もっとも、通説・判例の見解に対しては、その根拠としている代理（準）占有という法律構成自体に欠陥があると批判し、また、詐称代理

人をも債権の準占有者として捉えるのは問題であるとして、批判するものもある。

(3) 他方、学説には、詐称代理人に対する弁済は、478条によるべきではなく表見代理法理によって解決すべきことを説くものがある。すなわち、詐称代理人は受領権限を委任されたような外観を有し、弁済者は代理権があると信頼して支払う状態を表見代理そのものと考えるのである。この説によった場合、例えば預金通帳や印鑑を他人に預けるなど、代理権があるように見える外観を作り出した何らかの帰責事由の存在が本人に必要である。そうだとすると、預金通帳や印鑑が盗まれた場合には、本人の帰責事由はなく、純粋の無権代理となり、詐称代理人に対する弁済は債権者本人に対する関係では有効とはならないことになる。ここに難点がある。

(4) 思うに、478条の受領権者としての外観を有する者への弁済も旧規定下の債権の準占有者への弁済も、外観上受領権限があるかのように見える者に対して弁済した者の信頼を保護する制度であって、外観法理に基づくものである。弁済者が保護されるためには、弁済受領者を真実の債権者と信ずるにつき善意・無過失であれば十分であろう。同じことは、詐称代理人（詐称準占有代理人）についてもいえる。債権者の代理人でない者を代理人らしく装っているその外観を信じて弁済した場合にも、外観法理に基づき弁済者を保護しなければならない。それは、代理準占有の効果ではなく、その外観を信頼した者を保護するためである。この場合にも、外観法理を貫き、478条を類推適用することに躊躇してはならない。確かに、真実の債権者には酷なる結果を強いることになるが、やむをえない。

旧規定下の判例では、金融機関が、真実の預金者らしい外観を有している者に対して、預金を担保に貸し付けた場合に、478条の類推適用を認めたものがある（最判昭59・2・23民集38巻3号445頁）。また、外観法理の適用範囲を拡張し、保険会社が契約者の「詐称代理人」に対して、契約者貸付制度に基づき、金銭を貸し付けた場合にも、保険会社が貸付時に善意・無過失であれば、478条の類推適用により貸付行為は有効であるとしたものがある（最判平9・4・24民集51巻4号1991頁）。帰着する結論は妥当であるとしても、判例が金融取引における弁済者の保護規定

（478条）を保険会社の貸付行為にまで及ばすのは、適用範囲を拡げ過ぎる嫌いがある。しかし、実質的に貸付行為を弁済と同視せざるをえない現時の金融取引の実情からしてやむをえないことであろう。

3　受取証書の持参人に対する弁済

　表見受領者の第3として、受取証書の持参人に対する弁済がある。例えば、今日では銀行口座からの引落しによることが大半であるが、それでもなお、集金人が、毎月、NHKの放送受信料や電力会社の電力供給料（かつては新聞配達代金や牛乳配達代金）の領収書をもって弁済（支払）を求めてくるケースもみられる。受取証書の持参人に対する弁済は、その者が弁済受領権限をもっているような外観を呈しているので、2017年改正前の規定（旧480条）は、それを持参していることだけで、弁済受領権者とみなして、当該弁済を有効な弁済としていた。受取証書をもって弁済を求められれば、誰でもその者を債権者あるいはその代理人であると信ずるのが通常だというものである。ただ、この場合も、弁済者は善意・無過失でなければならない。そして、このような旧規定の下で、受取証書が真正に作成されたものであることを要するかどうかについて議論がなされ、学説は分かれていた（通説は、真実の債権者の利益を考慮し、受取証書は真正に作成されたものでなければならないとした）。

　しかし、2017年改正では、478条の特則として、受取証書を持参していることだけで弁済受領権者とみなして、当該弁済を有効な弁済とすることには合理性が乏しいとして、旧規定（旧480条）は削除された。したがって、改正法の下では、受取証書が真正に作成されたものであることを要するかどうかといった点も含めて、受取証書の持参人に対する弁済について、478条の枠組みで具体的な判断がなされることになろう。

4　偽造カード等による被害からの預貯金者の保護

　近年、偽造カードまたは盗難カードを用いて現金自動支払機（ATM）から不正に預貯金の払戻しがなされる被害が多発している。その多くは、民法の規定や預金取引規定の免責約款により金融機関が免責されてきた。そこで、預貯金者の保護を図る目的で、2005（平成17）年8月（施行は翌年2月）に、478条の特例を定めた「預貯金者保護法」（「偽造カード等及び

盗難カード等を用いて行われる不正な機械式預貯金払戻し等からの預貯金者の保護等に関する法律」）が制定された。

同法3条は、「民法478条の規定は、カード等その他これに類似するものを用いて行われる機械式預貯金払戻し及び機械式金銭借入れ（以下「機械式預貯金払戻し」という。）については、適用しない。ただし、真正カード等を用いて行われる機械式預貯金払戻し等については、この限りでない」と規定する。

ここで、「真正カード等」とは、預貯金等契約に基づき、金融機関（銀行、信用金庫、農業協同組合等）より預貯金者に交付された預貯金の引出用または金銭の借入機能を併有するカードまたは預貯金通帳をいう（預保2条3項。以下、本書でも「カード等」という）。本法が適用されるのは、真正カード等以外のカード等、つまり、「偽装カード等」または「盗難カード等」を用いてされる現金自動支払機による預貯金の払戻しおよび金銭の借入れである（預保2条6項・7項。以下、本書でもこのような払戻し・借入れを「機械式」払戻し・借入れという）。「偽装カード等」とは、真正カード等以外のカード等その他これに類似したものをいい（預保2条4項）、「盗難カード等」とは、盗取された真正カード等をいう（同条5項）。したがって、真正なカードや預貯金通帳を親族等が預貯金者から預かり、無断で現金自動支払機により払戻しや借入れをした場合や、偽造や盗取した通帳等を用いて金融機関の窓口で払戻しや借入れをした場合には、本法の適用はなく、民法478条が適用される。

（1）偽造カード等による払戻し・借入れ（預保4条1項・2項）

偽造カード等による機械式預貯金払戻しは、①預貯金者の故意によるとき、または、②金融機関が善意・無過失の場合であって当該預貯金者が重過失のときに限り、有効とされる（1項）。偽造カード等による機械式金銭借入れについても、①または②のときに限り、当該預貯金者が責任を負う（2項）。預貯金者の帰責事由（故意または重過失）については金融機関が立証責任を負い、立証できない場合には、払戻しや借入れは無効となり、金融機関が責任を負う（預貯金者の預貯金が払戻しにより減少することはなく、また、預貯金者は借入れ相当額を返済する必要はない）。預貯金者の重大な過失としては、他人に暗証番号を知らせた場合や暗証番号をカードに記した場合などが考えられる。

(2) 盗難カード等による払戻し（預保5条1項〜3項・6項）

　盗難カード等による払戻しがあった場合は、偽造カード等による払戻し等の場合と同一の要件（預貯金者に故意・重過失がないこと）を満たしたときでも、金融機関が直ちに責任を負うわけではない。預貯金者側にとって、盗難カード等による払戻し等は、偽造カード等による払戻し等と比べてその不正（預貯金者による払戻し等の偽装）の実施が容易であり、他方、金融機関側にとっては、偽造カード等による払戻し等と比べて、盗難カード等による払戻し等に対しては、その不正防止措置策を講じることは容易ではないからである。そこで、預貯金者保護法は、次のような比較的厳格な預貯金者保護のための要件を定めた。

　預貯金者は、真正カード等が盗取されたと認める場合において、①その後速やかに当該金融機関に対し盗取された旨の通知を行ったこと、②当該金融機関の求めに応じて当該盗取に関する状況について十分な説明を行ったこと、③当該金融機関に対し、捜査機関に対して当該盗取に係る届出を提出していることを申し出たことその他当該盗取が行われたことが推測される事実として内閣府令で定めるものを示したこと、のいずれにも該当するときは、当該金融機関に対し、当該盗取に係る盗難カード等による機械式預貯金払戻しの額に相当する金額の補てんを求めることができる（1項）。

　このようにして補てんの求めを受けた金融機関は、①当該払戻しが盗難カード等を用いて行われた不正なものでないこと、または、②当該払戻しが預貯金者の故意により行われたことを証明した場合を除き、預貯金者に対して、当該払戻しの額に相当する金額の補てんを行わなければならない（2項本文）。補てんの対象となる金額（補てん対象額）は、基本的に、金融機関に対し盗取された旨の通知を行った日から遡って30日の日（6項）以後に行われた払戻しの相当額に限られる。

　ただし、当該金融機関が、①当該不正払戻しについて善意・無過失であったこと、および、②預貯金者に過失（重大な過失を除く）があったことを証明した場合は、その補てん額は、補てん対象額の4分の3に相当する金額となる（2項ただし書）。

　しかし、次の2つの場合において、当該金融機関がそのいずれかに該当することを証明したときには、当該金融機関は補てんを行うことを要

しない（3項）。1つは、当該金融機関が善意・無過失で、かつ、①当該払戻しが預貯金者の重過失により行われたこと、②当該払戻しが預貯金者の配偶者、二親等内親族、同居の親族その他の同居人または家事使用人によって行われたこと、③預金者が金融機関に対する説明（1項2号）において重要な事項について偽りの説明を行ったこと、のいずれかに該当する場合である（3項1号）。もう1つは、当該盗取が戦争、暴動等による著しい社会秩序の混乱に乗じ、またはこれに付随して行われた場合である（同項2号）。

(3)　盗難カード等による金銭の借入れ（預保5条4項・5項）

　盗難カード等を用いて行われた機械式金銭借入れについては、預金者が真正カード等が盗取されたと認める場合において、①その後速やかに当該金融機関に対し盗取された旨の通知を行ったこと、②当該金融機関の求めに応じて当該盗取に関する状況について十分な説明を行ったこと、③当該金融機関に対し、捜査機関に対して当該盗取に係る届出を提出していることを申し出たことその他当該盗取が行われたことが推測される事実として内閣府令で定めるものを示したこと（前掲1項各号の定めと同じ）、のいずれにも該当するときは、当該金融機関は、自らが、①当該借入れが盗難カード等を用いて行われた不正なものでないこと、または、②当該借入れが預貯金者の故意により行われたことを証明した場合（前掲2項本文で定める場合と同じ）を除き、当該借入れについて、その支払を求めることはできない。その対象（以下「対象借入れ」という）となる金額は、基本的に、金融機関に対し盗取された旨の通知を行った日から遡って30日の日以後に行われた借入れの相当額に限られる（4項本文）。

　ただし、当該金融機関が、①当該不正借入れについて善意・無過失であったこと、および、②預貯金者に過失（重大な過失を除く）があったことを証明した場合（2項ただし書で定める場合と同じ）は、その支払を求めることができない金額は、対象借入れに係る額の4分の3に相当する金額となる（4項ただし書）。

　しかし、次の2つの場合において、当該金融機関がそのいずれかに該当することを証明したときには、当該金融機関は、当該借入れに係る金額の支払を求めることができる（5項）。1つは、当該金融機関が善意・無過失で、かつ、①当該借入れが預貯金者の重過失により行われたこと、

②当該借入れが預貯金者の配偶者、二親等内親族、同居の親族その他の同居人または家事使用人によって行われたこと、③預金者が金融機関に対する説明（1項2号）において重要な事項について偽りの説明を行ったこと、のいずれかに該当する場合（3項1号で定める場合と同じ）である。もう1つは、当該盗取が戦争、暴動等による著しい社会秩序の混乱に乗じ、またはこれに付随して行われた場合である（3項2号で定める場合と同じ）。

　なお、以上の盗難カード等による払戻しおよび金銭の借入れについて、預貯金者による金融機関に対する盗取された旨の通知（1項1号）が盗取が行われた日から2年を経過する日後に行われたときは、預貯金者が本法による保護を受けることはない（預保7条）。

(4)　損害賠償等がされた場合の調整（預保6条）

　すでに述べたように、盗難カード等による払戻しがあった場合は、偽造カード等による払戻し等の場合と預金者が同一の要件（故意・重過失がないこと）を満たしたときでも、その払戻しが当然に無効となる（この場合に、預貯金者は、金融機関に対し無効の確認を求めることはできる）のではなく、預貯金者が一定の手続を経た上で所定の要件を満たすことにより、預貯金者は、金融機関による「払戻しの額に相当する金額の補てん」を受けることはできる。補てんをした金融機関については、盗難カード等を盗取した者などの第三者に対して、損害賠償請求または不当利得返還請求をすることができると解される。

　ただ、実際には、5条2項の規定による保護を受けることができる預貯金者が、同条1項で定める金融機関に対する当該相当額の補てんを求める前に、金融機関に対し払戻請求権を行使したり、また、不正に当該払戻しを受けた者その他の第三者に対し損害賠償請求権または不当利得返還請求権を行使したりすることがありうる。そこで、本法は、これらにより預貯金者が当該相当額の全部または一部の支払を受けた場合においては、その後に、当該補てんの求めを受けた金融機関は、その支払を受けた金額の限度で預貯金者に対して補てんを行う義務を免れると定める（6条1項ただし書）。他方で、すでに、5条2項の規定による補てんを受けた預貯金者は、補てんを受けた金額の限度において、金融機関に対し払戻請求権に係る支払の請求を行うことができず（6条2項）、また、

5条2項の規定により預貯金者に対し補てんを行った金融機関は、当該補てんを行った金額の限度において、預貯金者の有する不正な第三者に対する損害賠償請求権または不当利得返還請求権を取得する（6条3項）、と定めた。

なお、本法に関しこれまで述べてきた事項（3条から7条までの規定）に反する特約で、預貯金者に不利なものは、無効である（8条）。つまり、これらの規定は、片面的強行規定である。

Ⅲ　弁済の充当等

> **［事案］**
>
> 　小売商Ｂが、卸商Ａに対し、ⓐ先月分の売買代金債務200万円（弁済期先月末）、ⓑ今月分の売買代金債務150万円（弁済期今月末）、そのほか、ⓒ２カ月前に借り受けた借入金債務200万円（弁済期先月15日）を負っている場合、今月15日に、ＢがＡの預金口座に200万円を振り込んだ場合に、ⓐ〜ⓒの債務のうちどの債務に弁済したことになるのか。なお、借入金債務200万円には元本債務のほか年１割の利息債務がある。

1　弁済の充当の意義

　弁済の充当というのは、債務者が同一の債権者に対し同種の数個の債務を負担する場合、債務者が弁済として提供した給付が全部を完済するに足りないときは、その給付を一体どの債務の弁済に充てるかという問題である。

　［事案］にあるように、①債務者が同一の債権者に対し同種の給付を目的とする数個の債務を負担する場合（Ｂのⓐ〜ⓒの３つの金銭債務）において、債務者が弁済として提供した給付が全部を完済するに足りないとき、どの債務の弁済に充てるのか、また、②債務者が１個または数個の債務について元本のほか利息および費用を支払うべき場合（Ｂの代金・貸

金債務のほか利息や振込手数料）において、債務者が弁済として提供した給付がその全部を消滅させるのに足りないとき、どの弁済に充てるか、というように、①・②のそれぞれについて、債務者の給付がいずれの債務に充当されるべきかが問題となる。

　なお、①の「同種の給付を目的とする数個の債務の負担」でいう「同種の給付」については、［事案］の@・⑥の売買代金債務と©の借入金債務とは金銭債務という点でこれに該当すると解され、したがって、この3つが「数個の債務」であり、その充当関係が問題となる。

2　同種の給付を目的とする数個の債務がある場合の充当（①の充当関係）

(1)　指定充当

　最終的には、上記①と②の充当関係を総合的にみなければならないが、便宜上、まず、①の充当関係に絞ってみておこう。

　民法は、次の(ア)～(ウ)のように規定する。

　(ア)　まず、弁済をする者（弁済者）Bと弁済を受領する者（弁済受領者）Aとの間に、契約時から弁済時までの間において、弁済の充当の順序に関する合意があるときは、その順序に従い、その弁済を充当する。なお、2017年改正により、当事者間の合意を最優先する旨の規定（490条）が新設された。

　(イ)　当事者の合意がないときは、弁済者が、給付の時に、どの債務に充当するか指定することができる（488条1項）。この弁済者の充当指定は、弁済受領者に対する一方的な意思表示によってする（同条3項）。［事案］だと、Bが、Aに対し、例えば、「この200万円は、先月分の代金債務@の弁済に充てる」と指定すればよい。

　(ウ)　弁済者Bが(イ)の充当の指定をしなかったときは、弁済受領者Aが、その受領の時に、Bに対する一方的意思表示をもって充当の指定をすることができる。ただし、Aの充当指定に対して、BがAの充当指定に対して直ちに異議を述べたときは、その指定は効力を失う（488条2項）。その結果、A・B間の契約に係る事情等に照らし特段の事情がない限り、次の法定充当による（弁済者Bに有利に扱われる）ことになる。

(2) 法定充当

上の弁済充当の指定がなかった場合には、民法の定める次の順序によって充当する。民法では、債務者（弁済者）のために弁済の利益の多い債務から先に充当することにしている。

(ア) 総債務のうち、弁済期がすでに到来している債務とまだ到来していない債務があるときは、まず到来しているものに充当する（488条4項1号）。

［事案］では、ⓐとⓒの債務は弁済期がすでに到来し、ⓑの債務は弁済期がまだ到来していないので、まず、ⓐとⓒの債務に充当する。

(イ) 総債務が、ともに弁済期にあるか、あるいはともに弁済期にないときは、債務者のために弁済の利益の多いものから先に充当する（488条4項2号）。例えば、利息付債務と無利息債務とでは、利息付債務の方が優先し、担保付債務と無担保債務とでは、担保付債務の方が優先して充当される。前例では、ⓐとⓒの債務はともに弁済期がすでに到来しているところ、ⓐの債務とⓒの債務のうち、例えば一方が他方より遅延損害金の額（419条1項・420条1項参照）が大きいなどBのための利益が多いときには、その債務が優先することになる（利息債務については、次に3で述べる）。

(ウ) 債務者のために弁済の利益が相等しいときは、弁済期の先に来たもの、または先に来る予定のものを先にする（488条4項3号）。［事案］では、仮に、ⓐとⓒの債務について債務者Bのために弁済の利益が同じであるときは、ⓐの債務の弁済期よりもⓒの債務の弁済期が先に到来するので、ⓒの債務に充当する。

(エ) 上記(イ)および(ウ)での基準で先後が決められないときには、各債務の額に応じて充当する（488条4項4号）。［事案］において、仮にⓐの債務の弁済期とⓒの債務の弁済期が同じであれば、両債務に100万円ずつ充当する。

［事案］においては、上の(イ)または(ウ)の基準によって、一般的には、ⓒの債務に充当することになろう。

3 元本、利息および費用を支払うべき場合の充当
（②の充当関係）

⑴ 489条1項

　［事案］における④および⑥の債務とは異なり⑥の債務については、利息の約定があり、その場合には元本債務と別に利息債務が発生する（その利率については404条、利息制限法1条参照）ため、元本債務と利息債務の充当の順位が問題となる。また、④・⑥・⑥のすべての債務において、金銭債務の弁済期後の遅延損害金（419条・420条参照）が同様に問題となる。利息には、遅延損害金（遅延利息）を含むと解される（大判明37・2・2民録10輯70頁、大判昭16・11・14民集20巻1379頁）。さらに、④・⑥・⑥その他のすべての債務において、弁済に際して費用（債務者が負担する場合等の弁済費用〔485条参照〕、契約費用〔558条参照〕、競売費用等）が必要な場合があり、この場合の費用と当該債務について充当の優劣の問題が生じる。

　民法は、債務者が同一の債権者に対する1個または数個の債務について、元本ほか利息および費用を支払うべき場合において、弁済者が提供した給付が債務の全部を完済するに足らないときには、これを費用、利息、元本の順で充当しなければならないとした（489条1項）。この点について、充当指定をすることはできない。弁済者の相手方に対する一方的な意思表示によって効力が生ずる充当指定を許すと、例えば、債務者に1個の100万円の利息付貸金債務がある場合に、債務者が弁済期に80万円を元本と指定して弁済したときには、残元本が20万円となり、以後はそれに対する遅延損害金が発生することになり、債権者にとっては不利となり不合理な結果を招くことになるからである。この場合には、債務者による指定充当を認めるべきでなく、弁済額80万円は、費用があればまずそれに充当し、次に利息に充当し、その残額を元本に充当するので、残元本は20万円から費用および利息を控除した額になり、その額に以後の遅延損害金が発生する。なお、この場合において、債権者と債務者との間に弁済の順序に関する合意があるときは、その順序に従う（490条）。また、債権者（弁済受領者）による弁済指定についても、同様に解してよいであろう。ともに、債権者の意思による以上、債権者の利益を害することにはならないからである。

[事案] のように数個の債務の弁済として元本のほか利息（遅延損害金を含む）および費用を支払う場合においては、充当に関する合意等がなければ、まず、債務を費用、利息（遅延損害金を含む）、元本の各グループに分け、次に、費用、利息、元本のグループに充当する（489条1項）。[事案] では、Bの弁済した200万円は、費用を要する場合の当該費用、ⓒの債務の利息、ⓐの債務とⓒの債務の遅延損害金（利息と遅延損害金とは利息の弁済期が遅延損害金の弁済期よりも先であるので、利息への充当が先であると解されよう）の順に充当した上で、その残額を、ⓐの代金債務200万円またはⓒの借入元本債務200万円に充当する。そのいずれに充当されるかは、次に述べるように489条2項が規定する。

(2)　489条2項

　489条2項は、債務者が同一の債権者に対する数個の債務について、元本ほか利息および費用を支払うべき場合に、弁済者が提供した給付が債務の全部を完済するに足らないときにおいて、「費用、利息又は元本のいずれかの全てを消滅させるのに足りない給付をしたとき」には、488条1項から3項までの指定充当の規定と同条4項の法定充当の規定を準用するとしている。[事案] の場合では、Bの弁済した200万円は、費用、ⓒの債務の利息、ⓐの債務とⓒの債務の遅延損害金の順の充当によって、これらのすべてについては充当し尽くされ、その残額では、ⓐの代金債務200万円とⓒの借入元本債務200万円については、「全てを消滅させるのに足りない」ため、充当に関する合意がなければ、まず指定充当がされ（488条1項〜3項の準用）、指定がされないときには法定充当がされる（同条4項の準用）。このように、費用相互間、利息相互間、元本相互間での充当については、488条が準用されるので、仮に弁済額が利息間または遅延損害金間のすべてを充当し尽くせなかった場合には、利息間または遅延損害金間において、488条が準用される。

　なお、[事案] のⓑの代金債務150万円については、Bの200万円の弁済の時点では弁済期が到来していないが、債務者は、期限の利益を放棄して弁済期前に弁済することもできる（136条2項）ので、Bは、ⓑの債務を含めて、上記の措置をとることもできよう。

4 1個の債務の弁済として数個の給付をすべき場合の 充当

例えば、貸金業者からの借入債務について、数回に分割して弁済する旨の契約をした場合のように、1個の債務の弁済として数個の給付をすべき場合に、弁済者がその債務の全部を消滅するのに足りない給付をしたときにおいて、各回の当該給付の充当の順位については、前掲の488条〜490条の規定が490条、489条、488条の順に準用される（491条）。

5 弁済の証明

弁済者が有効な弁済をしても、後日になって、まだ受領していないなど、争いが起きるのを防ぐために、弁済をする者は、弁済と引換えに、弁済受領者に対して受取証書の交付を請求できるし（486条）、債権証書がある場合において、弁済者は、全部の弁済をしたときは、債権証書の返還を請求できる（487条）。弁済者にとって受取証書や債権証書は、弁済による代位の場合、求償権の行使を容易にするのにも役立つ。

(1) 受取証書の交付請求

受取証書は、弁済を受領した旨を記載した文書であって、特定の形式を要しない。スーパーマーケットで交付されるレシートには一般的に品名、数量および金額が表示されているが、個人商店や飲食店などにおいては金額のみが記載され、品名等が記されていないものも多くある。品名等が記載されていないものは、単なる「受取証」にすぎず、弁済者のした弁済（金銭の支払）が、具体的にどのような物品やサービスに対するものであるかが明らかでない。したがって、弁済者は、弁済の証拠とするためには、改めて品名や数量等を記載した受取証書の交付を請求することができる。受取証書作成の費用は弁済受領者たる債権者が負担する。

弁済する者は、弁済と引換えに受取証書の交付を請求できるので、弁済と受取証書の交付は同時履行（533条）の関係に立つ（大判昭16・3・1民集20巻163頁）。なお、一部弁済のときもその旨の受取証書の交付を請求できる。

(2) 債権証書の返還請求

債権証書は、例えば、金銭貸借における借用証文などであって、債権

の成立を証明する文書である。形式に制限はない。

　債権証書の返還を請求できるのは、債務の全部を弁済したときに限られる。債権証書の返還は、受取証書の交付と違って、弁済と同時履行の関係にはならない。同時履行の関係に立つとすると、弁済受領者が、債権証書を紛失したような場合には、弁済を受けられなくなるからである。まず、弁済受領者が債務の全部の弁済を受け、その後に債権証書を弁済者に返還する。債権者たる弁済受領者が債権証書を紛失した場合には、弁済者は、弁済受領者に対し、紛失したために返還することができない旨の証書（「債権証書紛失証書」）を作成して交付することを請求できる。後日、弁済受領者が、紛失した（はずの）債権証書を利用して第三者（譲受人）に当該債権を譲渡して、弁済者に対しその旨の通知をした場合であっても、弁済者は、債権証書紛失証書をもって容易に譲受人からの請求を拒むことができる（468条1項参照）。また、債権者が紛失した債権証書を取得した者に対しても、これをもって容易に譲受人からの請求を拒むことができる。

第18章

第三者の弁済と弁済による代位

I 第三者の弁済

1 第三者の弁済の意義

　弁済者は、通常、債務者である。そして、債権は債務者の弁済によって消滅する。しかし、債権者は弁済によって債権の満足を得ることができればよいので、弁済者が常に債務者でなくてはならないという理由はない。第三者が債務者のためにその金銭債務を立替払いしてもよい。民法も、「債務の弁済は、第三者もすることができる」と規定し（474条1項）、特別の事情のない限り、第三者による弁済を認めている。第三者の弁済とは、債務者（または履行補助者・代理人）以外の者が弁済することをいう。

　なお、第三者の弁済というのは、第三者が自己の名において債務者の債務を弁済することであって、他人の債務を誤って自己の債務と思って弁済したときは、非債弁済（705条〜707条）の問題となる。

2 第三者の弁済が許されない場合

　前述したように、第三者の弁済は原則として認められているが、次の場合は許されない。

(1) 債務の性質が許さないとき（474条4項）

　一身専属的給付のことである。例えば、有名なピアニストに演奏をしてもらう債務がこれに属する。そのピアニスト自身が演奏しなければ、債務を履行したことにならないからである。

(2) 当事者が反対の意思表示をしたとき（474条4項）

債務が契約によって生ずる場合に、契約当事者間の特約で、必ず債務者自身が給付することを約し、第三者による弁済を禁止し、または制限することである。遺贈のような単独行為によって生じた債務も、当事者の一方的な意思表示によって（遺贈をした者〔遺贈義務者〕の単独行為によって）これを禁止することができる。この意思表示は第三者の弁済前にしなければならない。その結果、弁済につき法律上利害関係のある第三者も弁済することができず、必ず債務者自身が弁済しなければならないことになる。

(3) 弁済について正当な利益を有しない第三者の弁済が債務者の意思に反するとき

例えば、主債務者のために担保物を提供した物上保証人のように、債務の弁済につき正当な利益を有する第三者は、債務者の意思に関係なく弁済することができるが、このような正当な利益を有しない第三者は、債務者の意思に反して有効な弁済をすることができない（474条2項本文）。ただし、債務者の意思に反することを債権者が知らなかったときは、正当な利益を有しない第三者の弁済も有効となる（474条2項ただし書）。

ここにいう正当な利益を有する第三者とは、先の物上保証人や担保財産の第三取得者などをいう。保証人、連帯保証人、連帯債務者も、ここにいう第三者に含まれると解される（ただし、これらの者は、自己の債務として弁済することが可能であるため、あえて第三者弁済と理解する必要もない）。債務者の親、子、兄弟姉妹は、正当な利益を有する第三者とはいえない（大判昭14・10・13民集18巻1165頁）。債務者の反対の意思は、債権者や第三者に対してあらかじめ表示されている必要はない。また、それは事実上債務者の意思に反することを意味し、弁済の前後における諸般の事情により定められる（大判大6・10・18民録23輯1662頁）。

(4) 弁済について正当な利益を有しない第三者の弁済が債権者の意思に反するとき（474条3項本文）

弁済について正当な利益を有しない第三者は、債権者の意思に反して弁済することはできないが（474条3項本文）、その第三者が債務者の委託を受けて弁済する場合（債務は負わずに履行のみを引き受けることになる履行引受契約を締結して第三者による弁済がされる場合等）において、そのことを債

権者が知っていたときは、弁済することができる（同項ただし書）。

II 弁済による代位

1 弁済による代位の意義と法定代位・任意代位

(1) 意 義

第三者が債務者に代わって弁済した場合も、債務者がした弁済と同じく、それによって債権は消滅する。その結果、債務者は債務を免れ、第三者は弁済した分だけ損失を受けることになるので、第三者は、その損失を債務を免れた債務者に対して求償していくことになる。これを「弁済による代位」あるいは講学上、「代位弁済」と呼んでいる（「代位弁済」という言葉は、代位して弁済する意味にとられるので、今日では、通常「弁済による代位」といっている）。

そして民法は、この求償権の効力を確保するために、債務者について消滅した債権者の権利（債権や担保権など）が、求償権の範囲で弁済者に移転するものとした。例えば、保証人が主債務者に代わって弁済すると、保証人の弁済前に債権者が主債務者に対してもっていた権利が保証人に移転する。弁済による代位の法的性質については、債権および債権に従たる権利が、求償権の範囲で、弁済者に、法律上、当然に移転するものと解されている。

(2) 法定代位と任意代位

2017年改正前の民法では、弁済による代位を、物上保証人や担保不動産の第三取得者のように、弁済をするについて正当な利益を有する者の代位と、そうでない者の代位とに分けて、前者を法定代位（旧500条）、後者を任意代位（旧499条）とし、任意代位については、弁済と同時に債権者の同意を得て、債権者に代位することができるとしていた。しかし、債権者は、弁済により自己の債務が消滅した以上、その後の自己の債権のための担保や保証等によって利益を受けるわけではないので、改正法では、債務者の意思に反せずに任意で弁済した者の代位についても、債権者の承諾を不要として、弁済による代位の根拠規定を499条に統合した。

ただ、改正前と同様に、任意代位の場合については、債権譲渡の場合に準ずる対抗要件（467条）を備える必要がある（500条）。すなわち、弁済をするについて正当な利益を有する者以外の第三者が弁済した場合に、その代位弁済者が代位により取得した原債権を債務者に対して行使するためには、債権譲渡の場合と同様の債務者対抗要件を備えること（467条1項）、すなわち、債権者から債務者に対して、原債権が代位弁済者に移転した旨の通知等がされることが必要であり、また、第三者に対抗するためには、債権譲渡の場合と同様の第三者対抗要件を備えること（同条2項）、すなわち上の通知等は確定日付のある証書によってされる必要がある。

　弁済をするにつき正当な利益を有する者とは、保証人・連帯債務者・物上保証人・担保物の第三取得者などである。後順位担保権者も、同一債務者に対する先順位被担保債権を弁済すると、法定代位の利益を受ける（大決昭6・12・18民集10巻1231頁）。代わって弁済しないと自己の権利の価値が失われてしまうおそれがあるからである。債務者の財産保全の必要がある一般債権者にも、後順位担保権者の場合と同じことがいえるから、法定代位を認めるべきである（大判昭13・2・15民集17巻179頁）。なお、法定代位の場合には、債権移転について対抗要件を備える必要はない。

2　弁済による代位の要件

　弁済者が債権者に代位することができるためには、次の要件を必要とする。

(1)　弁済その他によって債権者を満足させたこと

　民法は、弁済のみを掲げているが（499条）、弁済と同視すべき代物弁済、供託、相殺、混同なども含まれる。問題となるのは、債権者が物上保証人または抵当不動産の第三取得者に対し担保物を強制執行した場合である。判例は、これら執行を受けた者にも、弁済による代位の保護を与えている（大判昭4・1・30新聞2945号12頁、大判昭11・12・9民集15巻2172頁）。

(2)　弁済者が求償権を有すること

　前述したように、この制度は求償権を確保するために認められたものであるから、弁済者に求償権が存しなければ代位もありえない。弁済者

が債務者への贈与として弁済した場合のように、求償権を放棄または喪失しているとみられるときは、代位は認められない。

不可分債務者（430条・442条）、連帯債務者（442条）、保証人（459条以下）、物上保証人（351条・372条）などは明文の規定によって求償権が認められている。上記以外の第三者が弁済した場合にも、債務者から委託を受けて弁済したときには委任事務の処理の費用（650条）として、委託を受けないときは事務管理の費用（702条）として、債務者に対し求償権をもつ。

3　弁済による代位の効果

(1)　代位（弁済）者と債務者間の効果

弁済によって代位した者は、債務者に対し求償権の範囲内において、その債権者が有していた一切の権利、すなわち履行請求権・損害賠償請求権・債権者代位権・詐害行為取消権をはじめ、物的担保・人的担保を含む担保権等を行使できる（501条1項・2項）。

(2)　一部弁済による代位

債権の一部について代位弁済があったときは、代位者は、その求償権を確保するため、債権者の同意を得て、その弁済をした価額に応じて、債権者とともにその権利を行使することができる（502条1項）。ただ、債権者は、債権の一部について代位弁済があったときであっても、単独でその権利を行使することができる（同条2項）。そして、これらの場合に債権者が行使する権利は、その債権の担保となっている財産の売却代金その他の当該権利の行使によって得られる金銭について、代位者が行使する権利に優先する（同条3項）。なお、同条1項の場合において、債務の不履行による契約の解除は、債権者のみがすることができ、債権者が契約の解除をした場合においては、代位者に対し、その弁済した価額およびその利息を償還しなければならない（同条4項）。

2017年改正前の旧502条1項の規定（「債権の一部について代位弁済があったときは、代位者は、その弁済をした価額に応じて、債権者とともにその権利を行使する。」）に関して、判例（大決昭6・4・7民集10巻535頁）は、一部弁済した代位者は、債権者の同意がなくても、単独で担保権の実行をすることができるとしていた。しかし、これでは、もともとの権利者である債権者が担保権を実行して換価する時期を選択する利益を奪われ、担保不

動産の競売価格の低下等によって、債権者が債権全額を回収することができなくなる場合もありうる。そこで、改正法は、前記のとおり、債権者の同意を要するとし（502条1項）、一部弁済をした代位者がいる場合であっても、債権者は、単独でその権利を行為することができるとし（同条2項）、また、改正前の判決（最判昭60・5・23民集39巻4号940頁）に従い、債権者は、当該権利の行使によって得られる金銭について、常に、代位者が行使する権利に優先するとした（同条3項）。

　例えば、BがAに対して1800万円の債権を有していて、同債権を担保するためにA所有の甲土地（競売による売却額1500万円）に抵当権の設定を受けていた場合に、第三者CがBに対して1000万円を弁済したときに、Bは、債権残額800万円を甲土地の競売代金1500万円から優先して回収することができ、Cは、競売代金の残額700万を回収できるにすぎない。

(3)　代位者相互の関係

　弁済するにつき正当な利益を有する者が数人いるときは、その相互間の優劣を決めておかないと、法律関係に混乱が生じ、不公平な結果を生ずるおそれがあるので、民法は次のように調整している。

(ア)　保証人と担保物の第三取得者間

　2017年改正前の旧501条1号は、保証人は、担保物の第三取得者（債務者から担保の目的となっている財産を譲り受けた者）に対して債権者に代位できるが、その担保物が不動産であるときは、あらかじめ代位の付記登記（抵当権、不動産質、先取特権の登記に代位につき付記）をしておかなければ、それらの担保権の目的である不動産の第三取得者（保証人の弁済後に担保不動産を取得した第三取得者）に代位することができないと規定していた。しかし、保証人が代位弁済しても抵当権等の抹消登記がされていない状態では、不動産の第三取得者は債権が消滅したとは通常は考えないであろうから、改正法においては、付記登記を不要として、同規定は、2017年改正により削除された。

　保証人は、担保物の第三取得者に対して債権者に代位できるのに対し、第三取得者は保証人および物上保証人に対して債権者を代位することはできない（501条3項1号）。第三取得者は、代価弁済（378条）や抵当権消滅請求（379条以下）によって保護を受ける。なお、第三取得者について

は、改正法501条3項1号括弧書において、「債務者から担保の目的となっている財産を譲り受けた者をいう」と定義され、物上保証人からの譲受人はこれに含まれないことが明確にされた。

(イ)　第三取得者相互間

第三取得者が数人いる場合には、第三取得者の1人は他の第三取得者に対して各不動産の価格に応じて債権者に代位する（501条3項2号）。例えば、AがBに対し1500万円の債権を有し、それを担保するためにB所有の甲不動産（価格2000万円）、乙不動産（価格1000万円）に抵当権を設定したところ、甲不動産をCが、乙不動産をDがそれぞれ取得した事例において、CがAに対し1500万円を弁済したとすると、CはBに対し求償権を行使でき、Bが弁済しないときはAに代位し、乙不動産に対し抵当権を実行することになるが、それにより回収できる金額は、各不動産の価格に応ずることになる。すなわち、Cは、Dに対して債権額の3分1の額（1500万円を、甲不動産の価格2000万円と乙不動産の価格1000万円に応じて2：1で按分した額）である500万円をAに代位して請求できることになる。

(ウ)　物上保証人相互間

物上保証人が数人いる場合の相互の関係については、(イ)の場合と同様である（501条3項3号）。

(エ)　保証人と物上保証人間

保証人と物上保証人との間では、その頭数に応じて債権額を分け、その範囲で債権者に代位する（501条3項4号本文）。例えば、Bの債権者Aに対する1000万円の債務につき、保証人C、物上保証人Dがいるとき、CがAに全額弁済すると、CはDに対し頭数に応じてAに代位するので、500万円の債権をもち、担保権を実行しうることになる。物上保証人であるDが保証人を兼ねている場合、頭数を3人とするのか、同一だから2人とするのか。判例は後者だというが（大判昭9・11・24民集13巻2153頁）、学説は分かれている。すなわち、保証人兼物上保証人であっても、これを1人として数える1人説（多数説、判例）、保証人・物上保証人のそれぞれの資格を別々にとらえる2人説、保証人兼物上保証人にそのいずれかの資格を選択させ、代位の範囲を決定しようとする資格選択説などがある。なお、近時の判例は、「民法〔旧規定〕501条但書4号、

5号の基本的な趣旨・目的である公平の理念に基づいて、二重の資格をもつ者も1人と扱い、全員の頭数に応じた平等の割合であると解するのが相当である」と判示し（最判昭61・11・27判時1216号69頁）、1人説（頭割平等説）をとることを明言した。保証人は、総財産を一般担保に供しているのであるから、その一部である特定財産を担保に提供しても、それによって責任が重くなるわけではないから、1人説をとっても支障はあるまい。

保証人と数人の物上保証人がいる場合には、保証人の負担部分を除き、その残額について各担保物の価格に応じて代位することになる（501条3項4号ただし書）。例えば、AがBに対し1800万円の債権をもち、Cが保証人となり、他方、物上保証人Dの不動産（2400万円）、物上保証人Eの不動産（600万円）の上に抵当権が設定されていた場合、CがAに1800万円を弁済すると、CがD・Eに対しAに代位し抵当権を行使できる範囲は、Cの負担する600万円を除く、D・Eの負担する1200万円について、不動産の価格に応じ、4対1の割合について代位するので、D所有の不動産に対し960万円、E所有の不動産に対し240万円となる。

(オ)　保証人相互間と連帯債務者相互間

複数の保証人のうちの1人が弁済した場合における保証人間の弁済による代位に関する法律関係については、代位弁済した保証人は、債務者に対して有する求償権の範囲内で他の保証人に対して債権者の有していた権利を行使することができるのではなく、保証人間における求償権の範囲内（465条参照）において、他の保証人に対して債権者の有していた権利を行使することができる（501条2項括弧書）。連帯債務者相互間の求償の範囲については、442条の規定によって定められている。

(カ)　具体的な事案

> **［事案］**
>
> 　AはB銀行から1800万円の融資を受けたが、その際、A所有の甲地（1500万円）、C所有の乙地（1200万円）、D所有の丙地（600万円）に抵当権が設定され、また、D・Eが連帯保証人となった。その後、甲地はAからFに譲渡され、所有権移転登記がなされた。CがAの債務を弁済した場合に、どのような主張が可能か。

最後に、上記のような［事案］について考えてみよう。Ｃは、ＢにＡの債務全部を弁済したため、これをＡに求償することができるが、求償権を確保するために、Ｂの有している一切の権利をＢに代位することができる。まず、Ｃは、Ａから甲不動産を譲渡された第三取得者Ｆに対し、甲不動産の抵当権を実行してその競売代金から1500万円を回収することができる。Ｆは、抵当権の設定されている旨の登記のある甲不動産を取得したため、Ｂを代位したＣに対抗することはできない（501条3項1号）。次に、物上保証人Ｃは、弁済額1800万円からＦから回収した1500万円を控除した300万円についてＢを代位してＤおよびＥに対して支払を請求することができる。この場合に、Ｄは物上保証人と保証人（連帯保証人）を兼ねるが前述のようにＤの地位はＡの債務の全額を保証する保証人の中に吸収されるから保証人1人と解され、物上保証人Ｃと、保証人（連帯保証人）のＤおよびＥの2人との間でＢを代位する関係は、その頭数によって処理されることになる（同項4号）。したがって、Ｃは、自己を含めて300万円を均分して、Ｄ・Ｅのそれぞれに対して100万円ずつ請求できる。

(4) 代位者と債権者の関係

(ア) 債権証書と担保物の交付義務

　債権者は、代位者が代位した権利を容易に行使できるよう協力義務を負う。すなわち、債権者は、全部の弁済をした代位者に対しては、債権証書および占有している担保物を引き渡さなければならないし（503条1項）、一部弁済した者に対しては債権証書にその一部代位の旨を記入し、かつ代位者にその占有する担保物の保存を監督させなければならない（同条2項）。この協力義務は代位権者の権利の証明や実行を容易にするためであるが、さらにこの趣旨からして、債権者は代位の通知をしなければならない（500条）。

(イ) 債権者の担保保存義務

　債権者には担保の保存義務がある。代位権者を保護するため、この義務を負わせている。ここにいう債権者には、原債権者だけでなく、債権譲渡や代位によって地位を承継した者も含まれる。債権者が故意または過失によって担保物を喪失・減少させ、そのために、代位権者が償還を受けられなくなったときは、その限度で債権者に対し免責を主張するこ

とができる（504条1項）。ただ、例えば、抵当権を設定している不動産を適正価格で売却し、その代金を債務の弁済に充てることを前提に、その抵当権を抹消する場合などにおいて、債権者が担保を喪失し、または減少させたことについて、取引上の社会通念に照らし合理的な理由があると認められるときは、その限りでない（同条2項）。

　判例は、債務者B所有の甲不動産と第三者C所有の乙不動産が共同抵当に供されている場合、債権者Aが甲不動産上の抵当権を放棄するなど故意または過失により担保を喪失または減少させたときは、その後に乙不動産の第三取得者Dも、債権者Aに対して504条により免責を主張できるとした（最判平3・9・3民集45巻7号1121頁）が、妥当である。なお、保存義務の違反（故意・過失）とは、例えば、登記済みの抵当権を放棄した場合（大判明40・5・16民録13輯519頁）や、登記が済まない間に抵当不動産が他に処分され登記不能となった場合（最判昭30・10・27民集9巻11号1720頁）などをいう。

　実務では、担保物の差替えによる「担保保存義務」違反の免責を得るため、担保保存義務の免除特約が行われている。このように債権者と物上保証人との間に担保保存義務免除の特約により、債権者が担保を喪失したり、減少させたときに、上記特約の効力に基づく504条による免責の効果が生じなかった場合は、担保物の第三取得者への譲渡によっても、免責の効果が改めて生ずることがない。第三取得者は、免責の効果が生じていない状態での担保の負担がある担保物を取得したことになる。その結果、第三取得者は、債権者に対し、504条による免責の効果を主張することはできない（最判平7・6・23民集49巻6号1737頁）。

第19章 代物弁済・更改・供託

[事案]

Aは、Bに対して100万円の金銭債務を負っている。

(1) Aは、手元に現金がないことから、その弁済に代えて自己が所有する150万円相当の絵画をBに給付することを考えているが、可能か。

(2) 友人CがAの代わりにBに100万の弁済をしてもよいと申し出てくれているが、どのようなことをすればよいか。

(3) Aが、父Dの死亡によってDの預金100万円を相続したため、それをもってBに対し弁済をしようとしたところ、Bは、同金銭は不正の手段によって手に入れたものだろうと言って、頑として受け取ろうとしない。Aが同債務を消滅させるためには、どのような方法があるか。

Ⅰ 代物弁済

1 代物弁済の意義

代物弁済とは、本来の給付に代えて他の給付をすることにより、債権を消滅させる債権者と弁済者との契約をいう（482条）。例えば、[事案](1)の場合や、Aから1000万円を借りているBが、その借金の支払に代えてB所有の不動産を現実に給付するような場合である。弁済と同一の効力をもつ。

2017年改正前の旧482条の規定は、「債務者が、債権者の承諾を得て、その負担した給付に代えて他の給付をしたときは、その給付は、弁済と同一の効力を有する」としていたことから、文言上は代物の給付によって契約の効力を生ずる要物契約であると解するのが自然であり、そのような学説が少なくなかった。しかし、判例は、代物弁済の合意があれば代物弁済による所有権移転の効力を生ずるとして、諾成的な代物弁済の合意を有効としていた（最判昭57・6・4判時1048号97頁）。同判決は、「不動産所有権の譲渡をもってする代物弁済による債務消滅の効果は、単に当事者がその意思表示をするだけでは足りず、登記その他引渡行為を完了し、第三者に対する対抗要件を具備したときでなければ生じないことはいうまでもないが〔最判昭39・11・26民集18巻9号1984頁〕、そのことは、代物弁済による所有権移転の効果が、原則として当事者間の代物弁済契約の意思表示によって生ずることを妨げるものではないと解するのが相当である〔最判昭40・3・11裁判集民事78号259頁〕」と判示する（その他、最判昭60・12・20判時1207号53頁参照）。そこで、改正規定482条は、弁済者が、「債権者との間で、債務者の負担した給付に代えて他の給付をすることにより債務を消滅させる旨の契約をした場合において、その弁済が当該他の給付をしたときは、その給付は、弁済と同一の効力を有する」として、代物弁済の合意の性質が諾成契約であることを明確にした。

　代物弁済の法的性質を要約してみると、次のとおりである。

①　諾成契約である。上でみたように、弁済者が金銭債務に代えて土地を給付する場合、単に土地所有権を移転するという意思表示だけでは足らず、所有権移転登記その他の引渡行為を完了しなければ、代物弁済の効果は生ぜず債務は消滅しないが、その旨の契約自体は諾成契約である。

②　有償契約である。すなわち、一方の債権の消滅と代物弁済としてされる他の給付とは対価的関係に立つからである。なお、代物弁済の目的物が契約の内容に適合しないものであるときは、562条以下の規定が適用され、債権者は債務者に対して追完等を請求することができる。

　なお、代物弁済契約において、または契約後に、弁済者と債権者との合意により、例えば、その目的物に契約の内容に適合しない場合には、代物弁済がなかったことにする（効力を変える）ことも有効である（大判大4・11・20民録21輯1871頁参照）。

③　本来の給付と他の給付とは、必ずしも同一経済的価値を有しなく
てもよい（大判大10・11・24民録27輯2164頁）。例えば、1000万円の金銭債務
に代えて、時価評価額1100万円の不動産を給付することも、あるいは時
価評価額900万円の不動産を給付することも、債権者側の承諾があれば、
有効な代物弁済である。

2　代物弁済の要件

(1)　債権が存在すること

代物弁済は、すでに存在している債権を消滅させるためにされるもの
であるから、債権の存在は当然の要件である。債権が存在しないときは、
目的物移転の効果が生じないというのが多数説である。不法原因給付と
して給付したものの返還請求ができない場合（708条）でも、当事者がそ
の返還を約し、その返還に代えて代物弁済をしても有効とされる（最判
昭28・5・8民集7巻5号561頁〔統制法規違反事件〕）。

(2)　本来の給付と異なる他の給付をすること

本来の給付と異なる他の給付を現実にしなければならないが、その給付
は種類を問わない。手形・小切手の交付、第三者に対する債権の譲渡
（前掲大判大4・11・20）、預金証書の交付（大判大15・9・30民集5巻698頁）
でもよい。所有権移転をもって他の給付の目的としたときは、第三者に
対する関係において登記を備えておく必要がある（大判大6・8・22民録
23輯1293頁）。

(3)　給付が弁済に代えてされること

これに関して問題となるのは、弁済者が金銭の支払手段としての手
形・小切手を交付したときである。例えば、Aに対し100万円の金銭債
務を負担しているBが、額面100万円の約束手形を交付したような場合
である。もし手形・小切手の交付が代物弁済になるとすると、Aがそ
れを受け取ることによって金銭債務は消滅するが、手形・小切手が不渡
りになったときは、Aは債権の回収をすることができなくなる。そこ
で学説は、弁済に代えて手形・小切手が交付されたことが当事者の意思
表示によって明らかなときは、代物弁済としての効力が生ずるけれども、
そうでない場合には、「弁済のために」なされたものと推定すべきであ
るとしている。したがって、債権者は、まず手形上の債権を行使し、不

渡りになるなどそれによって債権の回収ができないときは、本来の債務の履行を請求することができる。

　既存の債務の「弁済に代えて」手形や小切手が交付された場合はどうか。更改（513条）と考えられなくもないが、手形債権は、手形行為によって生ずる債権であり、その原因から独立してなされるものであるから、更改というより代物弁済と考えるべきであろう。

3　代物弁済の効果

　代物弁済がされると、弁済と同一の効果をもつ。債権およびそれに従たる権利も、担保も消滅する。

4　代物弁済の予約

　代物弁済の予約は、実際には、金銭消費貸借において、借主が期限に弁済できないとき、あらかじめ「借金のかた」に借主所有の不動産をもって弁済するという特約付きでされる場合が多い。その際、債権担保のために、所有権保全の仮登記がされる。流抵当契約と同一の機能を営む。債権を担保する機能を営むことから仮登記担保と称せられている（「仮登記担保契約に関する法律」〔昭和53年法律78号〕がある）。

Ⅱ　更　　改

1　更改の意義

　更改とは、例えば、ＡがＢに対してもっている100万円の貸金債権を消滅させて、新たに自動車１台を給付するという債権を成立させる契約をいう。講学上、更改は、「債務の要素」を「変更」することによって新債務を成立させるとともに、旧債務を消滅させる契約をいうと定義づけられる。2017年改正前の旧513条１項の規定は、このように「債務の要素」を「変更」するとの文言を用いていたが、その具体的な意味は必ずしも明らかではなかったので、改正規定では、これを明らかにするために、①給付の内容についての重要な変更がされるか、②債権者または債務者の交換がされるものであることを明確にした（513条１号～３号）。

また、更改は、従前の債務に代えて（消滅させて）、新たな債務を発生させる契約であることを明確にした（513条柱書）。

　更改は、本来の給付と異なる対価を与えることによって債権を消滅させる点では代物弁済に類似するが、代物弁済は対価を現実に与えるという「弁済」に着目するのに対し、更改が、従前の債務を消滅させて新たな債務を発生させるとする「契約」に着目する点で異なる。両者の根本的な違いは、代物弁済が債権者に現実に満足を与えるのに対し、更改は債権者に現実に満足を与えるものではない点にあるといえよう。

　旧債務の消滅と新債務の成立とは、1個の契約内容をなし、相互に因果関係があるから、更改は有因契約である。したがって、旧債務が消滅しないときは新債務も成立しないし、新債務が成立しないときは旧債務は消滅しない。

　前述したように、更改には次の(1)〜(3)の3種類がある。

(1)　給付の内容の重要な変更による更改（513条1号）

　例えば、自動車1台の給付を目的とする債権を消滅させて、200万円の支払を目的とする債権を成立させるような場合である。前述のように、代物弁済と類似するが、代物弁済は、他の物を給付することにより、弁済と同一の効力が生じて債務が完全に消滅するが、更改は、旧債務が消滅し、新債務が成立する。代物弁済の場合には後に債権債務が残らない点が、更改と異なる。

(2)　従前の債務者が第三者と交替する更改（513条2号）

　債務者の交替による更改は、例えば、BがAに対する100万円の貸金債権を消滅させ、BのCに対する100万円の債権を成立させる場合は、債権者Bと更改後の債務者Cとの間の契約によってすることができる（514条1項前段）。［事案］(2)のような場合、この方法をとることができる。この場合において、更改は、Bが更改前の債務者Aに対してその契約をした旨を通知した時に、その効力を生ずる（同項後段）。ここにおいて、更改後の債務者Cは、更改前の債務者Aに対して求償権を取得しない（同条2項）。

　この場合の更改は、債務引受によく似ているが、債務引受では債務が同一性を保つのに対し、更改は新旧両債務がまったく別個であり、同一性がない。債務者の交替による更改契約の当事者は、債権者と新債務者

だけでよいとされるが、2017年改正前の規定では、そのときに旧債務者の意思に反することはできないとされていた（旧514条）。しかし、免責的債務引受の要件との整合性を考慮し（472条2項）、改正法においては、更改前の債務者の意思に反するときであっても、これを認めた。

(3) 債権者の交替による更改 (513条3号)

　債権者の交替による更改は、例えば、AがBに対してもっている100万円の貸金債権を消滅させ、CがBに対する100万円の債権を成立させる場合は、A・B・Cの契約によって、すなわち、新債権者と旧債権者および債務者の三面契約によってすることができる（515条1項）。債権譲渡によく似ているが、両者の異なる点は、債権譲渡においては、債権が同一性をもっているが、更改においては、新旧両債権はまったく別個であり、同一性をもっていない点にある。債務者を必ず契約の当事者としなければならない点で債権譲渡と異なる。この更改契約を第三者（例えば、前例でA・Bと更改契約をした新債権者D）に対抗するためには、確定日付ある証書によらなければならない（同条2項）。

(4) 更改後の債務への担保の移転 (518条)

　更改契約においては、新旧両債務はまったく別個であるから、特約のない限り、旧債務に付いていた担保権もすべて消滅する。ただ、債権者（債権者の交替による更改にあっては、更改前の債権者）は、更改前の債務の目的の限度において、その担保として設定された質権または抵当権を更改後の債務に移すことができる（518条1項本文）。2017年改正前は、担保の移転をするためには当事者の合意を要するとしていたが（旧518条本文）、債務者の意思を考慮する必要はないと考えられることから、債権者の単独の意思表示のみでこれを可能とした。ただし、第三者が担保権を設定した場合（物上保証の場合）には、その承諾を得なければならない（518条1項ただし書）。この担保権の移転は、あらかじめまたは同時に更改契約の相手方（債権者の交替による更改にあっては、債務者）に対する意思表示によってしなければならない（同条2項）。

　したがって、例えば、AがBに対して1000万円の金銭債権を有し、その担保としてB所有の土地に抵当権の設定を受けていた場合に、AとCとの間で更改契約がなされその旨をBに通知したときに、Aは、上記1000万円の限度において、上記抵当権をCの債務に移すことがで

きる。そして、その抵当権の移転は、更改契約を締結するまでに、更改の相手方Cに対する意思表示によってしなければならない。

2　更改の要件

(1)　旧債務が存在すること

旧債務が存在しなければ更改契約は無効であり、新債務は成立しない。例えば、債務者の交替による更改において、旧債務の一部が利息制限法違反で無効な場合には、新債務もその限度で無効となる（大判大8・3・7民録25輯405頁）。

(2)　新債務（新債権）が成立すること

新債務が成立しないときは、更改は無効であって、旧債務も消滅しない。

(3)　債務の要素の変更

更改といいうるためには、前述の、給付の内容の重要な変更、債権者または債務者の交替のいずれかの客観的要素の変更だけでは足らず、当事者が旧債務を消滅させ、新債務を成立させようとする「更改意思」が必要である。したがって、当事者が担保権や抗弁権の消滅を望まず、債権の同一性を維持しようとする意思で債権（債務）を変更した場合には、債権譲渡もしくは債務引受または債権（債務）内容の変更契約とみるべきである。

3　更改の効果

(1)　旧債務の消滅

更改によって旧債務は消滅する（513条）。その結果、旧債務に付随する担保権、保証債務、違約金債務等も消滅する。ただし、質権または抵当権は、前述のように、債権者によって、旧債務の目的の限度内で新債務に移すことができる（518条）。

(2)　新債務（新債権）の成立

更改によって新債務が成立する。その結果、旧債務に付随していた抗弁権も原則として消滅する。

(3)　更改契約の解除

更改も契約であるから、新債務が履行されなかった場合には、更改契

約を解除できるはずである。判例は解除を認め、同一当事者間においては新債務が消滅すると同時に旧債務が復活するという（大判昭3・3・10新聞2847号15頁）。学説は、更改契約によって旧債務が消滅し新債務が成立した以上、更改契約はすでに履行されたわけであって、新債務の不履行は更改契約の不履行ではなく、これを理由に更改契約を解除できない旨を説く。解除を否定する学説の方が妥当である。

III　供　託

1　供託の意義

　例えば、Bは貸金業者Aから株券を質入れして100万円を、利息月2分（年2割4分）、期限1年の約定で借り受けたが、後になって当該約定利息が利息制限法に違反していることを知った（利息制限法の制限利率は年1割5分）。そこで、Bは弁済期に元利金115万円を持参したが、Aは約定（元利金124万円）に反すると言って受け取らない。こうしたことは、家主が家賃を値上げし、借家人がこれに応ぜず、従来の家賃を持参しても、家主が受領しないという事例に、よくみられるところである。

　このように、債務者が弁済の提供をしたのに債権者が受領しないときには、債務者は債務不履行から生ずる責任を免れることになる（492条）。しかし、債務自体は消滅しないので、それに付着する担保やその他違約金の効力は消滅しないし、目的物の保管義務も存続する。これは債務者にとって煩わしいことである。そこで、民法は、債務者が債務から免れるために、債権者が受領を拒んだり、受領することができない場合や確知できない場合（債権者が誰だかわからない場合）には、債務者がその目的物を供託所に預けることにより、弁済の効果を生ずるものとした（494条）。その結果、供託をすると、債務不履行を理由として契約を解除されたり、損害賠償や目的物の引渡しを請求されることはない。［事案］(3)のような場合、この供託をすることができる。

　供託の法的性質については、供託者と供託所との間に締結される債権者（第三者）のためにする寄託契約（537条以下）であると解されている。

　なお、供託は現実には多目的に利用されている。例えば、選挙の際の

保証金の供託、担保のための供託など様々であるが、民法が規定する供託は、「弁済の代用としての供託」である。

2　供託の要件

　債務者が供託によって債務を免れるためには、次の(1)または(2)の供託原因がなければならない（494条）。

(1)　債権者が受領を拒み、または受領することができないとき

　債務者が弁済の提供をした場合において、債権者がその受領を拒んだときに、弁済者は、債権者のために弁済の目的物を供託することができる（494条1項1号）。ここでの受領拒絶の文言が旧494条と旧413条の受領遅滞の文言と同じであることから、判例は、原則として受領遅滞の要件を備えたときにのみ供託ができるものと解し、債権者があらかじめ受領を拒んでいるときには、弁済者は、まず口頭の提供（493条）をした後に供託をしなければならないとしている（大判大10・4・30民録27輯832頁）。これに対して学説は、民法が供託原因として受領遅滞（413条）を必ずしも要件としていないので、弁済者は、口頭の提供をして債権者を遅滞に陥らせるか、それとも直ちに供託して債務を免れるか、いずれかを選択できるものとしている。

　また、債権者が受領することができないとき（受領不能）に、弁済者は、債権者のために弁済の目的物を供託することができる（494条1項2号）。債権者が受領することができないときとは、例えば、弁済期に弁済受領権限ある者が弁済場所にいなかったような場合である（大判昭9・7・17民集13巻1217頁）。

(2)　債権者を確知することができないとき

　弁済者が債権者を確知することができないときも、弁済者は、債権者のために弁済の目的物を供託することができる（494条2項本文）。例えば、債権者の相続人が不明であるとか、債権譲渡により多数の債権者が現われ、善管注意義務を尽くしても真正の債権者を確知できないような場合である。

　ただし、確知できないことについて弁済者に過失があるときは、この限りでない（同項ただし書）。弁済者に過失があることについての主張・立証責任は、債権者にある。

3　供託の方法

(1)　供託の当事者

供託は、債務の履行地の供託所にしなければならない（495条1項）。供託契約の当事者は、供託者と供託所である。供託者は、供託債務者その他弁済者である。

供託所は、①金銭および有価証券については法務局・地方法務局もしくはその支局または法務大臣の指定する出張所（供託1条）、②その他物品については法務大臣の指定する倉庫業者または銀行（同法5条）、③上記①②の基準によってもなお供託所が定まらないときは、弁済者の請求によって裁判所が指定または選任する供託所もしくは供託物保管者である（495条2項）。

(2)　供託の目的物

供託物は動産・不動産を問わない。例えば、爆発物のように、その目的物が性質上供託に適しないときや、魚肉・野菜・果物などのように滅失損傷のおそれがあるとき、その他の事由による価格の低落のおそれがあるとき、また、牛馬などのように供託に過分の費用を要したり困難な事情があるときには、弁済者は、裁判所の許可を得てこれを競売し、その代価を供託することができる（497条）。これを自助売却という。

(3)　供託の通知

供託者は、供託後、遅滞なく債権者に供託の通知をしなければならない（495条3項）。さらに、供託受領書または供託書を債権者に交付しなければならない。しかし、これらは供託の有効要件ではないと解されているので、これを怠っても供託の効力に影響はないが（最判昭29・2・11民集8巻2号401頁）、これによって債権者に損害を与えたときは、供託者には賠償義務がある。

4　供託の効果

(1)　債務の消滅

弁済者が供託をした時に、債権者の債権（弁済者の債務）は消滅する（494条1項）。

(2) 債権者の供託物引渡請求権

供託がされると、債権者は供託所に対し供託物の引渡しを請求できる (498条1項)。供託物引渡請求権を取得するわけである。供託は第三者のためにする契約 (537条1項) であるが、供託の場合には、債権者が権利を取得するのに受益の意思表示を必要としない (同条3項参照)。

なお、供託者 (債務者) の給付に対して、債権者がこれと引換えに反対給付をなすべき場合には (533条)、債権者はその給付をした後でなければ供託物を受け取ることができない (498条2項)。

(3) 供託物の取戻し

供託はもともと債務者を保護するための制度であるから、供託者は、債権者または第三者に不利益を与えない限り、供託を撤回して、いったん供託した供託物を取り戻すことができる (496条)。供託物が取り戻されると、供託をしなかったものとみなされ (同条1項後段)、その結果、債権およびそれに従たる保証債務等も復活する。しかし、民法は、第三者の利益を保護するため、供託によって質権または抵当権が消滅した場合には取戻権は発生しないものとした (同条2項)。例えば、供託によって抵当権が消滅したものと信じ、その目的物に第三者Aが抵当権を取得したところ、供託が撤回され、先の消滅した抵当権が復活すると、Aの抵当権は後順位となり不利益を受けることになるからである。

そのほか、民法は、①債権者が供託を受諾したとき (496条1項前段)、②供託を有効とする判決が確定したとき (同条1項前段)、③供託によって質権または抵当権が消滅したときには、取戻権は認められないとした。

供託物取戻請求権は、供託者が免責の効果を受ける必要が消滅した時から進行して時効により消滅する (最大判昭45・7・15民集24巻7号771頁)。

第20章 相　殺

Ⅰ　総　説

1　相殺の意義と機能

　例えば、AがBに対して100万円の貸金債権をもち、反対にBもAに対して50万円の売掛代金債権をもっているようなときは、BはAに対して（AもBに対して）50万円の対当額においてA・B双方の債権・債務を消滅させることができる。債権債務の差引勘定決済である。このように、債権者と債務者とが相互に「同種の目的を有する債務」を負う場合に、その債権と債務とを対当額において消滅させる一方的意思表示を相殺という（505条1項）。相殺は、相殺しようとする者の単独行為であるから、相手方の承諾を要しない。前例で、相殺するBの債権を自働債権といい、相殺されるAの債権を受働債権という。なお、当事者間の契約によっても相殺と同じ効果を挙げうるが、これは相殺契約であって、ここにいう相殺ではない。

2　相殺が認められる理由

　相殺が認められるのは、次の理由による。

(1)　簡易決済の機能

　第1に、当事者間の弁済を簡単に済まそうという、簡易な決済方法という点にある。前例で、BがAに対する50万円の相殺を認めると、BがAに100万円弁済し、AがBに50万円支払う手間が省かれ、BがAに50万円だけ弁済すれば済むからである。

(2)　当事者間の公平

　第 2 に、当事者間の公平を図ろうという点にある。もし相殺を認めないと、当事者の一方が支払不能になったような場合、一方が得をし、他方が損をすることになる。すなわち、前例において、A が支払不能になると、B は、A から50万円の債権の回収を図ることが困難になるのに、自己の債務100万円は A に支払わなければならない。特に、A が破産した場合、B は、自己の債務100万円を全額請求されるのに、自己の債権50万円は破産債権として一部の配当に甘んずることになる。これは著しく公平に反するので、B は50万円を相殺して、50万円の返還を受けたのと同一の効果を生ぜしめるのである。

(3)　債権担保の機能

　第 3 に、こうした相殺の機能をみてくると、相殺は債権担保の機能を果たしていることがわかる。すなわち、A・B が同種の債権をもっているとき、互いに自己の債権を確保するために、相手方の債権を引当てにしているからである。A・B 相互間においては、50万円の範囲内において、あたかも留置権や質権があるのと事実上同一の担保的作用を営んでいるのである。

　こうしたことから、銀行等の金融機関が顧客から定期預金を受け入れる見返りとして、融資をする事例が多い。このことは、質権設定の方法によらなくても、相殺によって、事実上、債権質を設定したと同じ効果を挙げうるという、相殺の担保的機能を活用していることを示すものである。

Ⅱ　相殺の要件

　相殺をするためには、双方の債権が相殺に適する状態、すなわち相殺適状になければならない（505条 1 項）。その要件は、次のとおりである。

1　債権の対立があること

　第 1 は、当事者間の債権が対立していることである。自働債権は、相殺者が相手方に対してもっている債権であることを要する。他人（第三者）のもっている債権をもって相殺することはできない。受働債権は、

相手方（被相殺者）が相殺者に対してもっている債権であることを要する。相手方が相殺者以外の者に対してもっている債権で相殺することは許されない。

　これに関し、判例は、抵当不動産の第三取得者Cが、抵当権者Aに対して債権をもっている場合、その債権をもって抵当権者Aが債務者Bに対する債権と相殺することは、法律上許されないとして認めなかった（大判昭8・12・5民集12巻2818頁）。しかし、相殺者が保証人、物上保証人、抵当不動産の第三取得者などのように、弁済するについて正当な利益をもつ者については、相殺を認めるべきであろう。判例は、硬直過ぎる嫌いがあり、妥当ではない。

　当事者が異なる2個の債権の相殺予約がある場合に、この相殺予約をもって差押債権者に対抗することができるか。例えば、AのBに対する甲債権と、BのY（例えばAの親族）に対する乙債権とを、Aの意思表示により相殺することができる旨の相殺予約をA・B間で締結した場合、この相殺予約に基づいてするAの相殺は、乙債権の差押債権者Xに対抗することができるかどうかの問題である。判例はこれを認めない（最判平7・7・18判時1570号60頁）。A・B・Yの3者間の債権債務についての相殺予約を2者間で締結しても、当該相殺予約にはYの意思表示が欠落しているから、A・B・Y間には、甲・乙両債権が対当額で簡易、公平に決済できるという信頼関係が期待されてはいないので、A・B間の相殺予約は、差押債権者Xに対抗することができないと解するのが正しいだろう。

2　両債権が同種の目的をもつこと

　第2は、双方の債権が同種の目的をもつことである（505条1項本文）。例えば、金銭債権とピアノの引渡債権というように、双方の給付の内容が異なる場合は相殺は許されない。相殺が行われるのは、双方が金銭債権である場合が通常である。履行期や履行地は異なってもよい（507条前段）。

3　両債権が弁済期にあること

　第3は、双方の債権が弁済期にあることである（505条1項本文）。前例

（→Ⅰ）で、Ｂの売掛代金債権50万円についてのＡの弁済期が３月１日で、他方、ＢのＡに対する貸金債務100万円についてのＢの弁済期が同年４月１日である場合に、ＢがＡに対する50万円の債権（自働債権）で相殺するには、その自働債権は弁済期になければならない（３月１日経過後に相殺）。弁済期が未到来の債権を自働債権として相殺を認めると、相手方の期限の利益を一方的に奪うことになるからである。なお、期限の定めのない債務は、いつでも履行を請求できるから、いつでも相殺に供することができる。

　これに対して、受働債権は、弁済期が到来していることを要しない。前例で、受働債権（Ａの貸金債権）に対する期限（４月１日）の利益はＢのためにあるから（136条１項）、Ｂはその利益を放棄して相殺できる（Ｂは、４月１日以前に弁済することができる）。

4　両債権が有効であること

　第４は、双方の債権が有効に存在することである。いずれか一方の債権が無効であるときは、相殺も無効である。例えば、利息制限法違反の超過利息債権は無効であるから、これを相殺に供することはできない。また、相殺適状が生じたときでも、相殺の意思表示の前に、受働債権が弁済または解除などの原因によって消滅すれば、相殺はできなくなる（最判昭32・３・８民集11巻３号513頁）。取り消すことのできる債権も、取消しによって債権が遡及的に無効となるから（121条）、相殺も無効になる。

　民法は、例外としてＡのＢに対する自働債権が時効によって消滅した場合、その消滅以前にすでに双方の債権が相殺適状にあったときは、Ａは相殺することができるとした（508条）。その理由は、双方の債権が相殺適状にあるときは、当事者はすでに相殺によってその債権債務関係は決済されたと考え（商取引上の常識）、時効による債権の消滅を意識せず時を経過するのが普通であるから、これを利用してＢがＡに反対債権の弁済を迫ることは、当事者の信頼を裏切り、公平を欠くということにある。また、この場合に、相手方Ｂは消滅時効を援用することもできない。508条の規定は、当事者の意思ないし信頼を保護するために設けられたものであるから、すでに消滅時効にかかった債権を譲り受けて、これを自働債権として相殺することも許されない（最判昭36・４・14民集

15巻4号765頁）。さらに、判例は、債権者の連帯保証人に対する債権と連帯保証人の債権者に対する債権とが相殺適状にあるときは、その後、主債務者に対する債権が時効にかかって消滅し、それに伴い連帯保証人に対する債権が消滅しても、債権者は連帯保証人に対し相殺できるとした（大判昭8・1・31民集12巻83頁）。しかし、この判例には、主債務が消滅すれば保証債務も消滅するという保証債務の付従性からして、賛成することができない。

上の時効の場合と同じく、除斥期間経過後の債権を自働債権として相殺することができるか。判例は、2017年改正前において、瑕疵担保責任（旧570条）に基づく売主に対する損害賠償請求権の除斥期間（1年間）経過後、買主がそれを自働債権として、売主のもつ売買代金債権と相殺できないとした（大判昭3・12・12民集7巻1071頁）。しかしその後、判例は態度を改め、請負契約において、1年の除斥期間（旧637条1項）経過後に、注文者は、目的物の瑕疵修補に代わる損害賠償請求権を自働債権として、請負人の報酬請求権と相殺できるとした（最判昭51・3・4民集30巻2号48頁）。時効期間と除斥期間とを実質的に区別する実益はなく、本判例は妥当といえよう。

5　相殺を許す債務であること

第5は、債務の性質が相殺を許すことである（505条1項ただし書）。互いに同じ事業を営まないという不作為債務、互いに労務を提供するという「なす債務」のように、それぞれ現実に履行しなければ債権の目的を達成できないものは、相殺が許されない。

また、相手方の同時履行の抗弁権（533条）などが付着している債権を自働債権として、相殺することができない（大判昭13・3・1民集17巻318頁。なお、催告・検索の抗弁権〔452条・453条〕については、最判昭32・2・22民集11巻2号350頁）。例えば、BがAに対し売買代金債権をもち、他方、AもBに対し貸金債権をもっている場合、Bからの相殺が許されるとすると、売買契約によりAがBに対してもっている物の引渡請求権との同時履行の抗弁権を奪うことになる。もっとも、受働債権に抗弁権が付着している場合には、債務者はその抗弁権を放棄すれば相殺することができる。

6 相殺が禁止されていないこと

第6に、相殺が禁止されていないことである。

(1) 相殺禁止の特約がないこと

当事者が、契約で相殺を禁止し、または制限する旨の特約をしたときは、当事者はそれに拘束される。この特約は、債権譲受人や債務引受人などの第三者が、これを知り、または重大な過失によって知らなかったときに限り、その第三者に対抗することができる（505条2項）。第三者が悪意または重過失であることの主張・立証責任は、当該特約をした当事者にある。善意・無重過失の第三者は相殺することができる。

(2) 法律による禁止

法律は、次の債権が受働債権となる場合には、現実に弁済を受けさせる必要があるため、相殺を禁止している。

(ア) 不法行為等による損害賠償債権（509条）

不法行為者（加害者）は、被害者に対してもっている反対債権で被害者の損害賠償債権と相殺することはできない。もし不法行為による損害賠償債権を受働債権とする相殺を認めると、不法行為の被害者は現実に賠償を受けることができなくなり、他方、不法行為を誘発するおそれがあるからである。被害者への弁済を現実に保障し（「薬代は現金で」の原則）、不法行為の誘発を防ぐために相殺が禁止されているのである。後者のそれは、債権者による自力救済を防止するところにもある。例えば、使用者Ａが給料を支払わないため、被用者Ｂが腹いせにＡの物を横領したり、Ａを殴って身体に傷害を負わせ、それから生ずる損害賠償債務と給料請求権とを相殺しようとするのを防止するためである。

2017年改正前の旧509条の規定は、このような趣旨から、損害賠償債務を負う不法行為者Ｂは、一律に相殺をもって反対債権（給料支払債務）を有する債権者Ａに対抗することができないとしていた。しかし、このような趣旨に鑑みると、例えば前例でＢが過失によりＡの物を損傷した場合においてみられるように、Ｂにその損害賠償債務と給料請求権との相殺を許したとしても、不法行為を誘発するようなことにはならず、また、この場合、Ａには「薬代は現金で」の原則は必ずしも当てはまらず、Ａは資力が乏しいことが窺われるので、Ｂからの相殺を禁止する

ことによってかえって当事者間の公平を害することにもなりうる。

　そこで、改正規定では、悪意による不法行為に基づく損害賠償の債務（509条1号）（例えばBが腹いせにAの物を横領した場合における債務）と、上に掲げたものを除いた、人の生命または身体の侵害による損害賠償の債務（同条2号）（例えばBがAに対し過失によって身体傷害を負わせた場合における債務）についてのみ、Bによる給料請求権（自働債権）との相殺を禁止した。

　なお、上の「人の生命又は身体の侵害による損害賠償の債務」については、不法行為に基づくものに限らず、債務不履行に基づくものも含まれる。

　ただし、上のいずれかの債務に係る債権を「他人から譲り受けた」（使用者Aから第三者Cが譲り受けた）ときには、Bによる、その債権を受働債権とする相殺は禁止されない（509条柱書ただし書）。この場合には、損害賠償債権を有しているのは、譲受人Cであって、被害者A本人ではないからである。なお、相続や合併のような包括承継の場合には、「他人から譲り受けた」場合には該当しない。

　もとより、被害者が、不法行為に基づく損害賠償請求権を自働債権とし、その損害賠償請求権以外の債権を受働債権として相殺することは差し支えない（最判昭42・11・30民集21巻9号2477頁）。例えば、BがAに対しAの過失による交通事故の損害賠償債権をもち、他方、AがBに貸金債権をもっている場合、Bは、Aに対し損害賠償債権を自働債権として相殺することができる。

　改正前の旧509条の下では、自働債権と受働債権のいずれもが不法行為によって生じた損害賠償債権のときはどうかが問題とされた。判例は、被用者が横領したことによる使用者の損害賠償債権と、使用者がこの被用者を殴って怪我をさせた損害賠償債務との相殺を認めなかった（大判昭3・10・13民集7巻780頁）。いずれの当事者も、相殺をすることはできない（改正規定でも同様）。次いで、判例は、715条の使用者責任の場合にもこの考え方を拡げ、被用者Bが居眠り運転により自動車を衝突させ、同乗者Dが死亡した場合、Dの父Cが使用者Aに対し損害賠償（使用者責任）を請求し、他方、AがCに対しDの不法行為による損害賠償請求権（自動車の破損＝物的損害）をもっているときも、それらをもって双方は相殺できないとした（最判昭32・4・30民集11巻4号646頁）（改正規定では、

Cによる相殺は認められる)。さらに、判例は、双方の過失に基づく同一交通事故による物的損害の損害賠償請求権相互間でも、相殺は許されないとする（最判昭49・6・28民集28巻5号666頁）（改正規定では、双方ともに相殺が認められる）。509条の趣旨は、不法行為の被害者に現実の弁済によって損害の填補を受けさせること等にあるからだというのである。これに対して学説は、自動車の衝突事故のように、同一事実から生じた双方の不法行為に基づく損害賠償債権について、いわゆる交差責任説（単一責任ではなく交差責任が生ずる）をとり、2個の不法行為が別個に成立するのだから、相互に相殺をなしうることを認むべきだといい、下級裁判例でも、この立場を支持するものが多かった。

(イ)　**受働債権が差押禁止の債権のとき**（510条）

例えば、扶助料債権・扶養料債権・恩給請求権などのように、債権の全部または一部について差押えを禁止されている場合（民執152条）、これを受働債権として相殺することができない（510条）。これは、差押禁止の趣旨を貫き、債権者に現実の給付を受けさせようとする理由に基づく。それゆえ、差押禁止債権を自働債権として相殺することは許される。相殺契約も自由に結ぶことができる。

また、労働基準法は、労働者の賃金について、使用者は、前借金その他の労働することを条件とする前貸しの債権と賃金とを相殺してはならないと定めている（労基17条）。前借金による人身拘束を防止するためである。また、賃金は通貨で、直接、労働者にその全額を支払わなければならないとする（労基24条）。そうだとすると、民事執行法152条が賃金の4分の1の差押えを許しているので、これに従って相殺も許されるのではないかのごとく考えられる。しかし、判例は、使用者が労働者に対して債務不履行に基づく損害賠償債権をもつ場合に、これと賃金との相殺を認めると、賃金全額支払の原則を崩すことになるから、相殺することができないとしている（最判昭31・11・2民集10巻11号1413頁）。さらに、使用者が、労働者に対する不法行為に基づく損害賠償請求権を自働債権として、労働者の賃金債権と相殺することはできないとした（最大判昭36・5・31民集15巻5号1482頁）。なお、使用者の賃金過払いによる不当利得返還請求権と労働者の賃金債権を受働債権とする相殺は、労働者の経済生活の安定を脅かさない限り許されるとする（最判昭44・12・18民集23巻

12号2495頁）。

(ウ)　支払の差止めを受けた債権 (511条)

後述Ⅳ「差押えと相殺」の項をみよ。

Ⅲ　相殺の方法と効果

1　相殺の方法

相殺は、当事者の一方から相手方に対する意思表示によってする（506条1項前段）。受働債権が譲渡された場合には、受働債権は譲受人に移っているから、債務者からの相殺の意思表示は譲受人に対してされなければならない（最判昭32・7・19民集11巻7号1297頁）。例えば、BがAに対して債権をもち、他方、AのBに対する債権がAからCに譲渡された場合には、Bが相殺する相手方は譲受人のCである。また、受働債権が差し押さえられた場合、第三債務者が債務者に対して有する反対債権をもって相殺するには、差押債権者・債務者いずれに対する意思表示によってもなしうる（最判昭40・7・20判タ179号187頁）。すなわち、AのBに対する債権がC（差押債権者）によって差し押さえられた場合、B（第三債務者）がAに対してもっている反対債権をもって相殺するには、C・Aいずれに対してでもよいというのである。相殺の意思表示は、裁判上であると裁判外であるとを問わない。その意思表示は相殺する債権を示さなければならないが、それは自働債権と受働債権との同一性を示せば足り、発生原因や数額まで示す必要はない。

相殺の意思表示には、条件・期限を付けることはできない（506条1項後段）。これを許すと、法律関係が混乱し、相手方の相殺権を害するなど、相手方に不利益を与えることになるからである。なお、相殺に期限を付けても、相殺には遡及効があるから無意味である。

相殺通知不要の特約は無効である。相殺通知不要の特約とは、債権債務が相殺適状にあるときは、当事者の一方が帳簿上の差引計算をすれば、相殺の意思表示がなくても当然に相殺の効力が生じ、債権債務は対当額で消滅するとの約定のことである。倒産した取引先の社長が行方をくらましたときに備えて、しばしばこのような特約がされる。相殺の意思表

示がなく相殺が行われると、相手方の地位を著しく不安定にするので、このような特約は無効と解すべきである（大阪地判昭47・9・20判タ288号332頁）。

　手形債権を自働債権として相殺する場合、手形金額の全額で相殺するときは、手形の受戻証券たる性質から、手形を交付して相殺の意思表示をすることを要し（大判大7・10・2民録24輯1947頁）、その一部で相殺するときは、手形の呈示証券たる性質から、手形の呈示が必要である（大判昭7・2・5民集11巻70頁）。

2　相殺の効果

(1)　債権の消滅

　相殺の意思表示により、双方の債権は対当額で消滅する（505条1項本文）。AがBに対し100万円の貸金債権をもち、BもAに対し50万円の債権をもつ例だと、50万円の対当額において双方の債権・債務は消滅し、AのBに対する50万円が債権として残される。

(2)　相殺の遡及効

　相殺の意思表示は、双方の債権が相殺適状を生じた時に遡ってその効力を生ずる（506条2項）。相殺の遡及効という。当事者は、双方の債権が相殺適状にあるときに、債権・債務は決済されていると考えるのが通常だからである。遡及効を認めたのは、当事者の意思および取引の実情に適合し公平だからだとされる。

　前例で、AのBに対する債権（100万円）の弁済期が4月末で、BのAに対する債権（50万円）の弁済期が5月末の場合、Bにより7月に相殺されたとすると、まず5月までの受働債権の約定利息と遅延利息を元本に加算し、次いで5月までの自働債権の約定利息を計算し、これに元本50万円を加算し、両者を対当額において差引計算を行い、受働債権の残存元本については、5月から遅延利息が生ずることになる。もっとも、相殺の遡及効は、相殺前にされた行為を覆すことができないので、例えば、すでに受働債権について弁済がされているとき（大判大4・2・17民録21輯115頁）や、受働債権の不履行によって契約の解除がされているときは（前掲最判昭32・3・8）、相殺は許されない。

　なお、双方の債権の履行地が異なっても相殺をすることができるが、

相殺をする当事者は、その結果生ずる損害について賠償義務を負う（507条）。

(3) 相殺の充当

　債権者が債務者に対して有する1個または数個の債権と、債権者が債務者に対して負担する1個または数個の債務について、債権者が相殺の意思表示をした場合において、相殺する債権者の有する債権が、負担する債務の全部を消滅させるのに足りないとき（例えば、相殺する債権者Aが B に合計100万円の債権があって、B に対する債務が200万円ある場合）は、相殺によって、相殺者の債権は、どのような順番で債務に充当されるのか。民法は、まず、①相殺の充当の順序に関する合意をしたときはそれによって債務が消滅し、次に、合意をしなかったときは、②債権者の有する債権とその負担する債務は、相殺適状となった時期の順序に従って相殺によって消滅するとする（512条1項）。その上で、③相殺適状となった時期が同じである元本債権相互間と利息・費用債権の充当については、弁済の充当に関する規定（488条・489条）が準用されると定める（512条2項）。

　そして、債権者が債務者に対して有する1個または数個の債権と、債権者が債務者に対して負担する1個または数個の債務について、債権者が相殺の意思表示をした場合において、相殺する債権者の有する債務がその有する債権の全部を消滅させるのに足りないとき（例えば、上の例でAの B に対する債務が50万円しかない場合）についても、上記のルールを準用する（同条3項）。

　なお、1つの債権債務について、弁済として複数の給付をすべきものがある場合（例えば、1つの債権について、数回に分割して返済する旨の約定がある場合）における相殺についても、上記のルールが準用さる（512条の2）。

Ⅳ　差押えと相殺

[事案]

　A 銀行は B に対して1000万円の貸金債権（弁済期2月10日）を有しており、逆に、B は A に対し1000万円の定期預金債権（弁済期同年2月1日）

を有していたところ、Bの債権者Cがこの定期預金債権を同年1月24日に差し押さえた。A銀行は、Bに対する貸金債権の弁済期翌日の同年2月11日に、同債権を自働債権とし、差し押さえられた預金債権を受働債権として相殺することにより、Cに対して預金債権が消滅したことを主張できるか。なお、上記債権についての利息・利子・遅延損害金等は考慮しなくてもよい。

1 貸付金と預金との相殺

［事案］にあるようにBが取引のあるA銀行に1000万円の定期預金をしているところ、Bが1000万円の資金調達の必要に迫られA銀行から融資を受けようとする場合、A銀行は、いざというときは、貸付金と定期預金とを相殺することによって貸付金を回収することができるから、進んで貸付を行うであろう。他方、Bも定期預金を中途解約せずに融資を受けられる便益がある（ただ、実際には、銀行の融資額は定期預金額のせいぜい8割程度であるとされているが、［事案］では同額とした）。銀行が、預金との相殺によって貸付金を回収できるということは、前述のように、実質的には、預金が貸付金債権を担保する働きをもっていることになる（相殺の担保的機能）。

ところで、銀行がいざというときは預金との相殺によって貸付金の回収を図ることを期待しているのに、Bに対して債権をもっているCがその定期預金を差し押さえてきた場合、A銀行は相殺をもって差押債権者Cに対抗することができるか。すなわち、A銀行は、Cの差押えがあっても、貸付金債権と預金債権とを相殺して、貸付金を回収することができるかどうかである。これが「差押えと相殺」の問題である。この問題は、差押えの際に、差押債権者Cと第三債務者Aとのいずれの掴取力が優先するか、すなわち、Bの定期預金をめぐるAとCの「取り合い」において、どちらを優先させるかの問題である（基本的にBの利益は考慮されなくてよい）。

2 第三債務者と反対債権

　2017年改正前の民法の規定は、支払の差止めを受けた第三債務者は、その後に取得した債権によって、相殺をもって差押債権者に対抗することができないとしていた（旧511条）。［事案］のＡ銀行が、取引先Ｂの預金債権に対する差押債権者Ｃの差押え後に、Ｂへの貸付金債権を取得しても、これをもってＢの預金債権との相殺を差押債権者Ｃに対抗できない。したがって、その反対解釈として、［事案］のようにＡ銀行が差押え前からＢに対し貸付金債権をもっていたときは、Ａ銀行はＢとの間で相殺をして、差押債権者Ｃに対抗できることになる。

　この趣旨は、Ａ銀行（第三債務者）が差押え前からＢに対し貸付金債権（反対債権）をもっているときは、それとＢのＡ銀行に対する預金債権とを相殺によって清算しうるという期待がＡ銀行にあるから、差押えによっても、その期待を奪うべきではないという点にあろうし、他方、差押え後に、Ａ銀行が貸付金債権を取得した場合には、上のような合理的な期待がなく、相殺は許されない、というところにある。

3 差押えと相殺の優劣

　この問題について、判例は興味ある変遷を示していた。相殺が優先するか、それとも差押えが優先するかは、主として自働債権の弁済期、受働債権の弁済期、差押えの時期の３者の関係において論じられた。判例法理の変遷を概観してみよう。

　①　差押えの時に、自働債権である貸付金債権も、受働債権である預金債権も、弁済期がいずれも差押えの時期よりも前に到来している場合、Ａ銀行は相殺をもって差押債権者Ｃに対抗できる（相殺優先）（大判明31・2・8民録4輯11頁）。

　②　差押えの時に、自働債権である貸付金債権の弁済期は到来しているが、受働債権である定期預金債権の弁済期が未到来である場合、Ａ銀行は期限の利益を放棄して（放棄をすると弁済期が到来し相殺適状になる）、相殺をもって差押債権者Ｃに対抗できる（前掲最判昭32・7・19）。

　③　差押えの時に（［事案］では1月24日）、自働債権（貸付金債権）の弁済期（［事案］では2月10日）も、受働債権（預金債権）の弁済期（［事案］で

は2月1日）も、ともに未到来であっても、自働債権の弁済期が受働債権のそれより先に到来する場合には、A銀行は相殺をもって差押債権者Cに対抗できるとした（制限説）（最大判昭39・12・23民集18巻10号2217頁〔7対6の僅少差による多数意見〕）。その理由は、貸付金債権の弁済期が先に到来するときは、A銀行は貸付金債権により預金債権と相殺できる状況にあり、このA銀行の相殺に対する期待利益は差押えによって奪われるべきではないというところにある。この場合と反対に、貸付金債権の弁済期が預金債権（被差押債権）の弁済期より後に到来する［事案］のような場合には、相殺をもって差押債権者に対抗できない。この場合、預金債権の弁済期が到来して差押債権者がA銀行に預金の払戻しを請求したとき、A銀行は貸付金債権の弁済期未到来のため相殺を主張できない、ということに基づく。

④　最大判昭45・6・24民集24巻6号587頁（8対7の僅少差による多数意見）は、現在の経済取引社会において相殺が果たす担保的機能を率直に認め、A銀行（第三債務者）は、自働債権である貸付金債権が差押え後に取得されたものでない限り、貸付金債権、預金債権の弁済期の前後を問わず、相殺適状に達しさえすれば、A銀行は相殺をもって差押債権者Cに対抗できるとした（無制限説）。

また、このような場合における期限喪失約款・相殺の予約の特約は、契約自由の原則上有効であるという。この判決は、511条の反対解釈として、貸付金債権（自働債権）が差押え後に取得されたものでない限り（差押え前に貸し付けた貸付金債権である限り）相殺をもって差押債権者に対抗できるとしたものであり、銀行が相殺をもって対抗しうる範囲を拡張した。

上に述べた③と④の最高裁大法廷判決は、いずれも僅少差による多数意見である。前述のように、その対立は、相殺の利益を有する者と差押債権者とのどちらを保護すべきかにある。また、問題は両者間の利益をどう調整するかにあり、学説もまた多岐にわたっていたが、判例に反対する立場も多数あった。

4　2017年改正法

このような状況の下で、2017年改正法は、前掲最大判昭45・6・24を

踏襲して、「差押えを受けた債権の第三債務者は、差押え後に取得した債権による相殺をもって差押債権者に対抗することはできないが、差押え前に所得した債権による相殺をもって対抗することができる」（511条1項）と定めて明文化し、上記の問題に終止符を打った。

　しかし、同規定にかかわらず、「差押え後に取得した債権が差押え前の原因に基づいて生じたものであるときは、その第三債務者は、その債権による相殺をもって差押債権者に対抗することができる」（同条2項本文）。例えば、［事案］において、A銀行は、長年の取引先であることから、Bから委託を受けてBのD（DもA銀行の長年の取引先）に対する貸金債務100万円の保証人となった（A・B間の保証委託契約が下記の求償権の「原因」である）ところ、Bの債権者CがBのAに対する預金債権を差し押さえた場合に、Dに対する保証債務を履行したAは、Cに対して、Bに対する求償権と預金債権の対当額での相殺による消滅（100万円の消滅）を主張することができる。

　なお、例えば、AがBに対して貸金債権（甲債権）を有し、BがCに対して売掛代金債権（乙債権）を有していた場合において、Bの債権者Dが、乙債権を差し押さえたときに、その後に、CがAから甲債権を譲り受け、これを反対債権として乙債権と相殺する旨をDに主張することはできない。この場合については、Dの差押え後に取得したCのBに対する自働債権（甲債権）は「差押え前の原因」に基づいてA・B間に生じたものであったとしても、差押え後にCが他人Aから取得したものであるから、Cが差押えの時点で相殺を期待していたとはいえず、その利益を保護する必要はないから、Cは、相殺をもって差押債権者Dに対抗することはできない（511条2項ただし書）。

事項索引

判例索引

森泉　章（もりいずみ・あきら）
　1928年　長野県に生まれる
　1951年　東北大学法学部卒業
　　　　　元・青山学院大学名誉教授、2007年逝去
　主　著　団体法の諸問題（一粒社）、公益法人の研究（勁草書房）
　　　　　公益法人の現状と理論（勁草書房）、公益法人判例研究（有斐閣）
　　　　　新・法人法入門（有斐閣）、判例利息制限法〔増補〕（一粒社）
　　　　　民法判例研究（文真堂）、入門民法〔第3版〕（編・有斐閣）、
　　　　　民法入門・総則、物権法、担保物権法、契約法総論、契約法各論
　　　　　メイトランド・信託と法人、法人論、団体法論序説〔監訳〕
　　　　　（以上、いずれも日本評論社）
　　　　　イギリス信託法原理の研究（学陽書房）、民法の散歩道（信山社）

鎌野　邦樹（かまの・くにき）
　1953年　東京都に生まれる
　1977年　早稲田大学法学部卒業
　現　在　早稲田大学法科大学院教授
　主　著　金銭消費貸借と利息の制限（一粒社）、
　　　　　現代民法学〔第2版〕（成文堂）
　　　　　不動産の法律知識（日経文庫、日本経済新聞社）
　　　　　コンメンタール マンション区分所有法〔第3版〕（共著・日本評論社）
　　　　　マンション法（共編著・有斐閣）

みんぽうにゅうもん　さいけんそうろん　だいよんばん
民法入門　債権総論〔第4版〕
　1987年5月15日　第1版第1刷発行
　1995年1月20日　第2版第1刷発行
　2006年5月30日　第3版第1刷発行
　2020年9月25日　第4版第1刷発行

　　著　者　森泉　章・鎌野　邦樹
　　発行所　株式会社　日本評論社
　　　　　　東京都豊島区南大塚3-12-4
　　　　　　　電話　03-3987-8621（販売）-8631（編集）
　　　　　　　振替00100-3-16
　　印　刷　精文堂印刷株式会社
　　製　本　株式会社難波製本
　　装　丁　末吉　亮（図工ファイブ）
　　ⓒ Y. Terada, K. Kamano 2020

ISBN 978-4-535-52507-8　　　　　　　　　　　　　　Printed in Japan

日本評論社の法律学習基本図書

※表示価格は本体価格です。別途消費税がかかります